Giulia de Savorgnani
Beatrice Bergero

Chiaro! A1

Der Italienischkurs

Kurs- und
Arbeitsbuch

Hueber Verlag

Chiaro! A1, Der Italienischkurs

von *Giulia de Savorgnani* (Kursbuch und Grammatik), Lektorin am Institut für Romanistik der Universität Regensburg, Kursleiterin an der VHS Regensburg und Lehrerfortbildnerin
und *Beatrice Bergero* (Arbeitsbuch und Wiederholungslektionen), Dozentin an der Hochschule München, an der LMU München (Fremd- und Fachsprachenprogramm) und an der VHS München

Beratung

Anna Barbierato, bvv-Prüfungsbeauftragte für Italienisch, Prüfungsbeauftragte und Prüferin für CELI/DILS/TELC an der VHS München, Lehrerfortbildnerin
Rita Cagiano, Kursleiterin am Italienischen Kulturinstitut Köln
Myriam Fischer Callus, Buchautorin, stellvertretende Leiterin der VHS Aschaffenburg, Fortbildnerin Eurolta, BVV
Maria Grazia Amerio Klostermann, Übersetzerin, Dozentin für Italienisch in der FH Vorarlberg und im Landeskonservatorium Vorarlberg, Italienischtrainerin Vorarlberg und Beauftragte für die Prüfung CELI im Wirtschaftsförderungsinstitut (WIFI) Vorarlberg/Österreich
Anna Mandelli, Fachautorin Grammatik und Sprache in der ADESSO-Redaktion, Lehrerin für Italienisch als Fremdsprache an der Deutschen Schule Mailand, Lehrbuchautorin, Lehrerfortbildnerin, CELI-Prüferin
Danila Piotti, Buchautorin, Dozentin am Fachsprachenzentrum der LMU, am Italienischen Kulturinstitut München und an der VHS München
Tiziana Raimondo, Pädagogische Mitarbeiterin im Fachbereich Sprachen an der VHS Frankfurt, Beauftragte für die Prüfungen CELI in Hessen im Auftrag des Hessischen Volkshochschulverbands

Wir danken allen Freunden und Kollegen für die Beratung, die sprachliche Durchsicht und die Erprobung im Unterricht.

6. 5. 4. | Die letzten Ziffern
2019 18 17 16 15 | bezeichnen Zahl und Jahr des Druckes.
Alle Drucke dieser Auflage können, da unverändert, nebeneinander benutzt werden.
2. Auflage 2011

Redaktion: Giovanna Rizzo, Anna Colella, Hueber Verlag, Ismaning
unter Mitarbeit von Stephanie Pfeiffer, Hueber Verlag, Ismaning
Zeichnungen: Virginia Azañedo, München
Satz und Gestaltung: Sieveking · Agentur für Kommunikation, München
Druck und Bindung: Firmengruppe APPL, aprinta druck GmbH, Wemding
Printed in Germany
ISBN 978-3-19-205427-3

Art. 530_08268_002_04

Vorwort

Chiaro! ist ein dreibändiges Italienischlehrwerk für Erwachsene mit integriertem Arbeitsbuch. ***Chiaro!*** steht für «Klarheit» und «Transparenz» mit klaren Lernzielen und transparenter Struktur.
Mit diesem Werk lernen Sie, sich in den wichtigsten Alltagssituationen auf Italienisch zu verständigen und in kleinen Schritten die vier Kompetenzen *Hören, Sprechen, Lesen* und *Schreiben* gezielt zu trainieren.
Besonderer Wert wird dabei auf die mündliche Kommunikation sowie auf die Interaktion im Kurs gelegt. Authentische Texte und unterhaltsame Hördialoge bieten zahlreiche Sprechanlässe, die mittels Partner- und Gruppenaktivitäten in realitätsnahe Handlung umgesetzt werden.
Chiaro! A1 führt Sie zum Niveau A1 des Gemeinsamen Europäischen Referenzrahmens für Sprachen, dessen Empfehlungen in diesem Lehrwerk konsequent umgesetzt werden:

- **Lernerautonomie** Sie können Ihren Lernweg selbst mitbestimmen und wissen durch die Hinweise bei jeder Aktivität, worauf Sie sich konzentrieren sollen. Auf der Portfolioseite mit der *Ich kann jetzt...-Rubrik* können Sie Ihren Lernfortschritt eigenständig überprüfen und im Abschnitt *Nachdenken über das Lernen* über Lernstrategien reflektieren. *Lerntipps* begleiten zahlreiche Aktivitäten in den Lektionen und können somit sofort umgesetzt werden.
- **Selbstentdeckendes Lernen** Sie erarbeiten sich Ihre Regeln selbst und können sie sich so besser einprägen. Auf der interkulturellen Seite *Culture a confronto* setzen Sie sich mit Gemeinsamkeiten und Unterschieden zwischen Ihrer und der italienischen Kultur auseinander.
- **Handlungsorientierung** Durch kreative Projektarbeit, vielfältige authentische Sprechanlässe und interaktive Übungen erwerben Sie Ihre persönlichen Sprachkenntnisse und kommunizieren von Anfang an mit den anderen Kursteilnehmern. Im *Dossier* am Ende des Arbeitsbuches sammeln Sie eigene sprachliche Produktionen und dokumentieren dadurch chronologisch Ihre Lernfortschritte.

Chiaro! A1 enthält 10 Lektionen, 3 Wiederholungslektionen, das integrierte Arbeitsbuch, 3 Tests, eine systematische Grammatikübersicht sowie ein lektionsbezogenes und ein alphabetisches Wortschatzverzeichnis.
Auf der beigelegten Audio-CD befinden sich alle Hördialoge des Kursbuchteils. Die Lerner-CD-ROM bietet die Hörmaterialien des Arbeitsbuchteils und zusätzlich zum Buch die Portfolioseiten, die Grammatikübersicht und die Wortschatzliste nach Lektionen als PDF-, Word- bzw. Excel-Dateien zur eigenen Bearbeitung.
Mit der Verbtabelle im hinteren umklappbaren Umschlag haben Sie die wichtigsten unregelmäßigen Verben immer parat.

Wir wünschen Ihnen viel Vergnügen und Erfolg!

Autorinnen und Verlag

Inhalt

Kurssprache Italienisch

1 Wie sage ich es im Kurs?

Ich bin noch nicht fertig.
Non ho ancora finito.

Ich weiß es nicht.
Non lo so.

Können wir die CD bitte noch einmal hören?
Possiamo ascoltare il CD un'altra volta?

Können Sie / Kannst du es an die Tafel schreiben?
Lo può / puoi scrivere alla lavagna?

Können Sie / Kannst du bitte langsamer sprechen?
Può / Puoi parlare più lentamente, per favore?

Ich habe eine Frage.
Ho una domanda.

Welche Übung sollen wir machen?
Quale esercizio dobbiamo fare?

Leider kann ich nächstes Mal nicht kommen.
Mi dispiace, la prossima volta non posso venire.

Ich verstehe nicht. / Ich habe nicht verstanden.
Non capisco. / Non ho capito.

2 Was sagt der Kursleiter / die Kursleiterin?

È chiaro?
Ist das klar?

Avete finito?
Sind Sie fertig?

Aprite il libro a pagina...
Öffnen Sie das Buch auf Seite ...

Può / Puoi leggere, per favore?
Können Sie / Kannst du bitte lesen?

Ci vediamo la prossima settimana!
Bis nächste Woche!

Capite? / Avete capito?
Verstehen Sie? / Haben Sie verstanden?

Symbole

CD 01 ▸ 01 Hörtext auf CD mit Tracknummer

ü 1 passende Übung im Arbeitsbuchteil

→ 5.1 Hinweis auf die Grammatikübersicht

Aktivität im Kursbuch

Aktivität zu zweit

Aktivität in einer kleinen Gruppe

Aktivität in einer großen Gruppe

Studio l'italiano! 1

In dieser Lektion lernen Sie:

- jemanden begrüßen
- sich selbst und andere vorstellen
- nach der Herkunft fragen
- im Unterricht nachfragen
- die Telefonnummer angeben
- sich verabschieden

1 Per iniziare

L'Italia per me è ...
Was fällt Ihnen ein, wenn Sie an Italien denken?

2 Cose d'Italia

a **Abbinate le parole alle immagini.** Ordnen Sie die Wörter den Bildern zu. Vergleichen Sie dann mit Ihren Nachbarn.

☐ pasta	☐ museo	☐ mercato	☐ mare
☐ gelato	☐ stazione	☐ macchina	☐ opera
☐ vino	☐ piazza	☐ treno	☐ albergo

3

1

2

4

5

6

7

8

9

10

12

11

b Classificate le parole. Welches Wort aus 2a passt in welche Spalte? Sortieren Sie!

cibo e bevande	trasporti	tempo libero	vacanze

c Che parole conoscete? Welche italienischen Wörter kennen Sie noch? Sammeln Sie zuerst die Begriffe und versuchen Sie dann, sie nach Themen zu sortieren.

Tipp
Bevor Sie anfangen, eine Sprache zu lernen, sollten Sie überlegen, was Sie bereits wissen. Das ist oft mehr als Sie denken!

3 Io sono ...

ASCOLTARE E LEGGERE

1 ▶ 01

a Associate i dialoghi alle foto.
Hören Sie zu. Welcher Dialog passt zu welchem Foto?

☐ 

☐ 

☐ 

b Riordinate i dialoghi. Bringen Sie die Dialoge in die richtige Reihenfolge.

▸ 1
☐ Io sono Francesca.
☐ Ciao, io sono Paolo. E tu come ti chiami?
☐ Ciao.

▸ 2
☐ Sì, prego!
☐ Grazie. Mi chiamo Chiara Monfalco.
☐ Buongiorno. È libero qui?
☐ Piacere, Nicola Bruni.

▸ 3
☐ Anch'io mi chiamo Carla. Carla Chiesa.
☐ Ah, piacere. Carla Codevilla.
☐ Buonasera, sono la vostra insegnante. Mi chiamo Carla. Lei come si chiama?

1 ▶ 01

c Ascoltate e verificate. Hören Sie zu und überprüfen Sie.

ANALIZZARE

d Evidenziate le espressioni. Wie stellen sich die Personen vor?
Wie fragen sie nach dem Namen? Markieren Sie die Formulierungen in den Dialogen. Unterscheiden Sie dabei mit verschiedenen Farben zwischen formell und informell.

E voi? Stellen Sie sich selbst vor.

Grammatica

	essere	chiamarsi
(io)	sono	mi chiamo
(tu)	sei	ti chiami
(Lei)	è	si chiama

4 Come ti chiami?

PARLARE

Presentatevi al vostro vicino. Begrüßen Sie Ihre/n Nachbar/in, stellen Sie sich vor und fragen Sie ihn/sie nach dem Namen. Entscheiden Sie selbst, ob Sie sich formell oder informell vorstellen möchten.

5 I saluti

LAVORARE CON IL LESSICO

a Classificate i saluti. Welche Grußformeln aus den Dialogen 3b können tagsüber und/oder abends verwendet werden? Welche auch zum Abschied?
Tragen Sie sie in die passende Spalte ein.

Ü 2–8

b Conoscete altri saluti? Kennen Sie andere Grußformeln? Tragen Sie sie ebenso ein.

c Fate conoscenza in classe.
Gehen Sie auf die anderen Teilnehmer zu. Begrüßen Sie sie und stellen Sie sich vor.

	Begrüßung	Abschied

6 Parole, parole, parole

LEGGERE

a Leggete e sottolineate le parole che capite.
Lesen Sie die Texte und unterstreichen Sie die Wörter, die Sie verstehen.

Tipp
Viele Wörter lassen sich aus dem Zusammenhang erschließen oder man versteht sie, weil sie international gleich oder ähnlich benutzt werden.

b Confrontate con il vostro vicino. Hat Ihr/e Nachbar/in die gleichen Wörter unterstrichen?

La gente adultale
formale

L'uomo adulto
La gente adulta

7 Di dove sei?

ASCOLTARE

CD1 ▶ 02

a Ascoltate i dialoghi: quale è formale e quale informale? Hören Sie zu und kreuzen Sie an.

Dialogo 1	formale ☐	informale ☐	**Dialogo 2**	formale ☐	informale ☐

LEGGERE E ANALIZZARE

b Leggete e sottolineate. Lesen Sie nun die Dialoge.
Woran erkennen Sie, ob die Gespräche formell oder informell sind?
Markieren Sie die Merkmale dafür.

▶ 1
- ●◆ Ciao, Paolo!
- ■ Oh, ciao! ... Eh... lei è Francesca, una collega di Bellinzona. Francesca... Marina...
- ● Piacere!
- ○ Ciao!
- ■ ... e lui è Claudio.
- ◆ Ciao!
- ○ Piacere.
- ◆ Allora tu sei svizzera.
- ○ E sì! E tu, invece, di dove sei?
- ◆ Sono di San Gimignano.

1

▶ 2
- ● Oh, buongiorno, signor Bruni!
- ■ Buongiorno! ... Signora Monfalco ... il signor Klum, un collega di Vienna.
- ○ Molto lieta. → (con piacere)
- ● Piacere. E Lei, signora, di dov'è?
- ○ Di Torino.

Grammatica
un collega / una collega

c Trovate l'espressione adatta. Finden Sie in den Dialogen die passenden Formulierungen für folgende Situationen (Du- und Sie-Form).

jemanden vorstellen ____________________

jemandem vorgestellt werden ____________________

jemanden nach seiner Herkunft fragen ____________________

die eigene Herkunft angeben ____________________

8 Presentazioni

PARLARE

9–10

Fate le presentazioni. Sie nehmen an einem Seminar teil. Machen Sie zwei Teilnehmer miteinander bekannt.

> **Grammatica**
>
> **signor /signora**
>
> Buongiorno, signor Bruni / signora Monfalco! (direkte Anrede ohne Artikel)
>
> **il** signor Klum / **la** signora Monfalco (sonst mit Artikel)

9 Nazionalità

LAVORARE CON IL LESSICO

a Welche Nationalität haben diese Personen? Wählen Sie aus.

tedesco | americana | tedesca | austriaco | inglese | spagnola
~~spagnolo~~ | francese | italiana | olandese | turco | polacca | svedese

Pedro Almodóvar è	spagnolo	Monica Bellucci è	
Tobias Moretti è		Heidi Klum è	
Gérard Depardieu è		Joanne K. Rowling è	
David Beckham è		Sophie Marceau è	

E voi? Geben Sie jetzt Ihre Nationalität an.
Achten Sie dabei auf die richtige Endung des Adjektivs.
Schreiben Sie auch, woher Sie sind:

> **Grammatica**
>
> lui è tedesco / inglese
> lei è tedesca / inglese

Io

PARLARE

b Bilden Sie zwei oder vier Gruppen. Jeder Mitspieler sucht sich einen ausländischen Namen und die entsprechende Nationalität aus, schreibt den Namen auf einen Zettel, die Nationalität auf dessen Rückseite und heftet dann den Zettel an die Brust.
Der Reihenfolge nach sucht sich jeder Mitspieler einen Spieler der anderen Gruppe aus und versucht anhand des Namens die Nationalität zu erraten. Hat er richtig geraten, bekommt seine Gruppe einen Punkt. Sonst geht der Punkt an die andere Gruppe.
Sie haben fünf Minuten Zeit!

Esempio: ■ Fabien è francese.
◆ Sì, sono francese. / No, non sono francese.

11–12

c **Di dove sei? Di dov'è?** Wählen Sie aus der Italienkarte eine Stadt. Das ist jetzt Ihr Heimatort. Suchen Sie nun jemanden, der aus derselben Stadt oder aus derselben Gegend kommt wie Sie.

Esempio: ▶ Io sono di Roma. E tu, di dove sei? / E Lei, di dov'è?
● Anch'io sono di Roma. / Io sono di Palermo.

10 L'alfabeto

ASCOLTARE

01 ▶ 03

a Ascoltate e ripetete. Hören Sie zu und sprechen Sie nach.

					Lettere straniere
A	E	I	O	S *(esse)*	J *(i lunga)*
B *(bi)*	F *(effe)*	L *(elle)*	P *(pi)*	T *(ti)*	K *(kappa)*
C *(ci)*	G *(gi)*	M *(emme)*	Q *(cu)*	U	W *(doppia vu)*
D *(di)*	H *(acca)*	N *(enne)*	R *(erre)*	V *(vi/vu)*	X *(ics)*
				Z *(zeta)*	Y *(ipsilon)*

PARLARE E SCRIVERE

b Come si scrive? Sie wissen nicht, wie ein Wort auf Italienisch geschrieben wird? Dann fragen Sie Ihre/n Kursleiter/in: *Come si scrive ... ?* Stellen Sie ihm/ihr eine Frage und schreiben Sie mit.

c Fate lo spelling. Fragen Sie nun eine/n Kursteilnehmer/in nach dem Namen. Bitten Sie ihn/sie dann, den Familiennamen zu buchstabieren und schreiben Sie ihn.

Esempio:
- ▶ Come ti chiami? ◆ Anna Müller.
- ▶ Come si scrive Müller? ◆ Emme – u con i puntini – elle – elle – e – erre.

11 Per comunicare in classe

LEGGERE E ANALIZZARE

a Che cosa si dice? Wie können Sie im Kurs um Hilfe bitten? Ordnen Sie zu.

Come si dice...? | Che cosa significa...? | ~~Come si scrive...?~~ | Come, scusi? | Come si pronuncia questa parola? | Può ripetere, per favore? | A che pagina?

- Wie schreibt man ...? — Come si scrive...?
- Wie bitte? —
- Was bedeutet ...? —
- Wie sagt man ...? —
- Auf welcher Seite? —
- Wie spricht man dieses Wort aus? —
- Können Sie bitte wiederholen? —

13–15

b Fate domande. Stellen Sie mit den Ausdrücken aus 11a Ihrem/Ihrer Kursleiter/in vier Fragen.

12 I numeri

ASCOLTARE

CD 01 ▶ 04

a Ascoltate i numeri. Hören Sie die Zahlen.

0 zero	4 quattro	8 ______	12 dodici	16 sedici
1 uno	5 cinque	9 ______	13 tredici	17 ______
2 ______	6 sei	10 dieci	14 ______	18 diciotto
3 tre	7 sette	11 undici	15 quindici	19 diciannove
				20 venti

b Completate. Ergänzen Sie nun die Zahlen. Überprüfen Sie dann Ihre Lösung anhand der CD.

otto | diciassette | due
quattordici | nove

13 Che numero è?

PARLARE

16–17

Indovinate i numeri. Wählen Sie drei Zahlen zwischen 0 und 20. Ihr Partner soll herausfinden, welche Zahlen Sie gewählt haben.

Esempio:
▶ Quindici? ◆ No.
▶ Tre? ◆ No.
▶ Dieci? ◆ Sì!

14 Una conoscenza... per errore

ASCOLTARE

a Sandro telefona ad Alice. Secondo voi, come risponde Alice? Sandro ruft Alice an. Wie meldet sich Alice am Telefon Ihrer Meinung nach?

☐ Ciao! ☐ Pronto! ☐ Buongiorno!

CD 01 ▶ 05

b Ascoltate e verificate. Poi rispondete alle altre domande.
Hören Sie zu, überprüfen Sie Ihre Antwort und beantworten Sie dann die anderen Fragen.

Sandro vuole...

☐ il numero di telefono di casa di Martina.
☐ il numero di cellulare di Martina.

Che numero ha Martina?

☐ 338 77 66 827
☐ 338 76 76 827
☐ 338 66 67 087

c Secondo voi, qual è il problema?
Die Frau scheint Sandro nicht wiederzuerkennen. Welches Problem liegt hier vor?

- ☐ Martina non riconosce la voce di Sandro.
- ☐ Martina non vuole parlare con Sandro.
- ☐ La signora non è Martina.

01 ▸ 06

d Ascoltate e verificate. Hören Sie die Fortsetzung des Telefongesprächs. Trifft Ihre Vermutung zu?

01 ▸ 07

e Ascoltate di nuovo e rispondete.
Hören Sie noch einmal das Telefongespräch und beantworten Sie die Frage.

Che numero ha la signora?

___ ___ ___ ___

15 La rubrica del corso

PARLARE

Preparate la rubrica del corso. Erstellen Sie nun ein Telefonverzeichnis des Kurses. Notieren Sie innerhalb von drei Minuten die Telefonnummern von möglichst vielen Teilnehmern. Setzen Sie sich dann mit zwei Teilnehmern zusammen und versuchen Sie, die fehlenden Nummern zu ergänzen.

Ü 18

Esempio: Che numero hai/ha?

Grammatica

	avere
(io)	ho
(tu)	hai
(lui, lei, Lei)	ha

16 Ricapitoliamo!

SCOPRIRE LA GRAMMATICA

a Maschile o femminile? Männlich oder weiblich?
Tragen Sie folgende Wörter in das richtige Feld ein.

numero | signora | telefono
~~cellulare~~ | ~~voce~~ | pasta

♂	♀
cellulare	voce

Ü 19–21

b Suchen Sie in der Lektion andere Substantive und sortieren Sie sie. Welches Paar hat in drei Minuten die meisten Wörter richtig sortiert?

Culture a confronto

Immagini dell'Italia

Sehen Sie sich die Fotos an und verbinden Sie sie mit der passenden Region bzw. mit den passenden Regionen. Vergleichen Sie dann mit Ihren Nachbarn.

montagne

fiori

moda

carnevale

presepe

automobile

vulcano

panettone

vino

Giuseppe Verdi

Etruschi

La mia Italia

Welche Fotos repräsentieren Italien am besten? Wählen Sie Ihre drei Favoriten und tragen Sie die dazugehörigen Bezeichnungen in den folgenden Wortigel ein.

Le nostre fotografie

Welche Fotos haben Sie gewählt? Welche würden Sie noch hinzufügen? Und mit welchen Bildern könnte man Ihr Land repräsentieren?

Grammatica e comunicazione

Personalpronomen: Singular → 5.1

io	ich	lui/lei	er/sie
tu	du	Lei	Sie (höfliche Anrede)

Verben: Präsens → 9.1

	chiamarsi	essere	avere
(io)	mi chiamo	sono	ho
(tu)	ti chiami	sei	hai
(lui, lei, Lei)	si chiama	è	ha

Der bestimmte Artikel: Singular → 3.2

♂	♀
il	la

Substantiv: Geschlecht → 2.1

♂	♀
gelato	piazza
mare	stazione

Adjektiv: Nationalitäten → 4.1

♂	♀
italiano	italiana
francese	francese

Übereinstimmung: Subjekt + Adjektiv → 4.1

♂	♀
Lui è spagnolo.	Lei è spagnola.
Lui è olandese.	Lei è olandese.

Fragewörter → 12

Come ti chiami?
Di dove sei?
Che cosa significa?
Che numero di telefono hai?

Präposition: di → 14

Di dov'è? – Sono **di** Verona.

Zahlen: 1 – 20 → 15.1

1	uno	6	sei	11	undici	16	sedici
2	due	7	sette	12	dodici	17	diciassette
3	tre	8	otto	13	tredici	18	diciotto
4	quattro	9	nove	14	quattordici	19	diciannove
5	cinque	10	dieci	15	quindici	20	venti

jemanden begrüßen

Ciao! Buongiorno! Buonasera!

nach dem Namen fragen

Come ti chiami? Come si chiama?

sich vorstellen und darauf reagieren

Ciao, io sono Paolo.
Mi chiamo Nicola Bruni.
Ciao!
Piacere!
Molto lieto. / Molto lieta.

andere vorstellen

Lei è Francesca, una collega di Bellinzona.
Francesca ... Marina.

Signora Monfalco ... il signor Klum, un collega di Vienna.

die Herkunft erfragen und nennen

Di dove sei? / Di dov'è?
Sono italiano, / Sono italiana, di Roma.

die Telefonnummer erfragen und darauf antworten

Che numero di telefono hai / ha?
338 77 66 827

im Unterricht nachfragen

Che cosa significa ...?
Come si scrive ...?
Come, scusi?
A che pagina?
Come si dice ...?
Può ripetere, per favore?
Come si pronuncia questa parola?

Portfolio

Ich kann jetzt ...

jemanden begrüßen und mich verabschieden.	☐	☐	☐	3, 5
mich kurz vorstellen.	☐	☐	☐	3
jemanden nach seinem Namen fragen.	☐	☐	☐	3
zwei Personen miteinander bekannt machen.	☐	☐	☐	7
sagen, woher ich komme.	☐	☐	☐	7, 9
im Unterricht um Hilfe bitten.	☐	☐	☐	11
eine Telefonnummer erfragen und angeben.	☐	☐	☐	15

Italienisch in meinem Alltag

Ciao, espresso, bravo! – In meinem Alltag begegnen mir hin und wieder italienische Wörter, z. B. auf Plakaten, in der Werbung, in Radio- bzw. Fernsehsendungen usw. Das könnte ich nutzen, um mir das Erlernen der Sprache zu erleichtern.

«Meine» Wörter der letzten Woche: ______________________

Die Wörter meines Nachbarn: ______________________

Mit welchen Sinnen lerne ich am besten?

a Lassen Sie sich von einem anderen Kursteilnehmer die Wörter in der linken Spalte vorlesen. Hören Sie genau zu und lesen Sie mit. Überlegen Sie, mit welchem Sinn Sie die Wörter wahrnehmen. Hören Sie, sehen Sie, schmecken Sie, spüren Sie oder riechen Sie sie? Kreuzen Sie Ihre allererste, spontane Assoziation an. Zählen Sie anschließend die Kreuze in jeder Spalte: Welche Spalte hat die meisten Kreuze? Welche Wahrnehmungsart ist bei Ihnen besonders ausgeprägt?

pasta					
stazione					
mercato					
mare					
opera					
albergo					
piazza					
moda					
macchina					
sole					

b Jetzt weiß ich, zu welcher Wahrnehmungsart ich neige. Was kann ich also machen, um Italienisch effektiv zu lernen? Zusammen mit einem anderen Kursteilnehmer habe ich folgende Tipps erarbeitet:

____

Incontri

2

In dieser Lektion lernen Sie:

- nach dem Befinden fragen und darauf antworten
- sich bedanken
- Informationen zu Beruf und Wohnort nennen und erfragen
- sagen, welche Sprache(n) Sie sprechen
- Ihr Alter nennen

1 Per iniziare

a Dove sono queste persone? Che cosa dicono secondo voi?
Wo sind diese Personen? Was sagen sie Ihrer Meinung nach?

ASCOLTARE

01 ▶ 08

b Ascoltate i tre dialoghi. Quale corrisponde a questa foto?
Hören Sie zu. Welcher der drei Dialoge passt zu diesem Foto?

c Leggete e inserite negli spazi *tu* o *Lei*. Lesen Sie die Dialoge und ergänzen Sie sie mit *tu* oder *Lei*.

▶ 1
- ● Signora Gela, buongiorno!
- ■ Buongiorno, dottore! Come sta?
- ● Bene, grazie. E ______ ?
- ■ Eh, non c'è male.

▶ 2
- ▶ Martina, ciao! Come stai?
- ◆ Tutto bene, grazie. E ______ ?
- ▶ Eh, così così.

▶ 3
- ● Buongiorno, signora. Come va?
- ● Benissimo, grazie. E ______ ?
- ● Anch'io bene, grazie.

Tipp
Hören Sie sich Dialoge immer mehrmals an und versuchen Sie, sich an die Sprachmelodie zu gewöhnen. Üben Sie den Dialog dann mit einem Partner. Aber lassen Sie sich Zeit: Sie müssen nicht gleich so schnell sprechen wie die Italiener!

CD 01 ▶ 08

d Adesso ascoltate e controllate.
Hören Sie nun zu und überprüfen Sie.

LEGGERE E ANALIZZARE

e Evidenziate le espressioni. Lesen Sie die Dialoge noch einmal. Wie fragen die Personen ihre Gesprächspartner nach deren Befinden? Markieren Sie die Formulierungen.

Ü 1

f Abbinate le risposte. Ordnen Sie jetzt die Antworten auf die Fragen nach dem Befinden den Gesichtsausdrücken zu.

2 Come va?

PARLARE

Formate delle coppie e giocate una coppia contro l'altra.
Bilden Sie Paare und spielen Sie gegeneinander. Ein Paar denkt sich einen Dialog zu einem der Bilder aus. Das andere Paar muss erraten, auf welches Bild sich der Dialog bezieht.

3 Le professioni

LAVORARE CON IL LESSICO

a Abbinate i disegni ai nomi delle professioni. Ordnen Sie die Berufe den Zeichnungen zu.

1 commessa
2 farmacista
3 rappresentante
4 impiegato
5 giornalista
6 insegnante
7 segretaria
8 operaio
9 medico

b Formate delle coppie. Sortieren Sie die Berufsbezeichnungen aus 3a und bilden Sie Wortpaare. Welche Bezeichnung hat keinen «Partner»? ________ Warum?

♂	♀	♂	♀
segretario	________	________	operaia
commesso	________	farmacista	________
________	impiegata	rappresentante	________
________	insegnante	________	giornalista

SCOPRIRE LA GRAMMATICA

c Giornalista, farmacista, rappresentante, insegnante ... Einige Berufsbezeichnungen enden auf *-ista*, andere auf *-e*. Welche Besonderheiten haben sie Ihrer Meinung nach?

2 **E voi?** Tragen Sie jetzt ein, was Sie beruflich machen. Achten Sie dabei auf die richtige Endung des Substantivs.

Io sono

4 Che lavoro fai / fa?

PARLARE

Chi fa questo lavoro? Welche Berufe aus Punkt 3 sind in Ihrem Kurs vertreten? Welche Berufe gibt es noch? Fragen Sie die anderen Kursteilnehmer nach deren Beruf und finden Sie es heraus.

Esempio: ● Che lavoro fai / fa?
3–4 ■ Sono insegnante. E tu? / E Lei?

Grammatica

	lavorare	**fare**
(io)	lavoro	faccio
(tu)	lavori	fai
(lui, lei, Lei)	lavora	fa

Lingua

Den Beruf können Sie auch so erfragen:
Io sono insegnante, e tu / e Lei?
Hier finden Sie andere Antwortmöglichkeiten:
Sono casalinga. / Io non lavoro, studio.
Io non lavoro, sono pensionato. / pensionata.

CD 01 ▸ 09

5 Un viaggio organizzato

ASCOLTARE

a Ascoltate e indicate la situazione. Hören Sie zu und kreuzen Sie an.

È un dialogo ... fra tre turisti. ☐ fra due turisti e l'impiegato di un'agenzia di viaggi. ☐

CD 01 ▸ 09

b Ascoltate e completate la scheda.
Hören Sie den Dialog und ergänzen Sie das Formular. Vergleichen Sie dann mit Ihrem/-er Nachbar/in.

Nome:	Giada	Cognome:	Ghini
Città:		Professione:	
Lingue:			

c Leggete e verificate. Lesen Sie den Dialog und überprüfen Sie Ihr Formular.

● ... e voi dove abitate? A Genova?
■ No, lavoriamo a Genova, ma abitiamo a Santa Margherita Ligure. E Lei, dove abita?
● Io abito e lavoro a Genova.
▶ Ah, e che lavoro fa?
● Sono rappresentante.
▶ Ah, allora viaggia molto per lavoro.
● Sì, lavoro anche in Germania, in Austria e un po' in Spagna.
■ Ah, interessante! E parla il tedesco?
● No, non parlo il tedesco, parlo un po' lo spagnolo. Ma per lavoro uso l'inglese. Ma... non ci siamo ancora presentati, sono Giada Ghini.
▶ Piacere, Alice Rossetti.
■ E io sono Luca Rossetti.

LAVORARE CON IL LESSICO

d Inserite negli spazi ________ le parole della lista e completate le espressioni.
Vervollständigen Sie die Ausdrücke, indem Sie die Wörter in die Lücken ________ eintragen.
Sie können die Wörter mehrmals verwenden. Überprüfen Sie dann Ihre Lösung anhand des Dialogs.

Genova | lavoro | Germania

lavorare a ________	lavorare in ________	viaggiare per ________
abitare a ________	abitare in - - - - - - - -	

e Quale parola della lista del punto 5d potete inserire nello spazio - - - - - - - - ? Welches Wort aus der Liste aus 5d passt in diese Lücke - - - - - - - - ?

E voi? Dove abitate? Dove lavorate?

Io

Ü 5–6

Grammatica

	abitare		
(io)	abito	(noi)	abitiamo
(tu)	abiti	(voi)	abitate
(lui, lei, Lei)	abita	(loro)	abitano

6 Chi non abita qui? Chi non lavora qui?

PARLARE

Gibt es in Ihrem Kurs Teilnehmer, die nicht in Ihrem Ort wohnen oder arbeiten? Finden Sie es heraus, indem Sie verschiedene Leute fragen.

7 Lingue e Paesi

LAVORARE CON IL LESSICO

a **Leggete le frasi.** Lesen Sie diese Zeilen des Dialogs 5c.

- E parla il tedesco?
- No, non parlo il tedesco, parlo un po' lo spagnolo. Ma per lavoro uso l'inglese.

b **Completate la serie.** Ordnen Sie nun die Sprachen in diese Reihe ein.

l'italiano, l'olandese, ________ / **il** francese, **il** greco, ________ / **lo** svedese, **lo** slovacco, ________

c **Abbinate.** Verbinden Sie jetzt die Sprachen mit den Ländern.

la Germania, l'Italia, la Spagna, la Gran Bretagna, la Grecia, la Francia, l'Olanda, la Svezia, la Slovacchia

8 Ricapitoliamo!

SCOPRIRE LA GRAMMATICA

a **Articoli determinativi:** Nun sind Ihnen alle bestimmten Artikel *il, lo, la, l'* im Singular begegnet. Wann verwendet man welchen Artikel?

7-14

b Suchen Sie jetzt in den Lektionen 1 und 2 zehn Substantive. Tauschen Sie Ihre Liste mit einem anderen Paar, das die passenden Artikel dazu setzen soll. Gewinner ist das Paar mit den meisten Treffern.

9 Che lingue parli?

GIOCO

Sie spielen in zwei Gruppen: **A** und **B**. Jeder Spieler der jeweiligen Gruppe wählt eine beliebige Sprache aus: Das ist die Sprache, die er kann. Ein Spieler der Gruppe **A** sucht sich einen Spieler der Gruppe **B** aus und versucht zu erraten, welche Sprache er kann.
Hat er richtig geraten, bekommt seine Gruppe einen Punkt. Dann ist die andere Gruppe dran. Das Spiel endet, wenn alle eine Frage gestellt haben. Die Gruppe mit den meisten Punkten hat gewonnen.

Esempio:
- Paul, parli l'inglese?
- Sì, parlo l'inglese. / No, non parlo l'inglese.

10 Annunci

LEGGERE

Leggete gli annunci e fate gli abbinamenti. Lesen Sie die Anzeigen. Wer passt zu wem?

a. Ciao, mi chiamo Christine, ho 27 anni, sono tedesca e cerco una ragazza italiana per uno scambio italiano-tedesco. Abito in una città piccola.

b. Buongiorno, sono francese e ho 56 anni. Sono ingegnere, abito a Parigi e desidero perfezionare il mio italiano perché sono di origine italiana. Alain

c. Ciao a tutti sono una ragazza italiana di 33 anni e cerco una persona madrelingua per conversare in tedesco in cambio di conversazione in italiano. Paola

d. Ciao, mi chiamo David. Ho 28 anni e sono australiano, ma abito e lavoro a Roma (Monte Sacro). Sono insegnante d'inglese e cerco una persona italiana per scambio conversazione.

e. Ciao a tutti! Ho 24 anni e studio lingue; cerco una ragazza / un ragazzo inglese o francese per fare conversazione in cambio di conversazione in italiano. Marcella iiii **11**

Imparare in due

SCRIVERE E LEGGERE

a Scrivete un annuncio. Schreiben Sie selbst eine Anzeige.

A: Sie sind Italiener, möchten eine Fremdsprache lernen und suchen einen geeigneten Lernpartner.

B: Sie sind kein Italiener (sondern Franzose oder Spanier oder ...) und suchen eine Person, die Italienisch spricht.

b Trovate un partner. Lesen Sie jetzt die Anzeigen der anderen Gruppe und versuchen Sie, einen passenden Lernpartner zu finden.

Tipp
Sprache ist Kommunikation. Lernen Sie daher möglichst nicht allein. Nutzen Sie die Paar- und Gruppenarbeit im Kurs und suchen Sie auch Lernpartner außerhalb des Kurses.

12

I numeri

LAVORARE CON IL LESSICO

a Abbinate le parole alle cifre. Ordnen Sie die Altersangaben aus den Anzeigen (Punkt 10) den entsprechenden Zahlwörtern zu.

ventotto ______	cinquantasei ______
trentatré ______	ventiquattro ______
ventisette ______	

CD 01 ▸ 10

b Completate. Ergänzen Sie nun die Zahlen. Überprüfen Sie dann Ihre Lösung anhand der CD.

21 ventuno	28 ______	40 quaranta	77 ______
22 ______	29 ______	44 ______	80 ottanta
23 ventitré	30 trenta	50 cinquanta	85 ______
24 ______	31 ______	56 ______	90 novanta
25 venticinque	32 trentadue	60 sessanta	96 ______
26 ventisei	33 ______	63 ______	100 cento
27 ______	38 trentotto	70 settanta	

Ü 15–16

ii

c Che numero è? Schreiben Sie abwechselnd eine Zahl in die Luft. Ihr Partner soll sie vorlesen.

13

Interviste

ASCOLTARE

CD 01 ▸ 11

Ascoltate le interviste. Perché studiano l'italiano queste persone?
Warum lernen diese Personen Italienisch?
Hören Sie zu und kreuzen Sie an.

	Signor Nugnes	Signor Hansen	Signor Gonzalez
per lavoro			
per amore			
perché amo la musica italiana			
perché ho un amico italiano / un'amica italiana			
per motivi familiari			

E voi? Welche Antwort trifft auf Sie zu? Ergänzen Sie nun den Satz.

Studio l'italiano

14 Perché studi/studia l'italiano?

PARLARE

a **Intervistate i compagni di corso.** Fragen Sie die anderen Kursteilnehmer, warum Sie Italienisch lernen. Wie viele haben den gleichen Grund wie Sie?

b **Raccontate.** Erzählen Sie, was Sie herausgefunden haben.

15 Ricapitoliamo!

SCOPRIRE LA GRAMMATICA

a **Articoli indeterminativi:** Im Laufe dieser Lektion sind Ihnen die unbestimmten Artikel *un, uno, una* und *un'* begegnet. Tragen Sie sie in die Tabelle ein. Wann verwendet man welchen Artikel?

♂	♀
____ ragazzo	____ ragazza
____ amico	____ amica
____ scambio	

b Schreiben Sie nun zehn Substantive auf, die Sie gelernt haben. Ihr Nachbar setzt dann die passenden unbestimmten Artikel dazu.

17–18

16 Una nuova identità

PARLARE E SCRIVERE

Compilate la vostra scheda.
Erfinden Sie nun für sich eine «neue Identität». Geben Sie sich einen neuen Namen, einen Beruf, wählen Sie eine Stadt, in der Sie wohnen und Sprachen, die Sie sprechen oder lernen. Nennen Sie auch den Grund. Interviewen Sie dann eine/n andere/n Kursteilnehmer/in und füllen Sie sein/ihr Formular aus.

19–21

Io		***Il mio partner***	
Nome:		Nome:	
Cognome:		Cognome:	
Città:		Città:	
Professione:		Professione:	
Lingue:		Lingue:	
Motivo:		Motivo:	

Culture a confronto

I saluti

a Osservate e commentate. Sehen Sie sich die Zeichnungen an.
In welchen Ländern begrüßt man sich so?

b E in Italia? E nel vostro Paese? Welche dieser Begrüßungen sind in Italien üblich?
In welchen Situationen? Und in Ihrem Land?

c Salutatevi. Gehen Sie in der Klasse herum, begrüßen Sie sich mit Gesten und Worten und fragen Sie sich gegenseitig, wie es Ihnen geht.

Numeri e fortuna

Leggete e rispondete. Lesen Sie die Frage von Myron.
Welche Antwort bekäme Myron in Ihrem Land? Und in Italien?

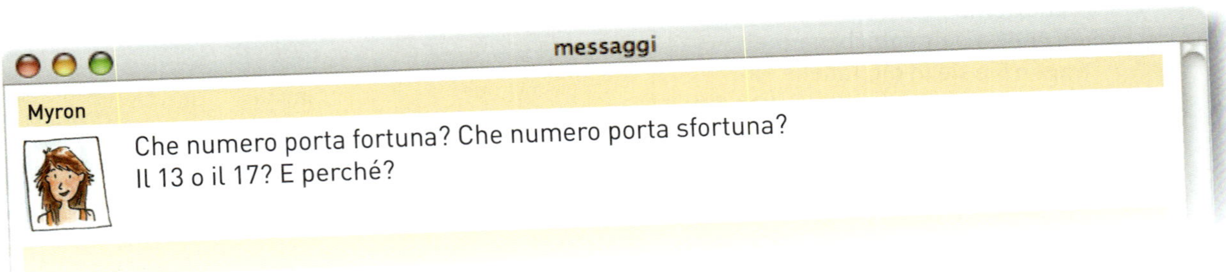

Grammatica e comunicazione

Verben: Präsens ➞ 9.1

regelmäßig:	-are
	abitare
(io)	abito
(tu)	abiti
(lui, lei, Lei)	abita
(noi)	abitiamo
(voi)	abitate
(loro)	abitano

Verben: Präsens ➞ Verbtabelle

unregelmäßig			
avere	essere	fare	stare
ho	sono	faccio	sto
hai	sei	fai	stai
ha	è	fa	sta
abbiamo	siamo	facciamo	stiamo
avete	siete	fate	state
hanno	sono	fanno	stanno

Der bestimmte Artikel: Singular ➞ 3.2

♂	♀
il segretario	la segretaria
l'operaio	l'operaia
lo spagnolo	la spagnola

Der unbestimmte Artikel ➞ 3.1

♂	♀
un commesso	una commessa
un insegnante	un'insegnante
uno spagnolo	una spagnola

Das Substantiv: Berufsbezeichnungen ➞ 2.2

♂	♀
l' impiegato	l' impiegata
il rappresentante	la rappresentante
il farmacista	la farmacista

Fragewörter und Konjunktionen ➞ 12 / 13

Dove lavori?
- ● Perché studi l'italiano?
- ■ Perché amo la musica italiana.

Die Verneinung ➞ 10.1

- ● Abitate a Genova?
- ■ No, abitiamo a Santa Margherita Ligure.

Io non parlo il tedesco.

Präpositionen: a, in, per ➞ 14

Lavoro a Genova.	(Ort: Stadt)
Abito in Germania.	(Ort: Land)
Studio l'italiano per lavoro.	(Grund)

Zahlen: 21 – 100 ➞ 15.1

21	ventuno	25	venticinque	29	ventinove	50	cinquanta	90	novanta
22	ventidue	26	ventisei	30	trenta	60	sessanta	100	cento
23	ventitré	27	ventisette	38	trentotto	70	settanta		
24	ventiquattro	28	ventotto	40	quaranta	80	ottanta		

sich formell und informell begrüßen

Signora Gela, buongiorno!
Buonasera, signor Rossi!
Buongiorno, dottore!
Ciao, Martina!

nach dem Befinden fragen und darauf antworten

Come stai? / Come sta? / Come va?
Benissimo. / Bene. / Tutto bene. / Così così. / Non c'è male.

den Beruf erfragen und nennen

Che lavoro fai? / Che lavoro fa?
Sono impiegata / impiegato.

den Wohnort erfragen und nennen

Dove abiti? / Dove abita?
Abito a ... (Stadt) / Abito in ... (Land)

sagen, welche Sprache(n) man spricht

Che lingue parli / parla?
No, non parlo il tedesco, parlo un po' lo spagnolo.

das Alter nennen

Ho 27 anni.
Sono una ragazza di 33 anni.

fragen und angeben, warum man Italienisch lernt

Perché studi / studia l'italiano?
Studio l'italiano per lavoro.
Perché ho un'amica italiana / un amico italiano.

Portfolio

Ich kann jetzt ...

jemanden nach seinem Befinden fragen und darauf antworten.	☐	☐	☐	1
meinen Beruf nennen.	☐	☐	☐	3, 4
sagen, wo ich wohne.	☐	☐	☐	5, 6
sagen, welche Sprache(n) ich spreche.	☐	☐	☐	7, 9
mein Alter nennen.	☐	☐	☐	10
sagen, warum ich Italienisch lerne.	☐	☐	☐	13

Meine Ziele

Ich besuche jetzt regelmäßig den Italienischkurs, aber welche Ziele möchte ich wirklich erreichen? Denken Sie an einige konkrete Situationen, in denen Sie ihre Italienischkenntnisse anwenden möchten, und schreiben Sie sie hier auf.

Telefongespräche im Büro
Briefe an Freunde / Verwandte

Wie sieht mein Lernplan aus?

- ☐ Ich kann regelmäßig zu Hause üben.
- ☐ Ich habe kaum Zeit, um zu Hause zu lernen.
- ☐ Ich möchte schnell vorankommen.
- ☐ Ich möchte es ruhig angehen.
- ☐ Meine wichtigsten Ziele möchte ich bis ________________ erreicht haben.

Wege zum erfolgreichen Lernen

a Wie kann ich erfolgreich lernen, obwohl ich wenig Zeit habe?

b Was kann ich neben dem Kurs noch machen, um meinen Zielen näher zu kommen?
Zusammen mit einem anderen Teilnehmer habe ich folgende Tipps erarbeitet:

____

____

____

3 Un caffè, per favore!

In dieser Lektion lernen Sie:

- fragen, was jemand trinken / essen möchte
- in einer Bar bestellen
- nach der Rechnung fragen
- eine einfache Getränkekarte lesen
- andere nach ihren Vorlieben / Essgewohnheiten fragen und diese Fragen beantworten

1 Per iniziare

Osservate la foto. Sehen Sie sich das Foto an. Was verbinden Sie mit dem Begriff «Bar»?

2 Bevande e spuntini

LAVORARE CON IL LESSICO

a Quali bevande e spuntini qui sotto conoscete?
Welche von diesen Getränken und Speisen kennen Sie?

caffè | cappuccino | cornetto | panino | tè | piadina
toast | spremuta d'arancia | aranciata | vino | birra
aperitivo | amaro | acqua minerale | tramezzino | latte

b Inserite adesso tutte le parole nella tabella.
Welches Wort passt in welche Spalte? Sortieren Sie!

Caffetteria	Bibite	Alcolici	Snack e Pasticceria

ü 1

3 Al bar

ASCOLTARE

CD 01 ▶ 12

a Ascoltate e abbinate. Hören Sie zu.
Welche Zeichnung passt zum Dialog?

a

b

b Completate il dialogo. Vervollständigen Sie den Dialog.
Die Sätze der Gäste sind durcheinander geraten. Bringen Sie sie wieder in Ordnung.

E per me un caffè ... macchiato. | Ecco a Lei. | Caldo.
Tu che cosa prendi? Oggi offro io! | Vorrei pagare subito. Quant'è? | Buongiorno.

■ Buongiorno.
●▶ ______________________
■ Prego!
● Ehm ... ______________________
▶ Oh, grazie! Ehm... Un cappuccino e un cornetto, per favore.
● ______________________
▶ La prossima volta, però ...
● La prossima volta offri tu, va bene.
■ Il macchiato, caldo o freddo?
● ______________________
■ Allora, ecco il cappuccino con il cornetto ... e questo è il macchiato.
● ______________________
■ 3,00 €.
● ______________________
■ Grazie. Ecco lo scontrino.

BAR CAFFETTERIA TAVOLA CALDA
PIZZERIA CASELLO 22
GARR S.R.L.
V.APPIA KM 166 SESSA AURUNCA(CE)
P.IVA 03368500611

	EURO
Cappuccino	1,20
Caffè	0,80
Cornetto	1,00
Postazione 1	
TOTALE EURO	3,00
Contanti	3,00
Resto	0,00
16/08/08 09:04	SF. 0034

MF KU 96015244

Lingua
3,00 = tre euro
2,95 = due euro e novantacinque
0,80 = ottanta centesimi

01 ▶ 12

c Ascoltate e verificate.
Hören Sie zu und überprüfen Sie Ihre Lösung.

LEGGERE E ANALIZZARE

d Trovate l'espressione adatta. Lesen Sie den Dialog noch einmal und finden Sie die passenden Formulierungen für folgende Situationen.

fragen, was jemand trinken/essen möchte ______________________
jemandem etwas spendieren ______________________
etwas bestellen ______________________
jemandem etwas reichen ______________________
einen Wunsch äußern ______________________
bezahlen ______________________

2–5

4 Un invito al bar

PARLARE

iii

Zeigen Sie sich spendabel!
Fragen Sie sich gegenseitig, was Sie bestellen möchten.

Grammatica

	prendere	**offrire**
(io)	prendo	offro
(tu)	prendi	offri
(lui, lei, Lei)	prende	offre

5 Il macchiato, caldo o freddo?

SCOPRIRE LA GRAMMATICA

La piadina, calda o fredda?

Il caffè, decaffeinato o normale?

La birra, grande o piccola?

a Leggete. Lesen Sie die Fragen des Barkeepers und schauen Sie sich die Kombinationen «Substantiv + Adjektiv» (z. B. «piadina calda») genau an. Achten Sie besonders auf die Endungen der Wörter. Was erkennen Sie?

LAVORARE CON IL LESSICO

b Trovate il contrario. Speisen und Getränke sind nicht nur warm oder kalt ... Bilden Sie mit folgenden Adjektiven weitere Gegensatzpaare.

alcolico | amaro | analcolico | frizzante | dolce | naturale

c Abbinate. Ordnen Sie nun die Adjektive aus 5a und b den folgenden Speisen bzw. Getränken zu (einige können mehrmals zugeordnet werden). Achten Sie dabei auf die richtige Endung des Adjektivs. Welches Paar kann die meisten richtigen Zuordnungen finden?

il latte | il tè | l'acqua | la birra | l'aranciata | la pizzetta
l'aperitivo | il panino | la cioccolata | il caffè

6–7

6 Ordinare al bar

PARLARE

Fate un dialogo.
Erarbeiten Sie einen Dialog nach folgenden Angaben.

A und B: Sie sind in einer Bar. Sie bestellen etwas zu trinken und zu essen am Tresen. Wenn der Barkeeper Ihnen Ihre Speisen und Getränke serviert, möchten Sie gleich zahlen.

C: Sie sind Barkeeper. Sie nehmen die Bestellungen Ihrer Gäste entgegen, servieren die Speisen und Getränke und nennen den Rechnungsbetrag. Vergessen Sie nicht, den Gästen ihren Kassenbon zu geben!

01 ▶ 13

7 In un locale

ASCOLTARE

a Dove sono queste persone? Wo sind diese Leute?
Hören Sie zu und kreuzen Sie an. Mehrere Antworten sind möglich.

In un bar. ☐ In un caffè letterario. ☐ In un piano bar. ☐
In una gelateria. ☐ In un'enoteca. ☐ In una birreria. ☐

b Ascoltate ancora il dialogo e segnate le affermazioni giuste.
Hören Sie das Gespräch noch einmal und kreuzen Sie die richtigen Aussagen an.

È un locale dove è possibile anche ...

leggere il giornale. ☐
partecipare alla presentazione di un libro. ☐
comprare le tazze del cappuccino. ☐
leggere un libro. ☐
fare un massaggio. ☐
ascoltare musica dal vivo. ☐

8 Alla cassa

a Mettete in ordine il dialogo.
Bringen Sie die Sätze in die richtige Reihenfolge.

- ■ Buongiorno. Mi dica. ☐
- ■ Allora sono 17 euro e 80. ☐
- ● Buongiorno. Allora: due caffè, due spremute d'arancia, due tramezzini, una birra piccola, un toast e due coni. ☐
- ● Ah... grazie! ☐
- ● Mm... Con la panna. ☐
- ● Ecco a Lei. ☐
- ■ Grazie. ... Eh, scusi... lo scontrino! ☐
- ■ I coni con o senza panna? ☐

Lingua

con la panna senza panna

01 ▶ 14

b Ascoltate e confrontate.
Hören Sie nun den Dialog und überprüfen Sie Ihre Lösung.

SCOPRIRE LA GRAMMATICA

c Completate. Ergänzen Sie die Tabelle.
Wie wird die Pluralform von Substantiven gebildet?

un tramezzino	due ________	una spremuta	due ________
un liquore	due ________	una colazione	due colazioni
un caffè	due ________		
un toast	due toast ♂		♀

8–10

GIOCO

d **Buongiorno, mi dica.** Geben Sie «Kettenbestellungen» wie im Beispiel auf. Bei jedem Fehler beginnen Sie wieder von vorne. Welche Gruppe kann die längste fehlerlose Bestellung formulieren? Helfen Sie sich mit der Getränke- und Speisekarte.

A: Allora, un caffè. B: Due caffè e una spremuta. C: Due caffè, due spremute e un cornetto. ...

LISTINO PREZZI

CAFFETTERIA

CAFFÈ	
ESPRESSO	€ 0,85
CORRETTO	€ 1,60
DECAFFEINATO	€ 1,00
CAPPUCCINO	€ 1,20
CIOCCOLATA	€ 1,70
TÈ E TISANE	€ 1,60
LATTE	€ 1,00
LATTE MACCHIATO	€ 1,30

BIBITE

ACQUA MINERALE	€ 0,60
BIBITE	€ 3,50
SUCCHI DI FRUTTA	€ 2,00
SPREMUTE	€ 2,50

APERITIVI / VINO / BIRRE

APERITIVI	
ALCOLICI	€ 2,50
ANALCOLICI	€ 2,00
VINO BICCHIERE	€ 0,90
SPUMANTE COPPA	€ 4,00
BIRRA PICCOLA	€ 2,00
BIRRA MEDIA	€ 4,00
AMARI	€ 2,50

LIQUORI

LIQUORI NAZIONALI	€ 3,50
LIQUORI ESTERI	€ 4,50

SNACK E PASTICCERIA

PASTE	€ 0,90
TOAST	€ 2,50
PANINI	€ 2,50
TRAMEZZINI	€ 1,80
TARTINE	€ 1,50
PIZZETTE E FOCACCE	€ 2,50

9 A colazione

LAVORARE CON IL LESSICO

a **Cercate nel disegno gli alimenti che corrispondono alle seguenti parole.**
Suchen Sie auf dem Frühstückstisch folgende Lebensmittel.

biscotti
fette biscottate
marmellata
miele
burro
cereali
cornetto
uova
pancetta
pane

b Preparate la colazione per gli ospiti. Sie haben Besuch aus Italien. Was bieten Sie Ihren Gästen zum Frühstück an? Stellen Sie ein Menü zusammen und vergleichen Sie es dann mit dem Ihres Nachbarn.

LEGGERE

c Leggete e verificate. Lesen Sie nun den Text und überprüfen Sie Ihr Frühstücksmenü. Fehlt noch etwas? Sollten Sie besser etwas streichen?

La prima colazione è anche specchio della cultura di un Paese. La colazione ‹mediterranea› ingloba gli usi alimentari di Paesi come l'Italia, la Francia, la Spagna e la Grecia. La tipica colazione all'italiana, se consumata in casa, si basa su latte, caffè (anche insieme, nel classico caffelatte) o tè, biscotti o fette biscottate, marmellata o miele, e burro. Alcuni – specialmente fra i giovani o tra le ragazze – preferiscono lo yogurt con i cereali e una spremuta d'arancia oppure succhi di frutta. Ma sono tanti gli italiani che fanno colazione al bar: in questo caso l'abbinamento classico è un cappuccino (o caffè espresso) con un cornetto (o una brioche di altro tipo). E non pochi, infine, la mattina non mangiano niente: prendono solo un caffè o non fanno colazione.

(adattato da: www.informacibo.it/focus/aidi3.htm)

Tipp

Sie müssen sich nicht alle Wörter merken, die in einem Text vorkommen. Konzentrieren Sie sich lieber auf die Vokabeln, die Ihren Interessen entsprechen.

10 L'italiano, gli italiani ...

SCOPRIRE LA GRAMMATICA

a Completate la tabella.
Ergänzen Sie die Tabelle mit den fehlenden Artikeln, die Sie im Text finden.

il giovane	______ giovani	la ragazza	______ ragazze
l'uso	______ usi	l'aranciata	le aranciate
______ yogurt	gli yogurt		

GIOCO

b Schließen Sie das Buch und schreiben Sie, jeder auf einem eigenen Blatt, so viele Namen von Getränken und Speisen wie möglich (im Singular oder im Plural). Sie haben drei Minuten Zeit. Suchen Sie sich danach einen neuen Partner und vergleichen Sie die Listen. Welche ist länger?
11–15 Setzen Sie nun die Artikel vor die Wörter. Das Paar mit den meisten Treffern hat gewonnen.

11 Abitudini

SCRIVERE E PARLARE

a E voi? Schreiben Sie auf, was Sie frühstücken.

b E i vostri compagni? Wie frühstücken die anderen Kursteilnehmer? Formulieren Sie einige Fragen, um es herauszufinden.

c Intervistate i compagni.
Interviewen Sie nun die anderen. Bei wem lassen sich «italienische Gewohnheiten»
16–20 feststellen?

Grammatica

(Io) **non** faccio colazione / **non** mangio **niente**.

Grammatica

	preferire	bere
(io)	prefer**isco**	bevo
(tu)	prefer**isci**	bevi
(lui, lei, Lei)	prefer**isce**	beve
(noi)	preferiamo	beviamo
(voi)	preferite	bevete
(loro)	prefer**iscono**	bevono

Culture a confronto

Un rito italiano

a Leggete il testo e scrivete sotto ogni foto il nome della bevanda corrispondente.
Lesen Sie den Text und schreiben Sie unter jedes Foto den Namen des entsprechenden Getränkes.

Venite a prendere il caffè da me

Lungo, ristretto, corretto, shakerato, freddo, moka classico, alla napoletana, americano, espresso, macchiato freddo, macchiato caldo ... Prendere il caffè è un rito, ma il caffè è anche un momento di incontro, incontro intorno a una tazzina.

(adattato da: www.cucina.blogautore.espresso.repubblica.it)

______ ______ ______ ______ ______

b Esiste nel vostro Paese una bevanda che è un rito e un momento d'incontro come il caffè in Italia? La bevete al bar o anche a casa?
Gibt es auch in Ihrem Land ein Getränk, das einen Ritus und einen Moment sozialer Zusammenkunft darstellt? Trinken Sie es nur in einem Lokal oder auch zu Hause?

Grammatica e comunicazione

Verben: Präsens → 9.1.1 / 9.1.2 / Verbtabelle

regelmäßig:	*-ere*	*-ire*		unregelmäßig
	prendere	offrire	preferire	bere
(io)	prendo	offro	preferisco	bevo
(tu)	prendi	offri	preferisci	bevi
(lui, lei, Lei)	prende	offre	preferisce	beve
(noi)	prendiamo	offriamo	preferiamo	beviamo
(voi)	prendete	offrite	preferite	bevete
(loro)	prendono	offrono	preferiscono	bevono

Übereinstimmung: Substantiv + Adjektiv (Singular) → 4.1

♂	♀
Il caffè, decaffeinato o normale?	La birra, piccola o grande?

Das Substantiv: Pluralbildung → 2.3 / 2.4

♂			♀		
un tramezzino	→	due tramezzini	una bibita	→	due bibite
un liquore	→	due liquori	una colazione	→	due colazioni
un succo	→	due succhi			
un analcolico	→	due analcolici			
un caffè	→	due caffè			
un toast	→	due toast			

Der bestimmte Artikel: Plural → 3.2

♂	♀
i biscotti	le fette
gli aperitivi	le aranciate
gli yogurt	

Die mehrteilige Verneinung: non ... niente → 10.2

Non faccio colazione.
A colazione non mangio niente.

Präpositionen: con, senza → 14

I coni con o senza panna?
Con la panna, per favore.

in einer Bar bestellen

Un cappuccino e un cornetto, per favore.
Per me un caffè.
Vorrei una cioccolata calda.

sagen, dass man zahlen möchte und das Geld reichen

- Vorrei pagare (subito). Quant'è?
- 3 euro.
- Ecco a Lei.

fragen, was jemand trinken/essen möchte und sagen, dass man ihn/sie einlädt

Tu che cosa prendi? Offro io!

Alternativen erfragen/nennen

Il macchiato, caldo o freddo?
L'acqua, frizzante o naturale?
Fai colazione a casa o al bar?

über Frühstücksgewohnheiten sprechen

Che cosa mangi a colazione?
Mangio fette biscottate con burro e marmellata.
Io preferisco lo yogurt con i cereali.
Io bevo solo un caffè, ma non mangio niente.

3

Portfolio

Ich kann jetzt ...

ein Getränk in einer Bar bestellen.	☐	☐	☐	3
fragen, was jemand trinken / essen möchte.	☐	☐	☐	3
einen einfachen Wunsch äußern.	☐	☐	☐	3
in einer Bar nach der Rechnung fragen.	☐	☐	☐	3
eine einfache Getränkekarte lesen.	☐	☐	☐	8
einfache Fragen zu Vorlieben stellen und beantworten.	☐	☐	☐	11

Wie merke ich mir am besten Informationen oder Grammatikregeln?

a In der 1. Lektion haben Sie herausgefunden, mit welchem Sinn Sie einzelne Wörter wahrnehmen. Doch wie merken Sie sich Informationen oder auch Grammatikregeln? Lernen Sie am besten mit den Augen, über das Hören oder durch Bewegung? Denken Sie an Erfahrungen aus Ihrem Alltag oder auch an Lernsituationen und kreuzen Sie an.

Ich behalte Informationen / Lerninhalte ...	schlecht	schon besser	am besten
1 wenn ich sie höre (Radio, CD usw.).	☐	☐	☐
2 wenn ich einen Text lese.	☐	☐	☐
3 wenn ich mir Notizen mache.	☐	☐	☐
4 wenn ich Bilder sehe (Fotos usw.).	☐	☐	☐
5 wenn ich mich beim Lernen bewege.	☐	☐	☐
6 wenn ich mündliche Erklärungen bekomme.	☐	☐	☐
7 wenn ich schriftliche Übungen mache.	☐	☐	☐
8 wenn ich bunte Seiten vor mir habe.	☐	☐	☐
9 wenn ich laut vorlese bzw. nachspreche.	☐	☐	☐

b Wo sammeln Sie die meisten Punkte? Zählen Sie zusammen!

schlecht = 0 Punkte | schon besser = 1 Punkt | am besten = 2 Punkte

a) Hören		b) Sehen		c) Machen	
Nr. 1	_____ Punkte	Nr. 2	_____ Punkte	Nr. 3	_____ Punkte
Nr. 6	_____ Punkte	Nr. 4	_____ Punkte	Nr. 5	_____ Punkte
Nr. 9	_____ Punkte	Nr. 8	_____ Punkte	Nr. 7	_____ Punkte
Gesamt	_____ Punkte	Gesamt	_____ Punkte	Gesamt	_____ Punkte

c Die meisten Menschen sind ‹Mischtypen›, es empfiehlt sich daher mit allen Sinnen zu lernen. Aber wenn Sie Lernmethoden anwenden, die Ihrem bevorzugten Lernmodus entsprechen, können Sie Ihren Lernerfolg steigern. Suchen Sie also andere Kursteilnehmer, die Ihren Lernmodus bevorzugen, und sammeln Sie gemeinsam Tipps und Tricks.

Tutti i santi giorni

4

In dieser Lektion lernen Sie:

- nach der Uhrzeit fragen und die Uhrzeit angeben
- über den Alltag sprechen
- Zeitangaben zum Tagesablauf machen
- die Wochentage
- Vorlieben ausdrücken
- über Aktivitäten am Wochenende sprechen und schreiben

1 Per iniziare

Come cominciate la giornata?
Wie beginnen Sie Ihren Tag? Und Ihr Nachbar? Fragen Sie ihn.

Comincio la giornata con la radio.

Comincio la giornata con un caffè e il giornale.

Comincio la giornata con una doccia.

2 Che ore sono?

ASCOLTARE

CD 01 ▸ 15

a **Ascoltate il segnale orario: che ore sono?** Hören Sie die Zeitansage. Wie spät ist es?

Sono le ____________________ .

CD 01 ▸ 16

b **Abbinate ogni ora a un orologio, poi ascoltate e verificate.** Ordnen Sie zu. Hören Sie dann die Ansagen und überprüfen Sie Ihre Lösung.

Sono le dieci e un quarto. | È mezzogiorno. / È mezzanotte. | Sono le dieci e venticinque.
Sono le dieci e tre quarti. | Sono le dieci e mezzo/mezza. | È l'una. | Sono le dieci meno venti.

Sono le undici meno un quarto.

c **E adesso che ore sono?**

Adesso

Ü 1–2

Lingua

	offiziell	inoffiziell
16.15	sedici e quindici	quattro e un quarto
16.30	sedici e trenta	quattro e mezzo/-a

3 Le ore del mondo

GIOCO

Giocate due contro due. Guardate lo schema. La coppia A dice un'ora e chiede alla coppia B che ore sono in un altro Paese. La coppia B risponde e poi dice un'altra ora ecc.
Paar A legt eine Uhrzeit fest und fragt Paar B, wie spät es in einem bestimmten Land ist. Paar B antwortet und wählt dann ein anderes Land und eine andere Uhrzeit usw.

Esempio:
- In Italia sono le 9 e un quarto. Che ore sono in Gran Bretagna?
- Sono le 8 e un quarto.

Paese	fuso orario	Paese	fuso orario
Argentina	- 3 ore	Grecia	+ 2 ore
Canada (Toronto)	- 5 ore	Gran Bretagna	GMT
Finlandia	+ 2 ore	Italia	+ 1 ora
Giappone	+ 9 ore	Russia (Mosca)	+ 3 ore

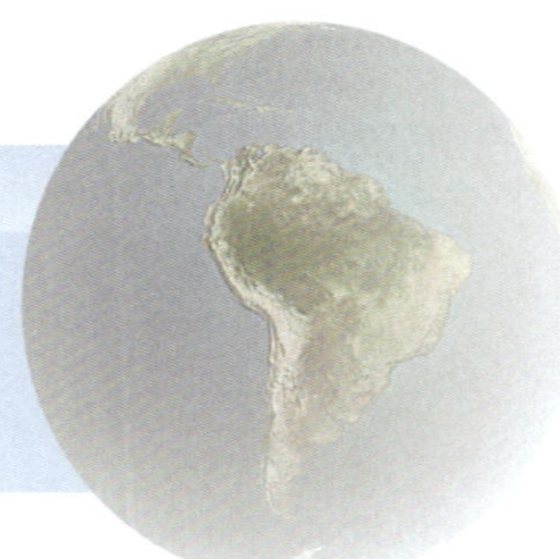

4 La giornata di Lucia

a Abbinate le frasi ai disegni.
Ordnen Sie die Sätze den Zeichnungen zu.

La mattina
1 Porta a scuola i bambini.
2 Di solito si sveglia alle 6.30.
3 Comincia a lavorare alle 8.30.

All'ora di pranzo
1 Legge il giornale.
2 All'una fa una pausa.
3 Mangia qualcosa in un bar.

Il pomeriggio
1 Torna in ufficio alle 14.00.
2 Gioca con i bambini.
3 Finisce di lavorare alle 17.00.

La sera
1 Va a dormire verso mezzanotte.
2 Prepara la cena.
3 Guarda la TV.

3–8

b E voi? Und was machen Sie gewöhnlich? Schreiben Sie einen Satz für jede Tageszeit.

la mattina ______________________
all'ora di pranzo ______________________
il pomeriggio ______________________
la sera ______________________

Lingua
Sono **le** 7.30. / Mi alzo **alle** 7.30.

Grammatica

	svegliarsi	**andare**
(io)	**mi** sveglio	vado
(tu)	**ti** svegli	vai
(lui, lei, Lei)	**si** sveglia	va
(noi)	**ci** svegliamo	andiamo
(voi)	**vi** svegliate	andate
(loro)	**si** svegliano	vanno

5 A che ora?

PARLARE

ii

Intervistate il vostro vicino. Was macht Ihr/e Nachbar/in jeden Tag?
Hat er/sie die gleichen Gewohnheiten wie Sie?
Formulieren Sie mindestens eine Frage für jede Tageszeit und stellen Sie sie ihm/ihr.

6 Vita quotidiana

ASCOLTARE

ii

a Chi lavora dal lunedì al venerdì? Chi lavora anche il fine settimana?
Fate due liste. In welchen Berufen arbeitet man von Montag bis Freitag, in welchen auch am Wochenende?

CD 01 ▶ 17

ii

b Che lavoro fa Pietro? Ascoltate e poi parlatene con un compagno.
Was ist Pietro wohl von Beruf? Hören Sie sich das Gespräch an und sprechen Sie dann darüber.

c Ascoltate di nuovo e segnate la risposta esatta. Hören Sie sich das Gespräch noch einmal an und kreuzen Sie an.

Pietro ...

	sì	no
lavora anche il sabato o la domenica.	☐	☐
va in ufficio molto presto la mattina.	☐	☐
lavora sempre dalle 10 alle 21.	☐	☐
a volte lavora anche di notte.	☐	☐
ha un giorno libero.	☐	☐

CD 01 ▶ 18

Ü 9

d Avete indovinato che lavoro fa Pietro? Ascoltate il resto del dialogo e verificate.
Haben Sie den Beruf von Pietro erraten? Hören Sie sich das Ende des Gesprächs an und überprüfen Sie Ihre Lösung.

7 Chi...?

PARLARE

Chi lo fa? Wer in Ihrem Kurs hat folgende Gewohnheiten? Finden Sie es heraus und notieren Sie die Namen.

Esempio:
Tu lavori di notte? / Lei lavora di notte?

Chi lavora	Nome
... anche di notte?	
... a casa?	
... in un ufficio?	
... da solo?	
... anche il sabato?	
... dal lunedì al giovedì?	

8 Che cosa ti piace fare?

LAVORARE CON IL LESSICO

a **Abbinate le espressioni alle immagini.**
Ordnen Sie die Ausdrücke den Bildern zu.

☐ fare una passeggiata | ☐ uscire con gli amici
☐ andare a cena fuori | ☐ andare al cinema | ☐ ballare
☐ andare a una festa | ☐ andare a un concerto

1

2

3

4

5

6

7

b Chi sono? Wer bin ich? Notieren Sie auf einem Zettel, was auf Sie persönlich zutrifft. Benutzen Sie dabei die Ausdrücke von 8a. Die Zettel werden dann gemischt und neu verteilt. Durch Fragen finden Sie heraus, wer den Zettel geschrieben hat.

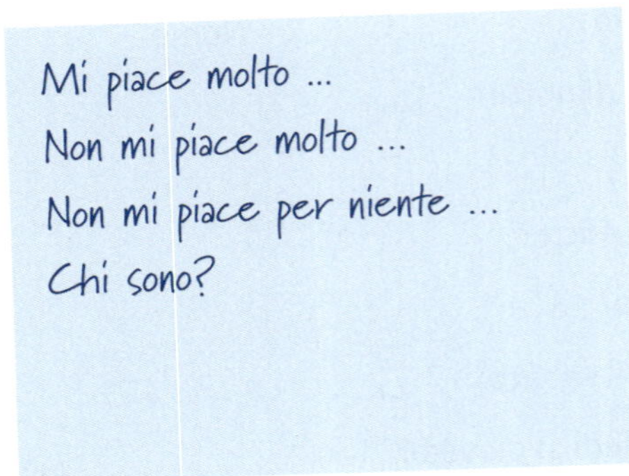

Esempio:
Le / Ti piace ballare? –
Sì, molto. / No, non molto. /
No, per niente.
...
Secondo me è Paul perché non gli piace per niente ballare.

Grammatica

mi piace – **ti** piace – **Le** piace – **gli / le** piace

ü 10

9 Il fine settimana

LEGGERE

a Leggete i messaggi: chi sta bene con chi? Perché?
Lesen Sie diese Beiträge aus einem Internet-Forum.
Wen würden Sie für einen Abend zusammenbringen? Warum?

messaggi

Franzi — Inviato: Ven Set 21, 2008 8:12 pm

Stasera??? Resto a casa e leggo un libro... d'inverno non mi piace tanto uscire la sera... d'estate invece non sto mai a casa!!! Mi piace molto andare a cena fuori, mi diverto e mi rilasso e soprattutto non torno a casa tardi...

Davide — Inviato: Lun Set 17, 2008 4:46 pm

Mmmmm... cosa faccio nel weekend... Allora... il venerdì sera io di solito vado in discoteca ... Il sabato prendo un aperitivo e poi vado al cinema, al bowling o a una festa. La domenica sera invece serata house... oppure relax!!! Ah sì... naturalmente... studio anche, e qualche volta lavoro!!!!!

Molly — Inviato: Ven Set 14, 2008 7:38 pm

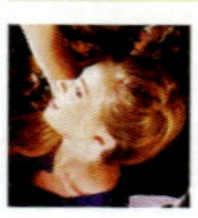

Carino il nuovo topic!!
Comunque io esco con gli amici. Di solito passiamo il sabato in pub e locali vari!! Altre volte andiamo a ballare! A me piace tantissimo: ballo, mi diverto e torno a casa la domenica mattina dopo la colazione!!
Quando ho esami faccio cose tranquille: vado al cinema o passo la serata a casa di amici! Mi piace molto anche fare una passeggiata dopo cena.

Ale — Inviato: Dom Set 16, 2008 8:41 am

Dunque io il venerdì e il sabato sera sono sempre dal mio ragazzo, qualche volta usciamo, da soli o con gli amici, andiamo in un pub, ma spesso stiamo a casa a guardare un film, oppure solo a parlare per ore e ore ...

b Sempre, di solito, spesso, qualche volta o mai?
Markieren Sie in den Forum-Beiträgen die Sätze, die diese Ausdrücke enthalten. Wo stehen die Ausdrücke: vor dem Verb, nach dem Verb oder sowohl vor als auch nach dem Verb? Und was fällt Ihnen bei *mai* besonders auf? Sprechen Sie mit Ihrem/r Nachbar/in darüber.

Grammatica

Vado **sempre** al cinema.
Non vado **mai** al cinema.

PARLARE

c E tu che cosa fai? / E Lei che cosa fa? Fragen Sie Ihren/e Nachbar/in, was er/sie am Wochenende macht. Verwenden Sie dabei die Ausdrücke aus 9b.

Esempio:
◆ Di solito vai/va a ballare?
11–14 ▸ No, non vado mai a ballare. Vado spesso al cinema.

Grammatica

	uscire		
(io)	esco	(noi)	usciamo
(tu)	esci	(voi)	uscite
(lui, lei, Lei)	esce	(loro)	escono

10 Abbinamenti di parole

LAVORARE CON IL LESSICO

a Abbinate i verbi ai sostantivi. Poi tornate ai messaggi e controllate.
Ordnen Sie jedem Substantiv das passende Verb zu.
Überprüfen Sie Ihre Lösung dann mithilfe der Texte aus 9a.

________________ un libro ________________ la serata

________________ un film ________________ una passeggiata

________________ a casa ________________ con gli amici

uscire	passare	leggere
fare	guardare	restare

b Cercate nei messaggi le espressioni con il verbo *andare* e completate lo schema.
Suchen Sie in den Forum-Beiträgen die Ausdrücke mit dem Verb *andare* und vervollständigen Sie das Schema.

15

11 Il forum della classe

SCRIVERE, LEGGERE, PARLARE

a Partecipate al forum e scrivete come passate il fine settimana.
Schreiben Sie Ihren eigenen Forum-Beitrag und erzählen Sie, wie Sie Ihr Wochenende verbringen.

b Un sabato sera insieme. Lesen Sie jetzt die Beiträge der anderen Kursteilnehmer und suchen Sie eine Person, mit der Sie am Samstag ausgehen könnten.

c Con chi uscite questo sabato? Erzählen Sie den Mitgliedern Ihrer Gruppe, mit wem Sie ausgehen möchten und erklären Sie warum.

16–18

Culture a confronto

Indovina chi viene a pranzo...

a **Guardate la foto. Dove sono queste persone? Che cosa fanno? Che giorno è, secondo voi?**
Sehen Sie sich das Foto an. Wo sind diese Leute? Was machen sie gerade? Welcher Wochentag könnte das sein?

b **Che iniziativa è «Indovina chi viene a pranzo»? Che cosa succede? Leggete il testo e scopritelo.**
Was ist «Indovina chi viene a pranzo»? Was geschieht bei dieser Veranstaltung? Lesen Sie den Text und finden Sie es heraus.

Giavera (TV)

Ritmi e danze dal mondo

Una festa interculturale | Edizione 2008

4

Indovina chi viene a pranzo...

Una domenica per pranzare insieme, a casa propria o a casa di altri, per incontrarsi, condividere sapori e raccontarsi storie di vita tra famiglie italiane e migranti. L'edizione 2008 di "Ritmi e danze dal mondo" si conclude a tavola.

Famiglie italiane e straniere si scambiano un invito a pranzo a casa: davanti a un piatto di spaghetti al sugo o a un cuscus, si conoscono e si raccontano esperienze ed emozioni della festa multietnica di Giavera del Montello, ma si raccontano anche storie di vita.
Da sempre, nella nostra tradizione, il pranzo della domenica è il momento in cui tutta la famiglia si riunisce attorno ad un tavolo, un'occasione per parlare e scherzare in tranquillità.
Per questo, «Ritmi e danze dal mondo» ha scelto la domenica come momento di incontro tra le famiglie di diversa nazionalità che abitano nella nostra zona.

(adattato da: www.ritmiedanzedalmondo.it)

c **In quale giorno della settimana si incontrano le famiglie italiane, di solito? E che cosa fanno? E nel vostro Paese? E voi?** An welchem Wochentag treffen sich italienische Familien gewöhnlich? Was machen sie dann zusammen? Und wie ist das in Ihrem Land? Und bei Ihnen?

Grammatica e comunicazione

Reflexive Verben im Präsens → 9.2

	alzarsi		
(io)	mi alzo	(noi)	ci alziamo
(tu)	ti alzi	(voi)	vi alzate
(lui, lei, Lei)	si alza	(loro)	si alzano

Piacere → 9.1.5

mi (mir)
ti (dir)
gli (ihm) piace + Infinitiv
le (ihr)
Le (Ihnen)

Mi piace uscire con gli amici.
Non ti piace ballare?

Unregelmäßige Verben im Präsens → Verbtabelle

	giocare	andare	uscire
(io)	gioco	vado	esco
(tu)	giochi	vai	esci
(lui, lei, Lei)	gioca	va	esce
(noi)	giochiamo	andiamo	usciamo
(voi)	giocate	andate	uscite
(loro)	giocano	vanno	escono

Die Verneinung → 10

Non mi alzo presto la mattina.
Non vado mai in discoteca.

Präpositionen mit dem bestimmten Artikel: a, da → 14

+	il	lo	l'	la	i	gli	le
a	al	allo	all'	alla	ai	agli	alle
da	dal	dallo	dall'	dalla	dai	dagli	dalle

Präpositionen: a, da, in → 14

Zeitangaben
Mi sveglio alle sei. (um)
Lavoro sempre dalle nove alle cinque /
dal martedì al giovedì. (von ... bis)

Ortsangaben
Vado a lavorare / a dormire / a ballare.
Vado al cinema / a una festa / a un concerto.
Vado in ufficio / in un pub / in discoteca.
Resto / Vado a casa. (zu Hause / nach Hause)

nach der Uhrzeit fragen und antworten

Che ore sono?
(Sono) le dieci e un quarto.
(È) l'una. / (È) mezzogiorno. / (È) mezzanotte.

über Alltagsaktivitäten berichten

Come cominci la giornata?
Come passi la giornata / la serata?
Di solito mi sveglio alle sette e...

über Aktivitäten am Wochenende sprechen

Che cosa fai / fa il fine settimana?
Vado a cena fuori. / Mi diverto. / Mi rilasso ...

Tagesablauf: Zeitangaben machen

Pietro lavora anche il sabato e la domenica.
Lavori / Lavora di giorno o di notte?
La mattina... / All'ora di pranzo... / Il pomeriggio... /
La sera...

einen Zeitpunkt (Uhrzeit) angeben

A che ora vai in ufficio?
Alle otto e mezzo vado in ufficio.
Lucia va a dormire verso mezzanotte.

die Häufigkeit angeben

Il fine settimana vai al cinema?
Sì, sempre / spesso / qualche volta.
No, mai.

über Vorlieben sprechen

Che cosa ti / Le piace fare?
Mi piace (molto) uscire con gli amici.
Non mi piace (per niente) ballare.

Portfolio

Ich kann jetzt …

	☺	☺	☹	
die Uhrzeit nennen und erfragen.	☐	☐	☐	2, 3
meinen Tagesablauf schildern.	☐	☐	☐	4
die Wochentage nennen.	☐	☐	☐	6
sagen, was ich gerne mache.	☐	☐	☐	8
sagen, wie häufig ich etwas mache.	☐	☐	☐	9
sagen, was ich am Wochenende mache.	☐	☐	☐	11

Wortschatz lernen

a In dieser Lektion habe ich viele neue Ausdrücke rund um das Thema «Alltag» kennengelernt. Wie schaffe ich nun Ordnung, damit ich diese Vokabeln systematisch lernen kann? Kann ich sie vielleicht nach Tageszeiten ordnen? Versuchen Sie, das Schema zu ergänzen.

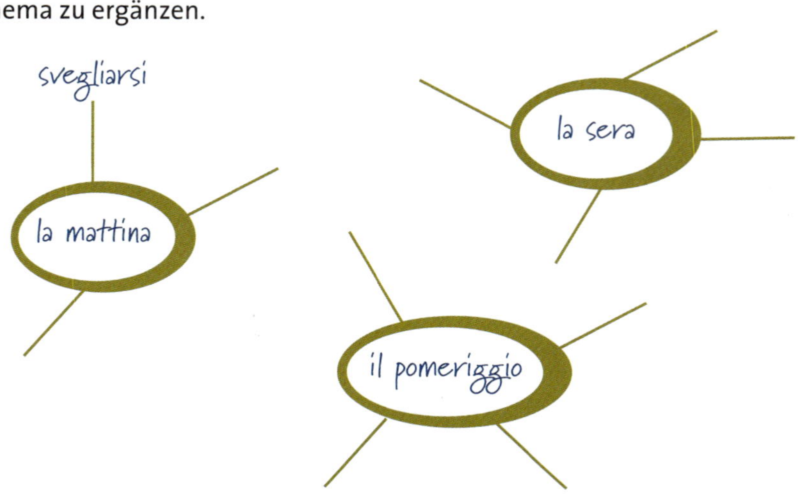

Oder ordne ich sie lieber um einen bestimmten Begriff herum? Versuchen Sie, das Schema zu ergänzen.

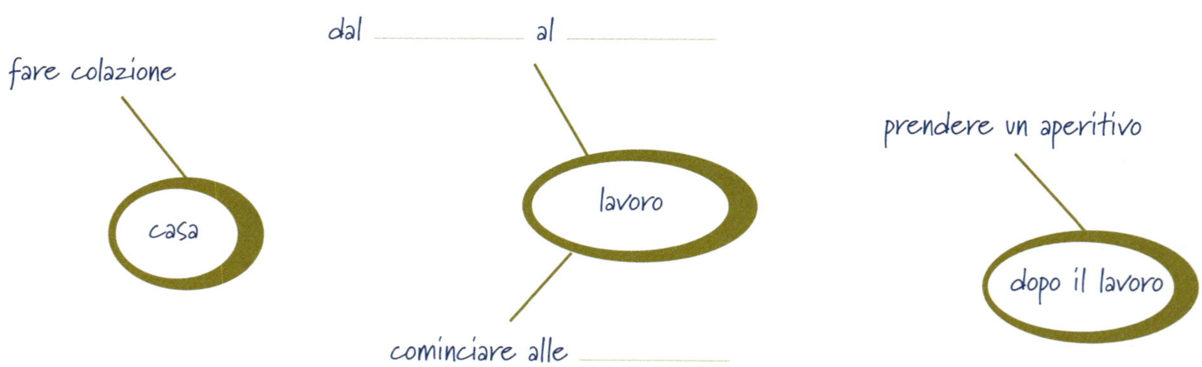

b Welche Möglichkeiten gibt es sonst noch?
Zusammen mit einem anderen Kursteilnehmer habe ich folgende Tipps erarbeitet:

____

____

____

Ancora più chiaro 1

Un nuovo locale italiano

1 **Volete aprire un nuovo locale italiano (bar, caffè letterario, piano bar ecc.). Dividetevi in gruppi di tre – quattro persone.**
Sie möchten ein neues italienisches Lokal eröffnen.
Teilen Sie sich in Arbeitsgruppen mit 3 – 4 Personen auf.

2 **Fate un'indagine di mercato per scoprire le abitudini degli eventuali clienti. Preparate le domande da sottoporre ad alcuni compagni di corso su questi temi: professione, tempo libero, gusti personali e orari.**
Erstellen Sie eine Marktforschung über die Gewohnheiten möglicher Gäste.
Erarbeiten Sie dafür Fragen zu folgenden Themen:
Beruf, Freizeit, persönliche und zeitliche Vorlieben bei einem Lokalbesuch.

Esempio: A che ora esci di solito? ... Che cosa ti piace...?

3 **Intervistate quattro compagni degli altri gruppi e segnate le risposte date.**
Interviewen Sie vier Personen aus den anderen Gruppen und tragen Sie die Antworten ein.

nome	professione	tempo libero	gusti personali	orari

4 **Ritornate al vostro gruppo, rielaborate i risultati e decidete che tipo di locale volete aprire.**
Kehren Sie zu Ihrer Gruppe zurück, bearbeiten Sie die Ergebnisse und entscheiden Sie dann, was für ein Lokal Sie eröffnen wollen:

Suchen Sie einen Namen und ein Logo für das Lokal.
Erstellen Sie die Getränke-/Snackkarte.
Entscheiden Sie die Öffnungszeiten.
Gibt es besondere Events?
Benutzen Sie dafür den Prospekt auf der Seite 54.

5 **Presentate il vostro locale alla classe.** Stellen Sie Ihr Lokal dem Kurs vor.

6 **Ora votate. Qual è il locale italiano della classe?**
Wählen Sie nun das italienische Lokal des Kurses.

Gioco

Gespielt wird in Gruppen von 3 bis 4 Personen. Sie benötigen pro Person eine Spielfigur und für jede Gruppe einen Würfel.

Gewürfelt wird der Reihe nach, jeder Spieler rückt die Anzahl der gewürfelten Felder vor.

Ist die Aufgabe auf dem Spielfeld eine Frage, wird sie vom Spieler A vervollständigt und dem Spieler B (links von ihm) gestellt. Wurde die Frage korrekt gestellt, darf A auf dem Feld stehen bleiben, war die Frage fehlerhaft, rückt er zurück zum Ausgangsfeld.

Wenn B passend antwortet, darf er weiter würfeln. Wenn B unpassend antwortet, dann ist der nächste Spieler an der Reihe.

Kommt man auf ein Feld mit einer Aufgabe oder einer Zeichnung, muss man sie korrekt lösen, um auf dem Feld stehen zu bleiben, sonst rückt man zurück zum Ausgangsfeld und der nächste Spieler ist an der Reihe und würfelt.

Wer zuerst das Ziel erreicht, hat gewonnen.

PARTENZA

1
Io sono Mario, e ...... ?

2
E Lei, ... si chiama?

3
Di ...... sei?

4
Che ...... di telefono hai?

5

18
Dove abit...... ?

19
Che ...... prendi?

20
Vorrei pagare subito. ...... ?

21
...... francese?

22
13 ......
...... 16
....
...... 20

23
Preferisci il gelato ...... o ...... panna?

24
calda ≠ ......
dolce ≠ ......
frizzante ≠ ......

25
...... spesso la domenica pomeriggio?

33
TORNI ALLA CASELLA 24 E STAI FERMO UN GIRO

34
lunedì
....
giovedì
....
......

6
Abiti ...... Italia?

7
STAI FERMO UN GIRO

8
Parli ...... svedese?

9
un'amica
...... amico
...... scambio

10
Che ...... fai?

11
...... stai?

12
...... fai
...... facciamo
....

13
3 ......
...... 6
...... 8
...... 10

14
PASSI ALLA CASELLA 25 E STAI FERMO UN GIRO

15
Che ...... parli?

16
4 professioni

17
...... studi l'italiano?

26
prendo
....
prendiamo
....

27
Che ...... sono?

28
...... offri ......
....

29
Che ora ......?

30
Ti ...... ballare il tango?

31
preferisco
....
preferiamo
....

32
A che ora ...... in ufficio?

35
Come ...... il sabato sera?

ARRIVO

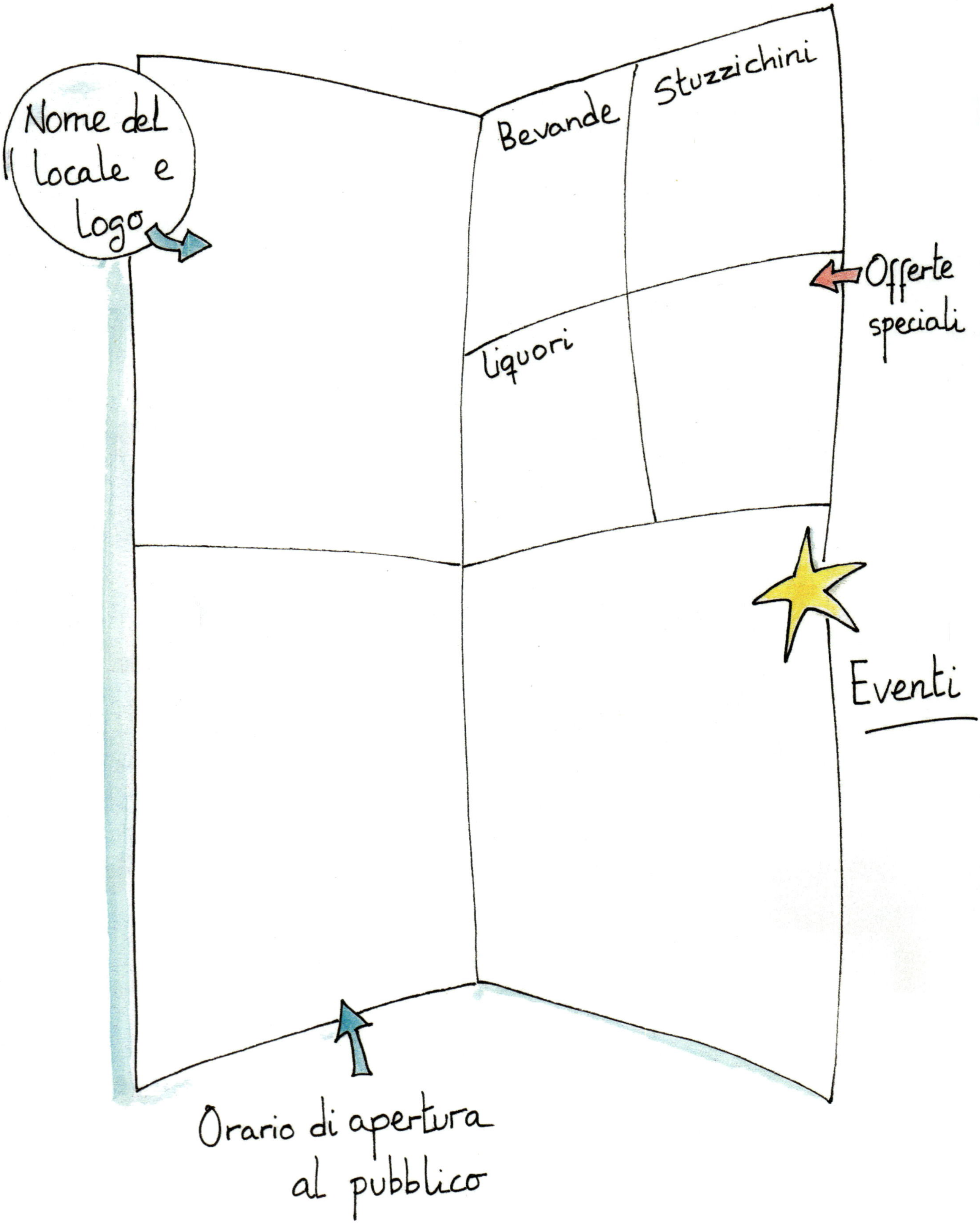
Nome del locale e logo
Bevande
Stuzzichini
Offerte speciali
Liquori
Eventi
Orario di apertura al pubblico

Usciamo insieme? 5

In dieser Lektion lernen Sie:

- einen Tisch in einem Restaurant reservieren
- eine kurze, schriftliche Wegerklärung verstehen
- nach dem Weg fragen
- etwas bedauern
- im Restaurant etwas bestellen und bezahlen
- einer Meinung zustimmen oder widersprechen

1 Per iniziare

Questo ristorante è ... Wie würden Sie dieses Restaurant beschreiben? Vergleichen Sie Ihren Eindruck mit dem Ihrer Nachbarn.

semplice | elegante | caro | economico | etnico
tipico | particolare | originale | tranquillo

2 Trambelcanto, il risto-tram di Roma

PARLARE

iii

a **Secondo voi, che tipo di ristorante è il Trambelcanto? Che cosa offre?**
Was meinen Sie: Was ist das *Trambelcanto* für ein Restaurant? Was bietet es?

ASCOLTARE

CD 01 ▸ 19

b **Ascoltate la telefonata e verificate.**
Hören Sie nun das Telefongespräch und überprüfen Sie Ihre Vermutung.

CD 01 ▸ 20

c **Completate il dialogo. Poi ascoltate e verificate.** Was sagt der Anrufer?
Ergänzen Sie und hören Sie dann nochmals den Dialog.

Eh, venerdì prossimo, se c'è posto. | Oh, benissimo! Perfetto. | Per due.
Buongiorno. Senta, io vorrei prenotare un tavolo. | Grazie a Lei. Arrivederci. | Roncalli.

- Cooperativa «Il sogno», buongiorno.
- ______________________. È possibile?
- Per quando, scusi?
- ______________________
- Venerdì prossimo ... Per quante persone?
- ______________________
- Ah, allora sì, è possibile.
- ______________________

[...]

- Scusi, la prenotazione ... a che nome?
- ______________________
- Roncalli. Va bene, grazie.
- ______________________
- Arrivederci.

Lingua
il venerdì = freitags
venerdì = am Freitag, nächsten Freitag

3 Qualcosa in più

Leggete e abbinate. Lesen und verbinden Sie.

- È possibile prenotare un tavolo per martedì prossimo?
- Siete aperti anche a pranzo?
- È possibile avere un tavolo fuori?

- Certo, dalle 12.30 alle 15.30.
- No. Fuori è tutto prenotato, solo dentro.
- Mi dispiace, il martedì siamo chiusi.

ü 1–2

4 Prenotare un tavolo

PARLARE

ii

Telefonate a un ristorante e prenotate un tavolo.
A: Sie möchten einen Tisch im Restaurant «Il goloso» reservieren. Rufen Sie dort an.
B: Sie arbeiten im Restaurant «Il goloso». Nehmen Sie eine telefonische Reservierung entgegen.

Lingua
- Vorrei prenotare un tavolo.
- Per che ora?
- Per le otto.

01 ▶ 21

5 Indicazioni stradali

ASCOLTARE

a Riascoltate una parte della telefonata: da dove parte il Trambelcanto? Hören Sie sich den Ausschnitt aus dem Telefongespräch an. Wo fährt die *Trambelcanto* ab? Markieren Sie den Standort auf dem Stadtplan.

5

LEGGERE

b Leggete e guardate la piantina: dov'è l'albergo di Francesca? Lesen Sie die E-Mail und verfolgen Sie den Weg auf dem Stadtplan. Wo liegt Francescas Hotel?

francesca@libero.it

Cara Francesca,
per venerdì sera tutto a posto: ho prenotato. La partenza del tour è alle 21.00 da Piazza di Porta Maggiore e il giro è molto bello. Però purtroppo io non posso venire a prenderti perché sono fuori per lavoro fino a tardi. Sai dov'è Piazza di Porta Maggiore? Tu esci dall'albergo e vai subito a sinistra fino a via Biancamano. Qui giri a destra e continui sempre dritto: attraversi via Menabrea e via Sessoriana, poi arrivi a un incrocio con il semaforo (è l'incrocio di via S. Croce in Gerusalemme), attraversi anche questo incrocio e vai dritto fino a via Eleniana. Qui giri a sinistra e poi vai dritto fino a Piazza di Porta Maggiore. Ci vediamo alla fermata del tram.
A venerdì, allora!
Federico

Tipp
Konzentrieren Sie sich beim Lesen auf Schlüsselwörter. Hier geht es z. B. um eine Wegbeschreibung. Es sind also die Verben und die Ortsangaben wichtig.

c Come si dice in italiano? Cercate le espressioni nell'e-mail.
Wie sagt man das auf Italienisch? Suchen Sie in der E-Mail die passenden Ausdrücke.

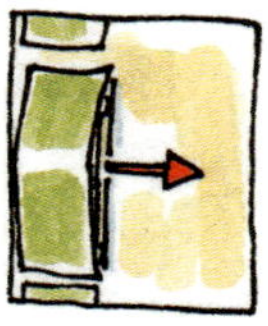 ____________

 ____________

 ____________

 ____________

 ____________

 ____________

ü 3

6 Un appuntamento a Roma

SCRIVERE

ii

Scrivete un SMS. Ihr/e Nachbar/in wohnt im selben Hotel wie Francesca. Sie warten auf ihn/sie in der Nähe. Schreiben Sie ihm/ihr per SMS eine kurze Wegbeschreibung zu Ihrem Standort. Kann Ihr/e Nachbar/in Sie finden?

Grammatica
in Via Biancamano
in Viale Carlo Felice
in Piazza di Porta Maggiore

7 Senta, scusi!

ASCOLTARE

CD 01 ▶ 22

Numerate le frasi e mettete in ordine i due dialoghi. Poi ascoltate e verificate.
Bringen Sie die Sätze der beiden Dialoge in die richtige Reihenfolge.
Überprüfen Sie dann Ihre Lösung mithilfe der CD.

▶ 1
- ☐ Ah … grazie lo stesso.
- ☐ Sì, prego.
- ☐ Senta, sa dov'è la fermata del tram?
- 1 Scusi! Le posso chiedere un'informazione?
- ☐ Di niente.
- ☐ La fermata del tram? No, non lo so. Mi dispiace.

▶ 2
- ☐ Ah, sì. È vero. Beh, allora prendo l'autobus, grazie mille.
- ☐ Beh, a piedi sì, un po'. Però può prendere l'autobus numero 3.
- ☐ Ah sì? Dove, scusi?
- 1 Scusi. Piazza di Porta Maggiore è lontana?
- ☐ La fermata è là, vede?
- ☐ Prego, non c'è di che.

8 Per la strada

PARLARE

Chiedete e date informazioni. Wählen Sie individuell aus dem grünen Kasten drei Ziele aus und tragen Sie deren Standort auf Ihrem Stadtplan ein. Fragen Sie sich nun gegenseitig nach den vier Zielen, die Sie jeweils nicht ausgewählt haben, und antworten Sie auf die Fragen Ihres Nachbarn/Ihrer Nachbarin. Wenn Sie nach einem Ziel gefragt werden, dessen Standort Sie festgelegt haben, dann beschreiben Sie den Weg dorthin; wenn nicht, dann antworten Sie mit «Non lo so, mi dispiace.»

il Museo Nazionale | il bar Brillo | Piazza Grande | il ristorante Buongustaio
il cinema Vittoria | il mercato | l'albergo Belvedere

Esempio:

- Senta, scusi, sa dov'è il bar Brillo?
- Sì. Lei va sempre dritto e ... / Non lo so, mi dispiace.
- Senta, scusi, il Museo Nazionale è lontano?
- A piedi sì, però può prendere l'autobus numero 4. / No, Lei gira a sinistra e ...

4–7

Grammatica

	sapere	potere
(io)	so	posso
(tu)	sai	puoi
(lui, lei, Lei)	sa	può

5

9 Mangiare all'italiana

LAVORARE CON IL LESSICO

a **Quali piatti italiani conoscete? Fate una lista e poi inserite i piatti nello schema.**
Welche italienischen Gerichte kennen Sie? Erstellen Sie eine Liste.
Ordnen Sie dann die Gerichte der richtigen Kategorie zu.

antipasti	primi	secondi	contorni	dolci

CD 01 ▸ 23

b Che cosa ordinano Francesca e Federico? Ascoltate e segnate i piatti sul menu. Was bestellen Francesca und Federico? Hören Sie zu und kreuzen Sie die Gerichte auf der Karte an. Notieren Sie außerdem, welche Getränke die beiden bestellen.

Bevande:

Menu

Antipasti
salamini, pecorino stagionato, olive di Gaeta
antipasto misto di pesce

Primi
mezze maniche all'amatriciana
risotto ai frutti di mare

Secondi
porchetta
tagliata di pesce misto

Contorni
funghi trifolati
verdure di stagione

Dolci
tortino al cioccolato
dolce millefoglie

CD 01 ▸ 23

c Chi pronuncia le frasi? Segnate C per ‹cameriere› e F per ‹Francesca/Federico›. Wer sagt was? Tragen Sie C für den Kellner oder F für Francesca/Federico ein. Hören Sie dann den Dialog noch einmal und überprüfen Sie Ihre Lösung.

ü 8

- ☐ Buonasera, signori.
- ☐ Io prendo ...
- ☐ Però vorrei solo ...
- ☐ Io invece prendo ...
- ☐ E da bere?
- ☐ Gasata o naturale?
- ☐ Un quarto di vino rosso, per favore.
- ☐ E di contorno?

10 Al ristorante

PARLARE

Fate il dialogo. Erarbeiten Sie einen Dialog nach folgenden Angaben.

A und B: Sie sind in einem Restaurant und bestellen etwas zu trinken und zu essen. Benutzen Sie die Speisekarte aus 9b oder wählen Sie Gerichte aus der Liste 9a. Anschließend lassen Sie sich die Rechnung bringen.

C: Sie sind Kellner/in in einem Restaurant. Sie nehmen die Bestellungen Ihrer Gäste entgegen.

Lingua
- ● Il conto per favore! ■ Subito!

11 Questione di gusti

SCOPRIRE LA GRAMMATICA

Leggete i mini-dialoghi. Quando si usa *mi piace* e quando *mi piacciono*?
Lesen Sie die folgenden Ausschnitte aus dem Dialog.
Was meinen Sie: Wann wird *mi piace* und wann *mi piacciono* verwendet?

● Ah, bene. Mhm ... cosa dici, prendiamo il pesce?
■ No, io no. Il pesce non mi piace.
● Ah ... A me invece sì. Io prendo il pesce.

● Perché non prendi i funghi ...
■ No, i funghi no. Non mi piacciono.

12 Ti piace?

Notieren Sie drei weitere Gerichte und kreuzen Sie an.
Interviewen Sie dann die anderen Kursteilnehmer.
Wer hat den gleichen Geschmack wie Sie?

Mi piace / Mi piacciono ...	moltissimo	molto	abbastanza	per niente
la carne	☐	☐	☐	☐
il pesce	☐	☐	☐	☐
gli spinaci	☐	☐	☐	☐
le tagliatelle	☐	☐	☐	☐
______	☐	☐	☐	☐
______	☐	☐	☐	☐
______	☐	☐	☐	☐

Esempi:
- Ti / Le piace la carne?
- Sì, mi piace molto. E a te? / E a Lei?
- Anche a me. / A me invece no.

- Ti / Le piacciono gli spinaci?
- No, non mi piacciono. E a te? / E a Lei?
- Neanche a me. / A me invece sì.

9–13

Lingua
Anche a me. / Neanche a me.
A me invece no. / A me invece sì.

5

13 Una cena insieme

PARLARE

a Che cosa conta per scegliere un ristorante?
Was ist Ihnen wichtig bei der Wahl eines Restaurants?
Kreuzen Sie an.

Mi piace il tipo di cucina. ☐
Il servizio è rapido. ☐
Il locale è vicino. ☐
Mi piace l'ambiente. ☐
Il ristorante è tranquillo. ☐
altro: ______ ☐
Il prezzo è conveniente. ☐
Il personale è cortese. ☐

b Scegliete un locale per una cena insieme. Beraten Sie sich in der Gruppe und wählen Sie ein Restaurant Ihrer Stadt / in Ihrem Ort für ein gemeinsames Abendessen. Ein Sprecher teilt anschließend den anderen mit, wo man hingeht und warum.

Esempio:
- Vi piace la cucina italiana?
- Sì.
- Conoscete «Il goloso»?
- ▸ Sì, mi piace l'ambiente, il servizio è rapido...
- Allora va bene «Il goloso».

14–17

- Noi andiamo al ristorante «Il goloso» perché ci piace la cucina italiana.

Grammatica
noi → **ci** piace
voi → **vi** piace

Culture a confronto

Al ristorante

a Come funziona in Italia? Was stimmt? Kreuzen Sie die richtige(n) Aussage(n) an.
Vergleichen Sie dann mit einem anderen Kursteilnehmer.

Il tavolo

Il cliente si siede a un tavolo già occupato. ☐

Il cliente non si siede a un tavolo già occupato. ☐

Il pane

Il cliente ordina il pane. ☐

Il cameriere porta automaticamente il pane. ☐

Il cliente paga solo il pane che mangia. ☐

Il coperto

... indica le cose che servono per mangiare. ☐

... è denaro per il cameriere. ☐

... si paga. ☐

... è gratis. ☐

Il conto

Il cameriere calcola il conto per ogni cliente. ☐

Il cameriere porta un solo conto per tutti
e poi si divide in parti uguali. ☐

La mancia

La mancia è obbligatoria. ☐

Il cliente lascia la mancia sul tavolo. ☐

Il cliente calcola esattamente la mancia
e la dà al cameriere. ☐

b E nel vostro Paese? E in altri Paesi?
Wie sieht es in Ihrem Land aus?
Und in anderen Ländern?

Grammatica e comunicazione

Unregelmäßige Verben im Präsens → Verbtabelle

	sapere (wissen)	potere (können, dürfen)
(io)	so	posso
(tu)	sai	puoi
(lui, lei, Lei)	sa	può
(noi)	sappiamo	possiamo
(voi)	sapete	potete
(loro)	sanno	possono

Piacere → 9.1.5

mi	
ti	
gli	
le	piace + Substantiv Singular
Le	piacciono + Substantiv Plural
ci (uns)	
vi (euch)	
gli (ihnen)	

Il pesce (non) mi piace.
I funghi (non) mi piacciono.

Präpositionen: in, a → 14

La fermata è in via Biancamano /
in viale Carlo Felice /
in Piazza di Porta Maggiore.
Vado in tram / in autobus / in taxi / a piedi.

Präposition mit dem bestimmten Artikel: di → 14

+	il	lo	l'	la	i	gli	le
di	del	dello	dell'	della	dei	degli	delle

einen Tisch im Restaurant reservieren

Vorrei prenotare un tavolo per due persone per venerdì prossimo.
È possibile avere un tavolo fuori?
Siete aperti anche a pranzo?

im Restaurant bestellen und zahlen

Io prendo ...
Per me, di primo / di secondo ...
Da bere vorrei ...
Il conto per favore!

Vorlieben ausdrücken

Ti piace la carne?
Sì, mi piace (molto). / No, non mi piace per niente.
Le tagliatelle (non) mi piacciono.

Zustimmung und Ablehnung ausdrücken

☺ Mi piacciono i dolci. ☹ Non mi piace il risotto.
☺ Anche a me. ☹ Neanche a me.
☹ A me invece no. ☺ A me invece sì.

nach dem Weg fragen

Scusi, Le posso chiedere un'informazione?
Senta, scusi! Sa dov'è il bar Brillo?
Scusi, il Museo Nazionale è lontano?

den Weg beschreiben

Giri / Gira a destra / a sinistra ...
Vai / Va sempre dritto ...
Arrivi / Arriva fino a ...
Puoi / Può prendere l'autobus numero ...

sich bedanken und auf einen Dank reagieren

Grazie! / Grazie mille!
Prego, non c'è di che. / Di niente.

etwas bedauern und auf Bedauern reagieren

Mi dispiace, non lo so.
Grazie lo stesso.

Portfolio

Ich kann jetzt ...				
einen Tisch in einem Restaurant reservieren.	☐	☐	☐	2, 3
eine kurze schriftliche Wegerklärung verstehen.	☐	☐	☐	5
jemanden auf der Straße ansprechen.	☐	☐	☐	7
mich bedanken und auf einen Dank reagieren.	☐	☐	☐	7
nach dem Weg fragen.	☐	☐	☐	7, 8
im Restaurant bestellen und bezahlen.	☐	☐	☐	9, 10
sagen, welche Gerichte ich gerne esse.	☐	☐	☐	12
einer Meinung zustimmen oder widersprechen.	☐	☐	☐	12

Unbekannte Vokabeln erschließen

a In den italienischen Texten, die ich lese, kommen immer wieder Wörter vor, die ich nicht kenne. Wie kann ich diese Vokabeln erschließen? Lesen Sie den folgenden Text.

KICK-OFF

Ristorante, Pub, Pizzeria, Osteria in zona Esquilino. Giardino privato con più di 300 coperti. Le specialità: primi piatti con pesce, secondi alla griglia, panini, crêpes, sfiziosità varie. Musica dal vivo dal martedì al sabato; possibilità di vedere sul maxischermo le partite di calcio. **Chiuso il lunedì.**

(da: www.romaexplorer.it)

b Was hat mir geholfen, unbekannte Wörter zu erschließen?

Ich habe Wörter aus meiner Muttersprache abgeleitet. ☐

Ich habe Wörter aus anderen Fremdsprachen abgeleitet. ☐

Ich habe versucht, Wörter aus dem Kontext zu verstehen. ☐

Ich habe versucht, Wörter aus den mir bekannten Bestandteilen zu erschließen. ☐

c Vergleichen Sie jetzt Ihre Antworten mit denjenigen Ihrer Nachbarn und tauschen Sie Erfahrungen aus.

E tu, cosa hai fatto? 6

In dieser Lektion lernen Sie:

- einen einfachen Text über vergangene Ereignisse verstehen
- von vergangenen Aktivitäten und Ereignissen berichten
- Ereignisse chronologisch wiedergeben
- einen einfachen Kommentar zu vergangenen Ereignissen abgeben
- eine Glückwunschkarte schreiben

1 Per iniziare

Dove sono queste persone? Che cosa fanno?
Wo sind diese Leute? Was machen sie?

2 Due messaggi

LEGGERE

a **A chi scrive Sergio?** An wen schreibt Sergio? **A** liest die erste E-Mail und vervollständigt sie mit den fehlenden Anrede- und Grußformeln, **B** macht das gleiche mit der zweiten E-Mail. Vergleichen Sie anschließend.

Sergio Masieri
A lunedì
Cordiali saluti
Sergio
Gentile dott. Scaletti
Ciao Stefano

1

sergio@libero.it

______________________,

il seminario è andato bene. In questi tre giorni abbiamo lavorato molto e fino a stasera non ho avuto un attimo di tempo libero. Ho sentito discussioni interessanti, con idee nuove e utili. Anche la mia presentazione è andata bene. Lunedì ritorno in ufficio e Le racconto tutto.

____

____

sergio@libero.it

______________________,

il seminario è stato noioso. Per fortuna ho conosciuto due colleghe del posto, così non sono andato sempre al seminario e sono andato un po' in giro con loro: abbiamo pranzato in ristorantini deliziosi, siamo andati al cinema, abbiamo visitato la città. Ho ricevuto anche informazioni e idee utili. Ti racconto tutto in ufficio.

____

____

P. S. La mia presentazione è stata un successo: grazie per l'aiuto :-)

2

b Lesen Sie jetzt auch die andere E-Mail und beantworten Sie die Fragen.

Chi è il dott. Scaletti? Chi è Stefano?

Un collega. ☐ Un amico. ☐ Il direttore. ☐ Un cliente. ☐

3 Ho conosciuto, sono andato ...

SCOPRIRE LA GRAMMATICA

a Sergio berichtet über ein dreitägiges Seminar. Markieren Sie in den E-Mails alle Verben, die er verwendet, um zu erzählen, was in den drei Tagen alles geschehen oder nicht geschehen ist (z. B. *è andato*).

b Die von Ihnen markierten Verben sind Formen des *passato prossimo* (Perfekt). Was meinen Sie: Wie werden sie gebildet? Ergänzen Sie mithilfe der markierten Verben das Schema. Wählen Sie anschließend aus den E-Mails zwei Beispiele, die Sie sich gut merken können, und schreiben Sie sie darunter.

passato prossimo: ____________ / ____________ + participio passato (Partizip Perfekt)

z. B.: (Verb) ____________ → ______________________ (passato prossimo)

z. B.: (Verb) ____________ → ______________________ (passato prossimo)

c Wie wird das Partizip Perfekt in der Regel gebildet? Ergänzen Sie die Formen.

pranz**are** → pranz________ ricev**ere** → ricev________ sent**ire** → sent________

d Ergänzen Sie nun mithilfe der E-Mails folgende Sätze und überlegen Sie: Was passiert, wenn das *passato prossimo* mit *essere* gebildet wird? Wo steht die Verneinung? Ist die Wortstellung im Satz ähnlich wie in Ihrer Muttersprache? Sprechen Sie mit einem/er anderen Kursteilnehmer/in darüber.

(io) Non ________ sempre al seminario.

La presentazione *è andata* bene.

(noi) ________ al cinema.

Le colleghe *sono andate* al seminario.

(io) ________ discussioni interessanti.

(io) ________ informazioni e idee utili.

(noi) ________ la città.

Lucia e Sara *hanno visitato* la città.

Grammatica

1–2

Attenzione!
conoscere → conosc**iuto**; essere → **stato**

Tipp

Haben Sie keine Angst vor Grammatik! Versuchen Sie, Regelmäßigkeiten selbst zu entdecken und mit eigenen Worten zu formulieren.

4 Che differenze ci sono?

LEGGERE E PARLARE

Lesen Sie nun die E-Mails noch einmal. In welchen Punkten stimmen die beiden Seminarberichte miteinander überein? Wo gibt es Unterschiede? Sprechen Sie mit Ihrem/r Nachbar/in darüber.

Tipp

Mit Markierungen in verschiedenen Farben können Sie Unterschiede und Gemeinsamkeiten sichtbar machen.

6

5 Ieri Francesca e Alberto ...

SCRIVERE E PARLARE

a **Essere o avere?** Welche der folgenden Verben bilden das *passato prossimo* mit *essere* und welche mit *avere*? Sortieren Sie! Helfen Sie sich mit den Texten aus Punkt 2.

andare | ascoltare | avere | conoscere | essere | fare | guardare | lavorare
leggere | passare | pranzare | restare | ricevere | sentire | uscire | visitare

avere	essere

iii

b Che cosa hanno fatto ieri Francesca e Alberto?
Wer hat gestern was gemacht? Und was haben Francesca und Alberto gemeinsam unternommen? Beschreiben Sie ihren Tag anhand der Zeichnung und mithilfe der Verben aus 5a. Vergleichen Sie anschließend Ihren Bericht mit einem anderen Paar: Welche Gemeinsamkeiten und welche Unterschiede gibt es?

Grammatica
fare ⟶ fatto; leggere ⟶ letto

ü 3–6

La mattina ..., il pomeriggio ..., la sera

6 Il gioco delle bugie

PARLARE

ii

Denken Sie an sechs Aktivitäten. Drei davon sollten Sie letzte Woche gemacht haben und drei nicht. Berichten Sie nun über alle Aktivitäten. Ihre Mitspieler sollen herausfinden, wo Sie «lügen» und erklären, warum sie dieser Meinung sind. Für jede erratene «Lüge» gibt es einen Punkt.

- ● La settimana scorsa / Mercoledì sono andato/-a a Milano.
- ■ Secondo me, è vero perché **A** viaggia molto per lavoro.
- ▸ Secondo me, non è vero perché **A** non va in Italia per lavoro.

...

7 A un seminario, al cinema o ...?

LEGGERE

a Uomini o donne? Zwei Personen erzählen: Sind es Männer oder Frauen? Lesen Sie die Texte und finden Sie es heraus!

A

Ieri mattina sono partita alle 7 con il solito e ormai super collaudato gruppo dell'Uni3 (Università della terza età) di Omegna e sono andata a Brescia a vedere la mostra *America! Storie di pittura dal Nuovo mondo* al Museo di Santa Giulia. Una bellissima mostra che mi è piaciuta tantissimo. Mi sono piaciuti molto i quadri dei pittori della Hudson River School, ma ancora di più i racconti di vita su indiani e cowboy, nella sala dedicata a Buffalo Bill abbiamo visto anche la sua famosa Colt con il fucile Winchester. [...] Al termine del giro siamo andati a mangiare al self service e poi siamo ripartiti per un pomeriggio in Francia Corta, terra di viti e di ulivi!

(da: http://blog.pupazzipensieri.it/2008/01/america-in-mostra-brescia.html)

B

Un mese fa mi hanno detto del concerto di Ligabue a Campovolo il 10 settembre (domani!!) e sono andata subito a comprare i biglietti. Il fatidico giorno ormai è arrivato: finalmente!! [...]
Oggi è l'11 settembre, il concerto è stato ieri e vi voglio scrivere com'è andata! : -)
Siamo partiti puntuali (strano : -)!) alle due e mezza. Siamo arrivati a Campovolo intorno alle 4, abbiamo parcheggiato e alle quattro e mezza siamo entrati in area concerto per cercare un posto. Dopo una mezz'oretta abbiamo trovato un posto. Abbiamo ascoltato i primi concerti: alle 18.40 Edoardo Bennato, un'ora dopo ha cantato Elisa, che mi è piaciuta molto. Un breve intervallo e poi... intorno alle 21.15 è finalmente entrato Ligabue! E ha fatto un concerto di quasi 3 ore! Mi è piaciuto molto! Ho cantato per tutta la sera! Unico punto negativo: l'acustica sicuramente non buona.
In ogni caso da vedere!

(da: www.ciao.it/Ligabue_in_concerto__Opinione_640673)

b Che cosa raccontano? Was erzählen die beiden Personen?
Lesen Sie die Texte noch einmal und ergänzen Sie die Tabelle wie im Beispiel.

	A	B
Dove?		
Quando?	ieri mattina	
Con chi?		
Che cosa ha fatto?		
Che cosa le/gli è piaciuto?		
Che cosa non le/gli è piaciuto?		

Lingua
*un mese **fa*** =
vor einem Monat

SCOPRIRE LA GRAMMATICA

c Erstellen Sie mit den Verben aus den beiden Texten zwei Listen: «passato prossimo con *avere*» und «passato prossimo con *essere*». Funktioniert hier alles wie in Ihrer Muttersprache?

PARLARE

d E voi? Haben Sie auch schon mal eine schöne Ausstellung oder ein schönes Konzert besucht? Oder etwas Ähnliches unternommen? Erzählen Sie, was Sie gemacht haben, wann und mit wem!

8 Il momento della verità

ASCOLTARE

01 ▸ 24

a Sergio telefona a Valentina. Ascoltate e rispondete. Sergio ruft Valentina an.
Hören Sie zu und beantworten Sie die Frage.

Chi è Valentina? La moglie. ☐ Una collega. ☐ La segretaria di Sergio. ☐

01 ▸ 24

b Il seminario. Hören Sie noch einmal zu und kreuzen Sie an.

A Sergio il seminario è piaciuto. ☐ non è piaciuto. ☐
La presentazione di Sergio è andata bene. ☐ non è andata bene. ☐

01 ▸ 24

c Che cosa ha fatto veramente Sergio? Was hat Sergio wirklich gemacht?
Hören Sie noch einmal zu und kreuzen Sie an.

Sergio è andato sempre al seminario. ☐ Non è andato sempre al seminario. ☐
È uscito con i colleghi. ☐ Non è uscito con i colleghi. ☐

CD 01 ▶ 25

d Ascoltate e rispondete.
Hören Sie sich die Fortsetzung des Telefongesprächs an und beantworten Sie die Fragen.

Che cosa non ha fatto Valentina?

Non è andata a una festa. ☐ Non è andata a una mostra. ☐ Non ha preso un aperitivo. ☐

Chi è Giorgio? Un amico. ☐ Un collega. ☐ Un vicino di casa. ☐

Che cosa ha dimenticato Sergio?

ü 7 Il compleanno di Giorgio. ☐ L'anniversario di matrimonio. ☐ L'onomastico di Valentina. ☐

9 Il detective privato

SCRIVERE E PARLARE

A: Sie sind Privatdetektiv und sollen Sergio observieren. Zusammen mit einem Kollegen schreiben Sie, was er in den letzten Tagen gemacht hat. Erstatten Sie dann Ihrem Auftraggeber Bericht.

B: Sie sind Valentina und haben eine Detektei beauftragt, Sergio zu observieren. Mit Hilfe einer Freundin formulieren Sie einige Fragen, die Sie später einem Detektiv stellen werden.

prima ... poi ... | lunedì, martedì ... | la mattina ... | il pomeriggio ... | la sera ...
Dove ...? | Quando ...? | A che ora ...? | Che cosa ...? | Chi ...? | Con chi ...?

Lingua
Prima ha incontrato un'amica ***e poi*** è andato/-a a un concerto.

Grammatica
prendere ⟶ preso
scrivere ⟶ scritto
vedere ⟶ visto

Tipp
Sie können sich unregelmäßige Formen besser merken, wenn Sie Gemeinsamkeiten entdecken, wie z. B. bei *fatto / letto / scritto*.

ü 8–11

10 Ti è piaciuta la festa?

GIOCO

a Wie funktioniert das Verb *piacere* im *passato prossimo*? Lesen Sie Ihre Verblisten aus 7c und finden Sie es heraus!

b Was gehört zu einer Geburtstagsfeier? Wählen Sie Ihre «Bausteine» aus und notieren Sie sie auf der Torte.

~~la torta~~ | lo spumante | la musica
le tartine | il vino | le bibite
le decorazioni | i giochi | i pasticcini
la birra | i regali | la sorpresa
i cocktail | le maschere | le canzoni

c Sie und Ihr/e Nachbar/in waren gestern auf einer Geburtstagsparty. Nun möchte jeder erfahren, was dem anderen gefallen hat. **A** lässt seinen Zeigefinger auf der Torte kreisen. **B** sagt, ohne hinzuschauen, irgendwann «Stop!». **A** formuliert dann eine Frage mit *piacere* in der Vergangenheit und dem Wort auf der Torte. **B** antwortet darauf.

Esempio:
ü 12 torta ⟶ ● Ti è piaciuta la torta? ▸ Sì, mi è piaciuta molto. / ▸ No, non mi è piaciuta per niente.

11 Tanti auguri a te!

LEGGERE

a Che cosa ha scritto Sergio a Giorgio? Was hat Sergio Giorgio geschrieben (8d)? Finden Sie seinen Text. Ordnen Sie dann die Glückwünsche der passenden Situation zu.

compleanno | matrimonio | laurea | nascita

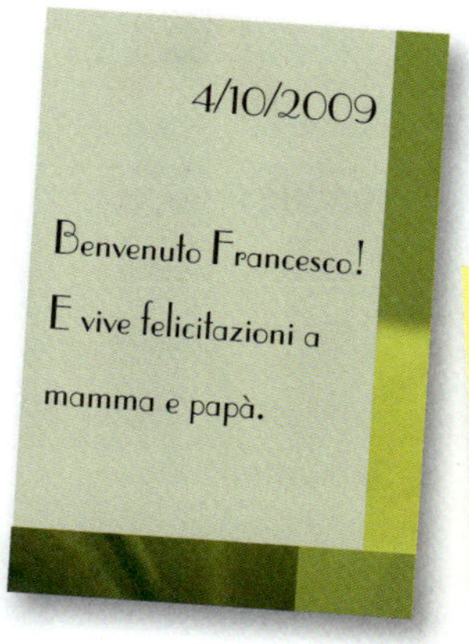

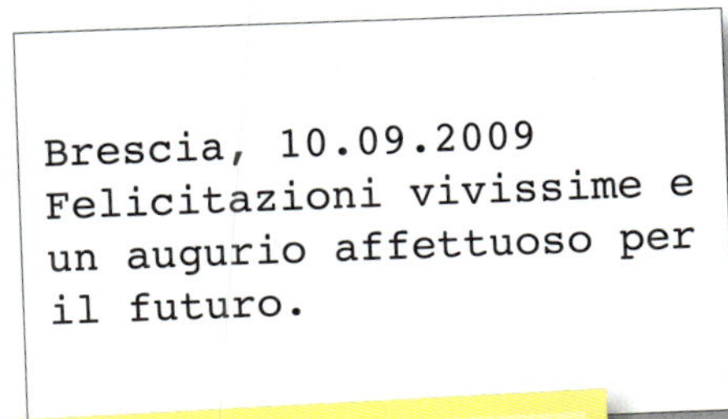

b Come si scrive la data? Lesen Sie die Glückwünsche noch einmal und achten Sie auf das Datum. Wird es genau so geschrieben wie in Ihrer Muttersprache?

Lingua

4/10/2009 = quattro ottobre duemila(e)nove
1° maggio 2011 = primo maggio duemila(e)undici

6

12 E voi?

PARLARE

Di solito, come fate gli auguri? Avete mai ricevuto o fatto gli auguri in modo originale? Perché? Wie gratulieren Sie gewöhnlich? Haben Sie schon außergewöhnliche Glückwünsche bekommen oder gemacht? Warum?

con un biglietto
con una cartolina elettronica
con un'e-mail
con un sms
con una telefonata
di persona
con una dedica alla radio
con una dedica sul giornale

13 Auguri!

SCRIVERE

Jemand in Ihrem Kurs hat Grund zu feiern? Überraschen Sie ihn mit einer Glückwunschkarte auf Italienisch! Die passenden Vorlagen können Sie zum Beispiel auf www.auguri.it finden.

Lingua

I mesi	gennaio	aprile	luglio	ottobre
	febbraio	maggio	agosto	novembre
	marzo	giugno	settembre	dicembre

Ü 13–19

Culture a confronto

Regali per ogni occasione

Abbinate i regali alle occasioni. Ordnen Sie zu.

Befana
(6 gennaio)

festa della
donna
(8 marzo)

compleanno

San Valentino

nascita

invito a cena

Piccolo galateo dei regali. Der kleine Geschenke-Knigge.

Ecco alcune regole di galateo per fare e ricevere regali. Nel vostro Paese sono uguali? Quali sì e quali no? Quali regole possiamo aggiungere, secondo voi?
Welche dieser Regeln gibt es auch in Ihrem Land, welche könnten wir ergänzen?

Non regalare
fiori a un uomo.

Aprire il regalo subito.

Non regalare un
portafoglio vuoto.

Non regalare
oggetti a punta.

Non regalare
fazzoletti.

Non regalare
crisantemi.

Ringraziare
con enfasi
anche se il
regalo non
piace.

Non riciclare i regali.

Grammatica e comunicazione

Das passato prossimo: Formen → 9.4

	avere +	Partizip	essere +	Partizip
(io)	ho		sono	andato/andata
(tu)	hai	lavorato	sei	andato/andata
(lui, lei, Lei)	ha	avuto	è	andato/andata
(noi)	abbiamo	sentito	siamo	andati/andate
(voi)	avete		siete	andati/andate
(loro)	hanno		sono	andati/andate

Einige unregelmäßige Partizipien → 9.4

fare → fatto
essere → stato
conoscere → conosciuto
leggere → letto
prendere → preso
piacere→ piaciuto
scrivere → scritto
vedere → visto

Fragewörter → 12

Dove sei stato/stata?
Quando hai visto il film?
Chi hai incontrato?
Con chi sei andato/andata al cinema?

Das passato prossimo: Gebrauch der Hilfsverben → 9.4

Grundsätzlich wie im Deutschen
→ Sergio ha visitato la città.
→ Lucia e Sara sono andate al cinema.

Aber: La festa mi è piaciuta molto.

Das passato prossimo: Stellung bei der Verneinung → 9.4

Ieri non sono andata al cinema.
Il concerto non mi è piaciuto.

von vergangenen Aktivitäten berichten

Che cosa hai / ha fatto ieri?

La mattina ho lavorato, il pomeriggio ho fatto sport e la sera sono andato/andata al cinema.

La settimana scorsa sono andato/andata a Milano.

Sabato sono uscito/uscita con gli amici.

Ereignisse chronologisch wiedergeben

Maria prima ha incontrato un'amica e poi è andata a un concerto.

Dopo il seminario ho visitato la città.

vergangene Ereignisse kommentieren

Il seminario è stato noioso.

La presentazione è andata bene.

La festa mi è piaciuta molto / non mi è piaciuta per niente.

jemandem gratulieren

Tanti / Tantissimi auguri!

Congratulazioni al neodottore!

Felicitazioni vivissime!

6

Portfolio

Das kann ich!

Ich kann jetzt ...

einen kurzen Text über vergangene Ereignisse verstehen.	☐	☐	☐	2, 7
von vergangenen Aktivitäten berichten.	☐	☐	☐	5, 7
Fragen zu vergangenen Aktivitäten stellen und beantworten.	☐	☐	☐	6, 9
einen einfachen Kommentar über vergangene Ereignisse abgeben.	☐	☐	☐	10
eine Glückwunschkarte schreiben.	☐	☐	☐	11

Nachdenken über das Lernen

Die (italienische) Grammatik und ich.

Was trifft eigentlich auf mich zu?

Grammatiklernen fällt mir schwer. Ich finde Regeln verwirrend. ☐

Grammatiklernen hilft mir. Ich will immer genau wissen, wie etwas funktioniert. ☐

Grammatiklernen möchte ich schon, aber ich kenne viele Fachbegriffe nicht. ☐

Ich muss gar keine Grammatik lernen: Fehler stören mich nicht, solange mein Gesprächspartner mich einigermaßen versteht. ☐

Ich traue mich nicht, einfach draufloszureden; ich formuliere meine Sätze genau, bevor ich sie ausspreche. ☐

Wie lerne ich Grammatik am besten?

Ich lasse mir die Regeln erklären / lese sie im Kursbuch und lerne sie auswendig. ☐

Ich behalte die Regeln besser, wenn ich sie selbst entdeckt habe. ☐

Regeln alleine kann ich mir nicht merken, ich brauche einen Beispielsatz dazu. ☐

Ich mag ausführliche Erklärungen. ☐

Graphische Darstellungen (Farben, Tabellen, Bilder) helfen mir mehr als Worterklärungen. ☐

Ich brauche viele Übungen im Kursbuch / im Unterricht. ☐

Klassische Übungen helfen mir wenig, ich formuliere lieber eigene Sätze. ☐

Und wie lernen die anderen Kursteilnehmer?

Vielleicht haben sie gute Tipps!
Tauschen Sie sich so oft wie möglich mit den anderen Kursteilnehmern aus.

7 Che hobby hai?

In dieser Lektion lernen Sie:

- über sportliche Aktivitäten und andere Freizeitbeschäftigungen sprechen
- sagen, was Sie machen können und was nicht
- angeben, wie oft Sie etwas machen
- ein einfaches Einkaufsgespräch im Lebensmittelladen oder auf dem Markt führen

1 Per iniziare

Avete mai provato una delle attività elencate nel dépliant? Se sì, quale? Se no, quale vi interessa?

2 Che hobby hai?

a Abbinate le espressioni alle foto.

giocare a calcio ☐ | nuotare ☐ | andare in palestra ☐ | correre ☐ | cucinare ☐
dipingere ☐ | giocare a carte ☐ | andare in bici(cletta) ☐ | suonare la chitarra ☐
navigare su Internet ☐ | lavorare in giardino ☐ | fare yoga ☐

b Dividete le attività dei punti 1 e 2 nelle seguenti categorie. Attenzione, alcune attività possono andar bene in più categorie. Confrontatevi poi con un compagno e inserite altre 2 o 3 attività (pensate anche alle lezioni 4 e 6).

attività all'aperto: ....

attività al chiuso: ....

attività individuali: ....

ü 1 attività di gruppo: ....

3 Che cosa fai nel tempo libero?

PARLARE

In gruppo, ditevi che cosa fate nel tempo libero: siete sportivi o preferite attività tranquille?

4 E loro che cosa fanno?

ASCOLTARE

**a Secondo voi, che cosa fanno queste persone nel tempo libero?
Fate delle ipotesi, poi ascoltate e verificate.**

Fausto

Marina

Cecilia

Silvano

b Chi fa che cosa? Ascoltate di nuovo e collegate le frasi.

Cecilia ...	fa la spesa con cura ...	perché nuotare è rilassante.
Fausto ...	va a ballare ...	perché ha poco tempo.
Marina ...	ama la corsa ...	perché non è un tipo sportivo.
Silvano ...	può fare poco sport ...	perché è rilassante.
	fa solo delle passeggiate con i cani ...	perché è perfezionista.
	va in piscina ...	perché così può stare in compagnia.

5 Sapere o potere?

LAVORARE CON IL LESSICO

Leggete con attenzione queste frasi tratte dalle interviste.

Ho poco tempo per rilassarmi, ma quando **posso** vado in piscina.
E **sa** suonare bene? – Oddio, non sono tanto brava, **so** suonare così così.

E voi? Scrivete due cose che sapete fare e due cose che non potete fare.

Lingua
potere = avere la possibilità
sapere = avere la capacità

6 Che cosa sai fare?

GIOCO

Spielen Sie in zwei Teams. Team **A** nennt eine Aktivität, Team **B** bildet einen oder zwei Sätze, die diese Aktivität sowie die Verben *potere* und *sapere* enthalten. Für einen korrekten Satz mit beiden Verben gibt es 2 Punkte; für zwei korrekte Sätze mit jeweils einem der beiden Verben gibt es einen Punkt.

Esempio:
A: Suonare il piano.
B: Cecilia sa suonare il piano, ma può suonare poco perché ha poco tempo libero. (2 punti)

7 Quante volte?

LAVORARE CON IL LESSICO

CD 01 ▸ 27 **a Ascoltate Marina: con che frequenza va al corso di ballo?
Con che frequenza va a cavallo?**

b Completate lo schema come nell'esempio (sono possibili diverse combinazioni).

sera | mattina | giorno | mese | settimana

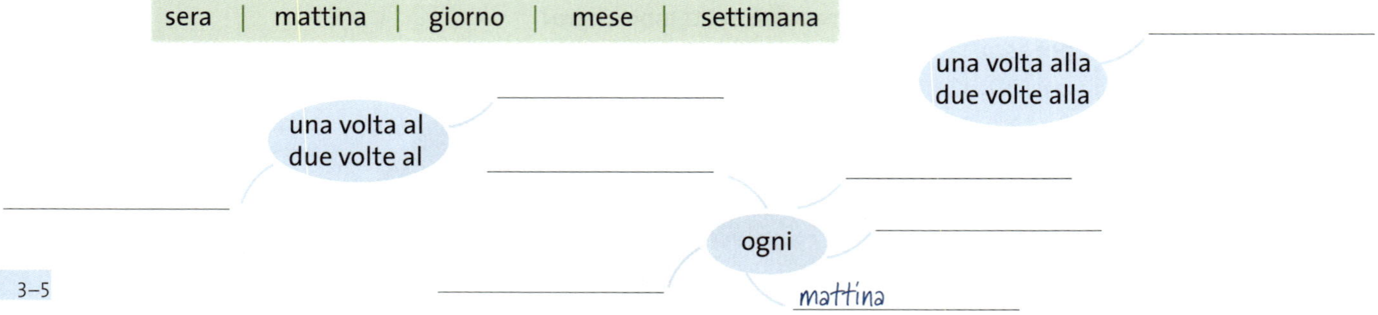

ü 3–5

SCRIVERE

c E voi? Scrivete tre attività che svolgete regolarmente. Indicate anche la frequenza e, se possibile, il perché. Poi intervistate alcuni compagni: con chi avete delle cose in comune?

8 Gli italiani e il tempo libero

LEGGERE

**a Di quale hobby si parla?
Leggete il testo, compilate la tabella di sotto e poi confrontate con un compagno.**

Quasi quattro italiani su dieci (37 per cento) dedicano parte del tempo libero al giardinaggio e alla cura dell'orto dove raccogliere frutta, ortaggi o piante aromatiche da portare in tavola, come misura antistress, per passione, per gratificazione personale o anche solo per risparmiare. È quanto emerge da un'analisi della Coldiretti sulla base dei dati Istat sulle attività del tempo libero pubblicati nel 2008. Si tratta di un hobby che coinvolge allo stesso modo maschi e femmine e che piace ai giovani, considerato che è praticato da più di uno su quattro di quelli con età compresa tra i 25 e i 34 anni, anche se l'interesse aumenta con l'età e raggiunge quasi la metà degli over 65.
Il fenomeno è molto diffuso al nord come in Veneto, Valle d'Aosta e Friuli Venezia Giulia, dove interessa oltre il 50 per cento della popolazione, e meno nel Mezzogiorno (sotto il 25 per cento).
La ricerca di un legame più diretto con la natura, ma anche la volontà di garantire la qualità e la sicurezza del cibo che si porta in tavola ogni giorno sono i principali motivi di questa tendenza.
Un'attività che va bene non solo per chi ha un giardino, ma anche per chi ha un semplice terrazzo grazie all'offerta di piante adatte alla coltivazione in vaso. [...]

(da: News Coldiretti, n. 34, 16. 01. 2009 – www.coldiretti.it)

hobby: ____________________

motivi: ____________________

persone che lo praticano: ____________________

regioni dove è diffuso: ____________________

chi lo può praticare: ____________________

b Secondo voi, quest'hobby è diffuso anche nel vostro Paese? E quali altri hobby sono diffusi? Con quale frequenza e per quali motivi praticano questi hobby le persone? Parlatene in gruppo. Poi uno di voi riferisce alla classe.

9 Al mercato

LAVORARE CON IL LESSICO

a Guardate le foto. Quali alimenti riconoscete?

radicchio | pomodori | patate | arance | insalata | cipolla | aglio
uova | limoni | fragole | ciliegie | angurie | pere | mele | peperoni
pane | carne | olio | burro | formaggio | mirtilli | fichi | zucchero
sale | pepe | prosciutto | mortadella | miele | pesche | melanzane

b Di che colore sono? Classificate gli alimenti in base al colore. Poi provate ad inserire in ogni colonna un altro alimento. Alla fine confrontatevi con un compagno.

Grammatica

ross**o** → ross**i**
ross**a** → ross**e**
verd**e** → verd**i**
blu ist unveränderlich!

bianco	nero	rosso	giallo	arancione	verde	blu

Tipp

Man kann sich Vokabeln besser einprägen, wenn man sie mit angenehmen Bildern oder Erfahrungen verbindet,
6 z. B. *rosso* mit dem Verzehr saftiger und leckerer Erdbeeren.

10 Il mondo dei colori

GIOCO

Fate una lista di oggetti per ogni colore del punto 9b. Vince la coppia con la lista più lunga.

CD 01 ▸ 28

11 Fausto fa la spesa

ASCOLTARE

a Dove fa la spesa Fausto?

- ☐ in macelleria
- ☐ al supermercato
- ☐ in panetteria
- ☐ in un negozio di alimentari
- ☐ al mercato

Tipp
Achten Sie beim Hören auch auf die Hintergrundgeräusche. So können Sie die Situation besser verstehen.

b Che cosa compra Fausto?

- ☐ un pacco di spaghetti
- ☐ un chilo di peperoni
- ☐ due etti di pecorino
- ☐ un filone di pane
- ☐ un chilo e mezzo di pomodori
- ☐ un litro di latte
- ☐ mezzo chilo di cipolle
- ☐ un vasetto di marmellata
- ☐ una scatoletta di tonno
- ☐ due etti di mirtilli
- ☐ due lattine di birra
- ☐ un panino con la mortadella

12 Desidera?

SCOPRIRE LA GRAMMATICA

a Trovate la reazione giusta per ogni frase.

Buongiorno. Desidera?	Ne prendo due etti.
Qualcos'altro?	Sì, questi sono di oggi.
Mmm ... non so che cosa prendere ...	Vorrei un chilo di pomodori, per favore.
Ha anche dei mirtilli freschi?	Dunque, sono ... 18 euro.
Quanto vengono?	Sì, della frutta.
Quanti ne vuole?	Senta, ho delle mele molto buone ...
Quant'è?	4 euro all'etto.

b Leggete di nuovo le frasi del punto a. Con quali frasi potete ...

... chiedere il prezzo di un prodotto? ______________________

... chiedere il prezzo totale? ______________________

Grammatica
Quanto viene il prosciutto?
Quanto vengono i pomodori?

c Quantità. Wie werden Mengen ausgedrückt?
Vervollständigen Sie anhand der Sätze aus 12a.

Genaue Menge:	Vorrei un __________ pomodori.	Mengenangabe + __________
Ungenaue Menge:	Ho __________ mele molto buone.	__________ + Artikel

7–11

d Welches Wort entspricht dem deutschen «davon»?
Suchen Sie es in den Sätzen aus 12a.

13 Fate la spesa anche voi!

PARLARE

Siete in Italia. Avete affittato un appartamento e volete trascorrere una vacanza all'insegna del «mangiare bene». Inoltre vi piace cucinare. Scrivete la lista della spesa per oggi e poi andate a fare acquisti. Un vostro compagno fa il negoziante.

Grammatica
il radicchio → Quanto ne vuole?
l'insalata → Quanta ne vuole?
i fichi → Quanti ne vuole?
le pere → Quante ne vuole?

14 Un dialogo ... bucato

SCOPRIRE LA GRAMMATICA

▶ 29

a Completate il dialogo.
In diesem Dialog sind alle Objektpronomen *lo, la, li, le* verschwunden.
Hören Sie zu und vervollständigen Sie.

■ Senta, voi fate anche dei panini?
● Sì, ___ facciamo. Quanti ne vuole?
■ Uno solo.
● Bene. E come ___ vuole? Con il formaggio, il prosciutto, la mortadella, la pancetta ...
■ Mmm ... pancetta o mortadella? Mi piacciono tutte e due ...
● Beh, e perché non ___ prende tutte e due? Posso fare due panini ...
■ No, no, ne prendo uno solo. Con la mortadella ... perché non ___ mangio quasi mai ...
● Bene. ... Ecco il panino. Altro?
■ Due etti di pecorino, per favore.
● ___ preferisce fresco o stagionato?
■ Stagionato.
● Benissimo. ... Ecco a Lei.
■ Grazie. Arrivederci.
● Arrivederci.

b Leggete ora il dialogo.
Die von Ihnen eingefügten Wörter (Objektpronomen) ersetzen Personen oder Gegenstände, die vorher benannt wurden. Markieren Sie im Dialog die Wörter, auf die sich diese Pronomen beziehen.

c Completate la tabella. Tragen Sie nun die Objektpronomen in die Tabelle ein.

	singolare	plurale
maschile		
femminile		

d Jetzt überlegen Sie: Wie funktionieren die Objektpronomen?
Wählen Sie hier die richtige Antwort und streichen Sie die falsche durch.

Diese Objektpronomen stehen vor dem Verb / nach dem Verb.
Die Verneinung *non* steht vor dem Objektpronomen / hinter dem Objektpronomen.

15 Io lo faccio, e tu?

GIOCO

Spielen Sie in zwei Teams. Jedes Team bereitet eine Frage für jeden Spieler des gegnerischen Teams vor. Abwechselnd stellt dann jeder Spieler einem Gegenspieler eine Frage, die dieser nach dem Muster beantworten muss. Für jede richtige Antwort gibt es einen Punkt.

Esempio:
12–15 ■ Bevi caffè a colazione? ● Sì, lo bevo sempre. / ● No, non lo bevo mai.

16 Una cena insieme

PARLARE

Organizzate una cena insieme. Stabilite dove deve aver luogo e che cosa volete mangiare. Poi dividetevi i compiti. Chi deve comprare/preparare/portare che cosa?

Esempio:
■ Chi compra gli spaghetti? ● Li compro io!
■ Chi prepara l'insalata? ▶ La preparo io!
16–19 ■ Chi porta il vino? ▷ Lo porto io!

Culture a confronto

La Notte Bianca

a Che cosa è, secondo voi, una «Notte Bianca»?

b Leggete e verificate.

LA NOTTE BIANCA esiste soltanto dal 2002, ma è ormai entrata nelle abitudini del tempo libero. Parigi è stata la prima a portare in Europa questa iniziativa: negozi aperti tutta la notte, visita non stop a mostre e musei, concerti e spettacoli nei teatri, nelle strade e nelle piazze. La prima Notte Bianca in Italia è stata il 27 settembre 2003. E adesso non partecipano solo le grandi città come Roma, Milano e Genova, ma anche centri più piccoli come Varese, Sanremo, Cassino, Ferrara, Senigallia.

ROMA – I romani hanno fatto festa con la loro Notte Bianca anche quest'anno, anche senza i finanziamenti del Comune. Ecco alcune iniziative.

Cinecittà – Nel centro commerciale negozi aperti fino alle 24 e dalle 21 concerto con musiche di Piazzolla, mentre la piazza di Cinecittà si è trasformata in una sala da ballo all'aperto con un dj a guidare la festa per iniziativa di Rete Sport, Radio Italia e Radio 6. Moltissima gente ha visitato gli studi di Cinecittà, accompagnata dalle musiche dei film di Sergio Leone.

Piazza Sauli – Molti giovani hanno seguito la maratona di concerti – dalla Cover Band di De Gregori, La Locomotiva, a Veronica Lock a Max Gagliardi – fino a notte fonda.

Circonvallazione Ostiense – Molta gente e atmosfera di festa: in tanti hanno seguito le danze ebraiche organizzate dall'associazione Hagape 2000 onlus e hanno cantato insieme a gruppi di musicisti rom. E a mezzanotte grande successo per il concerto di Tosca.

Piazza Navona – Molta gente alla maratona di tango con i musicisti e i ballerini del Festival del Tango organizzato da Musica per Roma, l'unica manifestazione sponsorizzata dal Comune.

c La «Notte bianca» esiste anche nella vostra città? Se sì, avete mai partecipato? Che cosa avete fatto? Se no, esistono iniziative simili? E questo modo di fare festa vi piace o no? Perché? Parlatene in gruppo.

Grammatica e comunicazione

Modalverben: potere, sapere ⟶ 9.1.6

potere + Infinitiv (können = Möglichkeit)	*sapere* + Infinitiv (können = Fähigkeit)
Posso fare poco sport perché ho poco tempo.	Cecilia sa suonare il pianoforte.

Das Adjektiv: Plural ⟶ 4.1

♂	♀
tranquilli	tranquille
freschi	fresche
lunghi	lunghe
individuali	individuali

Farbadjektive ⟶ 4.2

Il pomodoro è rosso. I pomodori sono rossi.	La fragola è rossa. Le fragole sono rosse.
Il peperone / La mela è verde. Il mirtillo / La susina è blu.	I peperoni / Le mele sono verdi. I mirtilli / Le susine sono blu.

Der Teilungsartikel ⟶ 3.4

Vorrei della frutta.
Ho dei fichi molto saporiti.

Übereinstimmung:
Substantiv + Adjektiv (Plural) ⟶ 4.1

♂	♀
Loro sono tipi sportivi. I corsi di ballo sono divertenti.	Io preferisco le attività tranquille. Faccio passeggiate rilassanti.

Das Fragewort *quanto*? ⟶ 12

Quanto radicchio? Quanta insalata?
Quanti mirtilli? Quante ciliegie?

Das Pronomilnaladverb *ne* ⟶ 5.4

Vorrei del pecorino. Ne prendo due etti.
Delle mele, per favore. – Quante ne vuole?

Das direkte Objektpronomen ⟶ 5.3

♂
Vorrei del pecorino. – Lo preferisce fresco o stagionato?
Senta, voi fate panini? – No, non li facciamo.

♀
Prendo la mortadella: non la mangio quasi mai ...
Prende le fragole, signora? – Sì, le prendo.

über Freizeitbeschäftigungen sprechen

Che cosa fai nel tempo libero? / Che hobby hai?
Che sport fai?
Gioco a calcio, suono la chitarra, dipingo ...

sagen, was man machen kann und was nicht

Sai suonare il piano?
Non so suonare il piano, ma so suonare la chitarra.

angeben, wie oft man etwas macht

Vado a cavallo una volta alla settimana / due volte al mese / all'anno.
Corro ogni giorno / ogni mattina.

Mengen angeben

½ kg / ½ l, mezzo chilo / mezzo litro di ...
1 kg / 1 l, un chilo / un litro di ...
100 gr., un etto di ...

im Geschäft sagen, was man haben möchte

Un chilo e mezzo di pomodori, per favore.
Vorrei dei peperoni.
Ha dei mirtilli freschi?

nach dem Preis fragen

Quanto viene il pecorino?
Quanto vengono i mirtilli?
Quant'è?

Portfolio

Ich kann jetzt ...

sagen, ob ich Sport treibe und die Sportart benennen.	☐	☐	☐	1, 2
über Freizeitbeschäftigungen sprechen.	☐	☐	☐	2, 4
sagen, was ich machen kann und was nicht.	☐	☐	☐	5
angeben, wie oft ich etwas mache.	☐	☐	☐	7
im Geschäft Lebensmittel verlangen.	☐	☐	☐	11, 12
den Preis einer Ware erfragen.	☐	☐	☐	12

Hören und Verstehen

a Ich sitze im Zug in meiner Heimat. Mir gegenüber sitzen zwei italienische Touristen, die mich auf Italienisch um eine Auskunft bitten. Ich verstehe sie nicht genau, ...

☐ also stelle ich mich dumm und antworte grundsätzlich «Mi dispiace, non lo so».
☐ aber ich tue so, als ob ich sie verstünde und sage «Mi dispiace, non lo so».
☐ und bitte sie langsamer zu sprechen.
☐ und frage «Come, scusi?», «Può ripetere, per favore?»
☐ und versuche mir vorzustellen, welche Informationen sie benötigen könnten.
☐ und bitte sie, in einer anderen Sprache zu sprechen, die ich besser beherrsche.

b Welche Strategien könnten in dieser Situation erfolgreich sein? Warum? Tauschen Sie sich mit Ihren Lernpartnern aus.

c Wie trainiere ich das Hörverstehen? Was mache ich regelmäßig, was manchmal und was nur selten? Und was habe ich noch nie ausprobiert? Kreuzen Sie an. Wählen Sie dann mindestens eine Möglichkeit aus, die Sie demnächst ausprobieren möchten.

	regelmäßig	manchmal	selten	noch nie
die Kursbuch-CD mehrmals anhören				
italienische Musik hören				
italienische Radiosendungen hören				
Filme in italienischer Sprache ansehen (und versuchen, immer häufiger ohne Untertitel auszukommen)				
mit einem Tandem-Partner üben				
Muttersprachler kennenlernen und Sie bitten, immer nur Italienisch zu sprechen				
in meiner Stadt Veranstaltungen besuchen, bei der sich die Gelegenheit bietet, Italienisch zu hören				
italienische Podcasts herunterladen				

Demnächst möchte ich ...

Ancora più chiaro 2

Festa di fine corso

1 **Volete organizzare una festa di fine corso. Avete raccolto € 100. Dividetevi in gruppi di tre – quattro persone.** Sie möchten ein Fest zum Ende des Kurses organisieren. Sie haben € 100 gesammelt. Teilen Sie sich in Arbeitsgruppen mit 3 – 4 Personen auf.

2 **Fate un'indagine in classe per scoprire i gusti dei vostri compagni. Preparate le domande da sottoporre ad alcuni compagni di corso su questi punti: cibo e bevande, musica, animazione, premi e piccoli regali.** Erkundigen Sie sich über die Vorlieben der anderen Kursteilnehmer. Erarbeiten Sie dafür Fragen zu folgenden Punkten: Essen und Trinken, Musik, Animation, Preise und kleine Geschenke.

Esempio: Sai cucinare?
Che cosa preferisci bere?
Che giochi conosci?
Che musica ascolti?

3 **Intervistate quattro compagni degli altri gruppi e segnate le risposte date.** Interviewen Sie vier Personen aus den anderen Gruppen und tragen Sie die Antworten ein.

nome	cibo e bevande	musica	animazione	regali

4 **Ritornate al vostro gruppo, rielaborate i risultati e decidete come organizzare la festa. Preparate anche un invito.** Kehren Sie zu Ihrer Gruppe zurück, bearbeiten Sie die Ergebnisse und entscheiden Sie dann, wie Sie das Fest gestalten möchten. Schreiben Sie auch eine Einladung. Benutzen Sie dafür die Karte auf Seite 88.

Dove facciamo la festa? E quando?
Chi porta da mangiare / da bere?
Che cosa prepariamo?
Chi si occupa della musica?
Che giochi facciamo?
Che premi e regali compriamo?
...

5 **Presentate la vostra proposta alla classe.** Stellen Sie Ihren Vorschlag dem Kurs vor.

6 **Ora votate. Qual è la proposta che preferite?** Wählen Sie nun den besten Vorschlag.

Gioco

Gespielt wird in Gruppen von 3 bis 4 Personen. Sie benötigen pro Person eine Spielfigur und für jede Gruppe einen Würfel.

Gewürfelt wird der Reihe nach, jeder Spieler rückt die Anzahl der gewürfelten Felder vor.

Ist die Aufgabe auf dem Spielfeld eine Frage, wird sie vom Spieler A vervollständigt und dem Spieler B (links von ihm) gestellt. Wurde die Frage korrekt gestellt, darf A auf dem Feld stehen bleiben, war die Frage fehlerhaft, rückt er zurück zum Ausgangsfeld.

Wenn B passend antwortet, darf er weiter würfeln. Wenn B unpassend antwortet, dann ist der nächste Spieler an der Reihe.

Kommt man auf ein Feld mit einer Aufgabe oder einer Zeichnung, muss man sie korrekt lösen, um auf dem Feld stehen zu bleiben, sonst rückt man zurück zum Ausgangsfeld und der nächste Spieler ist an der Reihe und würfelt.

Wer zuerst das Ziel erreicht, hat gewonnen.

PARTENZA

1 Hai ...... al ristorante ieri sera?

2 Le ...... chiedere un'informazione?

3 Senti, scusa, sai ...... è la stazione?

4 È ...... avere un tavolo fuori?

5 ...... puoi .... potete ......

18 Ti ...... il pesce?

19 Che cosa prendi ...... contorno?

20 ...... Natale ...... auguri

21 marzo ...... maggio ....

22 ...... hobby hai?

23 Quanto ...... la rucola?

24 Ti ...... piaciuta la festa di fine corso?

25 STAI FERMO UN GIRO.

33 Quanto ...... i peperoni?

34 Tre tipi di verdura... Tre tipi di frutta ...

6

7
Che cosa ...... fatto domenica pomeriggio?

8
un primo
un secondo
un contorno

9
Ti ...... i funghi?

10
...... uscit...... sabato sera?

11
Scusi, la fermata ...... autobus è lontana?

12
TORNI ALLA CASELLA NUMERO 8 E STAI FERMO UN GIRO.

13
Sei ...... al cinema la settimana scorsa?

14
caro ≠ ......
semplice ≠ ......
sinistra ≠ ......

15
Ti sono ...... i regali per il tuo compleanno?

16
Io ...... cucinare bene. E tu?

17
PASSI ALLA CASELLA NUMERO 26 E STAI FERMO UN GIRO.

26
Hai ...... il giornale stamattina?

27
...... suonare il pianoforte?

28

29
Di ...... colore è la tua macchina?

30
TORNI ALLA CASELLA NUMERO 20 E STAI FERMO UN GIRO.

31
Sai giocare ...... tennis?

32
Hai ...... un'e-mail all'insegnante?

35
Hai ...... la spesa oggi?

ARRIVO

Invito:

Ci vediamo?

8

1 Per iniziare

Quali posti riconoscete nella piantina? Scrivete i numeri accanto alle parole.

- ☐ l'ufficio postale
- ☐ il municipio
- ☐ il parco
- ☐ la stazione
- ☐ lo stadio
- ☐ la cattedrale
- ☐ il parcheggio

In dieser Lektion lernen Sie:

- Ihr Stadtviertel und Ihre Stadt beschreiben
- einen Freund per E-Mail zu Besuch einladen
- fragen und angeben, was es in einer Stadt gibt
- fragen und sagen, wo sich etwas bzw. jemand befindet
- die schriftliche Beschreibung eines einfachen touristischen Rundgangs verstehen

2 Ciao Marco!

LEGGERE E PARLARE

a Fabrizio scrive un'e-mail a un amico. Perché? Leggete l'e-mail e scopritelo. Poi confrontatevi con un compagno.

marco@libero.it

Ciao Marco!
Grazie per l'e-mail. Rispondo solo adesso perché in questi giorni sono molto occupato: nuova città, nuova casa, nuovo lavoro... ci sono mille cose da fare. Però piano piano va tutto a posto e per ora sono proprio contento: Ferrara è una città carina e tranquilla, non c'è traffico, c'è molto verde e tutto è a portata di mano. Io abito nel centro storico (in Largo Castello, di fronte al Castello Estense) e giro in bicicletta; vicino a casa mia ci sono tutte le cose che mi servono: la banca, la posta, dei supermercati eccetera. Purtroppo i negozi piccoli, che io preferisco, sono pochi. C'è invece la possibilità di fare vari tipi di sport... o di vedere partite di calcio: lo stadio è in pieno centro. Solo il clima non mi piace molto: adesso ci sono delle zanzare enormi, e d'inverno c'è spesso la nebbia, mi hanno detto i colleghi.
Senti, ma perché non vieni a trovarmi? Anzi, vuoi venire il prossimo fine settimana?
C'è anche Roberto. Dai! Così facciamo qualcosa insieme dopo tanto tempo.
Fabrizio

b Leggete l'e-mail ancora una volta e rispondete alle seguenti domande.

A Fabrizio piace Ferrara?
Secondo voi, Marco conosce Ferrara?

3 La città

LAVORARE CON IL LESSICO

a In che zona di Ferrara abita Fabrizio?
Trovate la definizione nell'e-mail e scrivetela vicino alla foto giusta.
Poi abbinate le altre definizioni alle foto.

quartiere residenziale | zona industriale | periferia

b Secondo voi, come sono i quartieri del punto a? Abbinate i seguenti aggettivi alle foto. Poi, se volete, aggiungete altri aggettivi.

1 tranquillo / vivace | bello, carino / brutto | grande / piccolo
moderno / antico | rumoroso / silenzioso

4 *C'è o è?*

SCOPRIRE LA GRAMMATICA

a Lesen Sie den folgenden Satz aus Fabrizios E-Mail noch einmal.
Konzentrieren Sie sich dabei auf die hervorgehobenen Verben.
Wann wird *c'è* und wann *è* verwendet?

Ferrara **è** una città carina e tranquilla, non **c'è** traffico, **c'è** molto verde e tutto **è** a portata di mano.

b Markieren Sie in der E-Mail die Sätze mit *c'è* bzw. *ci sono*. Wie werden sie gebraucht?
Sprechen Sie mit Ihrem/r Nachbar/in und versuchen Sie, eine Regel zu formulieren.

2–3 c'è + ______________________ ci sono + ______________________

5 Che cosa c'è in una città?

LAVORARE CON IL LESSICO

**Inserite le parole nella categoria giusta, come nell'esempio.
Poi provate ad aggiungere almeno una cosa per ogni lista.**

ponte | strada | piazza | parcheggio | banca | chiesa | negozio
stadio | edicola | distributore (di benzina) | farmacia | stazione | municipio
museo | teatro | scuola | ospedale | ufficio postale | cinema

8

servizi di base:
ospedale ...
____
____
____

infrastrutture:
ponte ...
____
____
____

servizi per attività culturali / vita sociale:
cinema ...
____
____
____

4–7

6 Indovina dove abito!

GIOCO

**Lavorate con un compagno diverso da quello del punto 5.
Fategli delle domande come nell'esempio e provate a indovinare in quale quartiere / città abita. Vince chi indovina con meno domande.**

Esempio:
È un quartiere tranquillo? Che edifici ci sono? Ci sono dei negozi?...

7 Dov'è?

a Dov'è Fabrizio? Abbinate.

☐ di fronte al cinema
☐ accanto all'edicola
☐ davanti al distributore
☐ alla fermata dell'autobus
☐ vicino alla farmacia
☐ fra il bar e la banca
☐ all'angolo
☐ dietro il lampione
☐ lontano dalla fontana

b Guardate il disegno, trovate le informazioni sbagliate e correggetele.

La fermata dell'autobus è dietro la scuola.

____

L' edicola è davanti al bar.

____

Il supermercato è fra l'albergo e il bar.

____

La scuola è di fronte all'ufficio postale.

____

Il cinema è accanto all'ospedale.

____

Il ristorante è accanto alla posta.

____

Ü 8–12

8 Indovina dove sono!

GIOCO

Spielen Sie zu zweit. Legen Sie auf dem Stadtplan (7b) einen Standort fest, ohne dass Ihr Partner ihn sieht. Jeder versucht dann zu erraten, wo sich der Partner befindet. Wer findet den Standort am schnellsten heraus?

Esempio:
■ Sei davanti alla banca? ● No. ■ Allora sei dietro ...

9 Vieni a trovarmi?

SCRIVERE

a Che cosa c'è vicino, accanto, di fronte ... a casa vostra? Fate una lista.

Vicino a casa mia c'è ..., ci sono ...

Grammatica

	venire	volere
(io)	vengo	voglio
(tu)	vieni	vuoi
(lui, lei, Lei)	viene	vuole
(noi)	veniamo	vogliamo
(voi)	venite	volete
(loro)	vengono	vogliono

b Invitate un amico italiano / un'amica italiana nella vostra città. Descrivete il posto dove abitate. Aiutatevi con le espressioni dell'e-mail.

10 Quando vieni?

ASCOLTARE

01 ▸ 30 **a Rileggete la vostra risposta alla domanda «Secondo voi, Marco conosce Ferrara?» dell'attività 2b, poi ascoltate la prima parte della telefonata: siete ancora d'accordo con la vostra risposta?**

01 ▸ 30 **b Che cosa c'è da vedere a Ferrara? Ascoltate di nuovo, guardate la piantina al punto 1 e segnate i posti nominati.**

01 ▸ 31 **c Ascoltate la seconda parte della telefonata. Marco e Fabrizio non sono d'accordo su un punto: quale?**

fare il giro delle mura di Ferrara ☐ fare una gita nei dintorni di Ferrara ☐

13–14 girare Ferrara e dintorni in bicicletta ☐ noleggiare una macchina per girare la città ☐

11 Muoversi in città

LAVORARE CON IL LESSICO

**Abbinate gli aggettivi ai mezzi di trasporto.
Se volete, aggiungete altri aggettivi.**

comodo | caro / economico | sano | veloce / lento

ü 15–16

12 Io di solito giro in bici

PARLARE

Che mezzo di trasporto usate in città? Come andate al lavoro? Come venite al corso di italiano? E perché? Parlatene in gruppo e poi riferite alla classe.

Esempio:
Io vado al lavoro in metropolitana perché la fermata è vicina a casa mia. E tu?

Grammatica
andare / girare *in* + Verkehrsmittel
aber **andare / girare *a*** piedi

13 Un itinerario ferrarese

LEGGERE

a Leggete il seguente itinerario. Quale titolo va bene?

I Quartieri del centro storico

I Quartieri dell'antico Po

A piedi, in bicicletta o in barca: le escursioni da non perdere

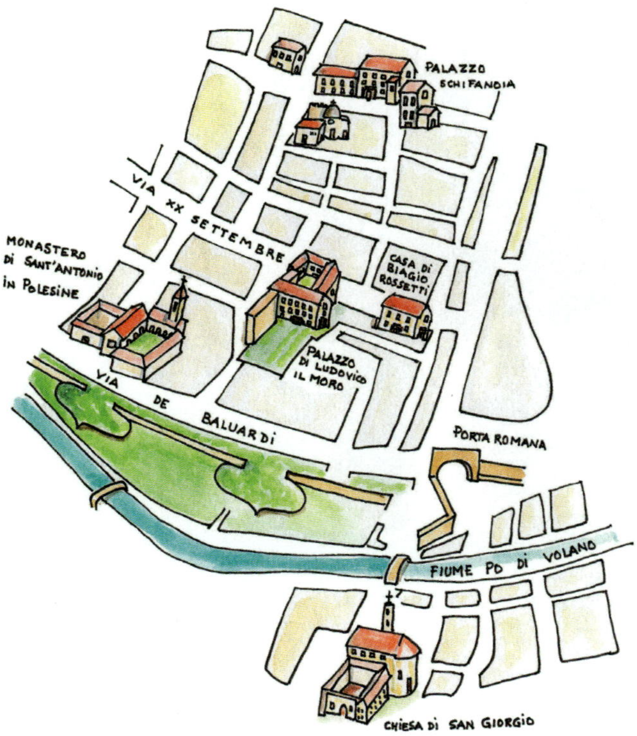

Dal centro prendere l'autobus n. 2 (fermata del Castello) e raggiungere, in via XX Settembre 124, il Palazzo Costabili detto di Ludovico il Moro, sede del Museo Archeologico Nazionale.
Raggiungere a piedi il monastero di S. Antonio in Polesine in vicolo del Gambone. Ritornare poi in via XX Settembre dove si trovano la casa di Biagio Rossetti e l'antica Porta Romana. Da qui voltare a destra in via Porta Romana, oltrepassare il ponte sul Po di Volano e arrivare fino all'antica cattedrale di Ferrara, la chiesa di S. Giorgio. Ritornare in centro con l'autobus n. 6 (fermata di fronte al piazzale di S. Giorgio).

(da: www.ipvalle.it)

8

PARLARE

b Pensate all'ultima volta che avete visitato una nuova città.
Come avete girato: da soli o con una guida turistica?
A piedi, in pullman o in bicicletta? Quali posti avete visitato?

14 Abbinamenti di parole

LAVORARE CON IL LESSICO

**Senza guardare il testo, abbinate i verbi alle espressioni.
Poi leggete di nuovo il testo del punto 13 e controllate la soluzione.**

prendere	il monastero
raggiungere	fino all'antica cattedrale
voltare	l'autobus
oltrepassare	a destra
arrivare	il ponte

17

15 Una visita guidata nella nostra città

SCRIVERE E PARLARE

a Fate una lista dei posti interessanti della vostra città o di una città vicina.
Poi preparate un itinerario turistico.

b Ogni gruppo presenta il suo itinerario e la classe vota l'itinerario più interessante.

18–20

Culture a confronto

La piazza

**a Che cosa c'è in una piazza italiana?
Che cosa può fare la gente in piazza?**

8

**b Che cosa fanno gli studenti in Piazza di Porta Ravegnana, a Bologna?
Leggete cosa dicono alcuni di loro.**

«Innanzitutto la piazza è un luogo di passaggio frequentissimo e ripetuto.»

(Lara, 21 anni)

«Questa piazza è soprattutto un punto di ritrovo.»

(Giuseppe, 23 anni)

«Il luogo è così frequentato per incontrarsi anche perché è uno dei posti simbolo di Bologna.»

(Simone, vive vicino alla piazza da due anni e mezzo)

**c Quali sono i luoghi d'incontro della vostra città?
C'è un posto in cui si ritrovano soprattutto i giovani?
Esiste un «luogo simbolo» della città? Se sì, quale?
E perché? Parlatene in gruppo.**

Grammatica e comunicazione

essere (= sein) → 9.1.7

Ferrara è una città tranquilla.
Lo stadio è in pieno centro.

esserci (= vorhanden sein) → 9.1.7

A Ferrara non c'è traffico.
In centro c'è uno stadio.

Der Gebrauch von *c'è* und *ci sono* → 9.1.7

Che cosa c'è in una città?
C'è una stazione, c'è uno stadio, ci sono dei negozi e delle scuole ...

Präpositionen: in, a → 14

Andare / Girare in macchina, in autobus, in tram, in bici, in metropolitana.
Andare / Girare a piedi.

Unregelmäßige Verben im Präsens → Verbtabelle

	venire	volere
(io)	vengo	voglio
(tu)	vieni	vuoi
(lui, lei, Lei)	viene	vuole
(noi)	veniamo	vogliamo
(voi)	venite	volete
(loro)	vengono	vogliono

Präpositionen mit dem bestimmten Artikel: in, su → 14

+	il	lo	l'	la	le	gli	i
in	nel	nello	nell'	nella	nelle	negli	nei
su	sul	sullo	sull'	sulla	sulle	sugli	sui

Ortsangaben → 14

di fronte a *(gegenüber)*	vicino a *(bei)*
accanto a *(neben)*	fra / tra *(zwischen)*
davanti a *(vor)*	dietro *(hinter)*
lontano da *(entfernt)*	su *(über)*
in *(in)*	

8

ein Stadtviertel bzw. eine Stadt beschreiben

Io abito in un quartiere moderno e vivace.
Ferrara è una città carina e tranquilla, c'è molto verde ...

über Verkehrsmittel sprechen

Vado al lavoro in autobus / in macchina / in bicicletta / in metropolitana.
In città giro a piedi.

fragen und sagen, was es in einer Stadt gibt

Cosa c'è da vedere a Ferrara?
C'è il Castello Estense, ci sono le mura e dei palazzi antichi ...

einen Weg beschreiben

Dal centro prendere l'autobus n. 2 e raggiungere il Museo Archeologico Nazionale...
Oltrepassare il ponte sul Po e arrivare fino all'antica cattedrale ...
Ritornare in centro con l'autobus numero ...

fragen und sagen, wo sich etwas bzw. jemand befindet

Dov'è Fabrizio?
Il bar è all'angolo.
Il supermercato è fra l'albergo e il bar.
Fabrizio è alla fermata dell'autobus.

Portfolio

Ich kann jetzt ...

mein Stadtviertel und meine Stadt beschreiben.	☐	☐	☐	2
einen Freund per E-Mail zu Besuch bei mir einladen.	☐	☐	☐	2
fragen und sagen, wo sich etwas bzw. jemand befindet.	☐	☐	☐	7
über städtische Verkehrsmittel sprechen.	☐	☐	☐	11
die schriftliche Beschreibung eines kurzen touristischen Rundgangs verstehen.	☐	☐	☐	13
einen kurzen Rundgang in meiner Stadt beschreiben.	☐	☐	☐	15

Lesen und Verstehen

Wie lesen Sie italienische Texte? Machen Sie die Probe aufs Exempel!

a Decken Sie den Text ab. Lesen Sie die Überschrift, schauen Sie sich das Foto an und machen Sie sich Gedanken über den möglichen Inhalt des Textes.

Biciclette in comune: le città che pedalano

Novità a Milano: da fine novembre, nel centro della città, 1.200 biciclette del Comune da affittare per 50 centesimi ogni mezz'ora.
E nel resto d'Italia? A metà ottobre è nato, a Napoli, il Club delle Città per il bike sharing. Obiettivo: mettere a disposizione dei cittadini biciclette per gli spostamenti quotidiani.
In Italia il bike sharing ha successo. Sono ormai un centinaio le città che lo organizzano. Le prime sono state Ravenna e Modena (che oggi ha 250 bici). Di recente si sono attivate Bari, Roma e Torino.
Due sono le principali reti esistenti: «C'entro in bici», con servizio gratuito, e «Bici in città», con una tariffa oraria. In genere utilizzano il bike sharing soprattutto i pendolari, ma aumenta il numero dei turisti che lo apprezzano.
Per chi ama la bicicletta, infine, Ferrara celebra, fino alla primavera del 2009, l'anno della bicicletta con decine di eventi, spettacoli, iniziative (www.ferrarainbici.it).

(adattato da: Nicoletta Pennati, Io donna, per www.LeiWeb.it)

b Überfliegen Sie nun den Text, um Ihre Vermutungen zu überprüfen.

c Lesen Sie den Text langsamer. Versuchen Sie dabei Schlüsselwörter und Hauptaussagen zu erkennen.

d Was hat Ihnen geholfen den Text zu verstehen? Gehen Sie immer so vor? Oder vielleicht ganz anders? Denken Sie auch an die Lesetexte der Lektionen 1–7 und sprechen Sie mit anderen Kursteilnehmern über Ihre Erfahrungen.

Il mio mondo

9

In dieser Lektion lernen Sie:

- die Eigenschaften einer Person beschreiben
- das Aussehen einer Person beschreiben
- sich über Familie, Freunde und Nachbarn unterhalten
- den Familienstand angeben

1 Per iniziare

Secondo voi, chi sono queste persone? Dove sono? Che cosa fanno?

2 Un'iniziativa europea

LEGGERE

**a Le persone della foto hanno letto questo annuncio.
Leggetelo anche voi e verificate le vostre ipotesi.**

> Sabato 24 maggio, la **festa dei vicini**, invitate i vostri vicini a bere un aperitivo!
>
> Dove? Nel cortile o nell'ingresso del vostro immobile, nel vostro appartamento, nel vostro giardino o nella vostra villetta ...

Ü 1

PARLARE

**b Conoscete anche voi un'iniziativa di questo tipo?
La trovate interessante o no? Perché?**

3 Alla festa dei vicini

PARLARE

a Martina ha appena cambiato casa e incontra Luisa per la prima volta alla festa dei vicini. Secondo voi, di che cosa parlano?

della festa / del tempo / della famiglia / degli altri vicini / della casa / dei loro animali domestici / altro: ______________________

ASCOLTARE

CD 01 ▶ 32

b Ascoltate la conversazione e verificate le vostre ipotesi.

CD 01 ▶ 32

**c Ascoltate di nuovo il dialogo. Di quali vicini Luisa parla in modo positivo (p)?
E di quali in modo negativo (n)?**

☐ Cristiano e Pasquale ☐ i signori Verlasco ☐ Renato ☐ la signora Anita

4 Che tipo è?

LAVORARE CON IL LESSICO

CD 01 ▶ 33

a Ascoltate di nuovo una parte del dialogo e segnate gli aggettivi che sentite.

☐ antipatico	☐ anziano	☐ aperto	☐ chiuso	☐ giovane
☐ noioso	☐ piacevole	☐ simpatico	☐ tranquillo	☐ vivace

b Adesso formate con tutti gli aggettivi delle coppie di contrari.

simpatico	≠	antipatico
	≠	
	≠	
	≠	
	≠	

Tipp
Adjektive kann man sich gut einprägen, indem man Gegensatzpaare bildet.

Ü 2–3

c **Secondo voi, come sono queste persone?**
Uno di voi descrive una persona senza dire quale.
Gli altri cercano di indovinare chi è.

a

b

c

d

5 Mio, tuo, suo ...

SCOPRIRE LA GRAMMATICA

CD1 ▶ 34

a **Ascoltate e completate le frasi con i seguenti aggettivi possessivi.**

loro | mia | miei | mio | sua | suo | tua | tuoi

Luisa (a Martina): «... Per esempio, conosco i ____________ vicini di piano.
Quello che abita alla ____________ destra si chiama Renato.»
Martina (a Luisa): «Ah, bene. E i ____________ dirimpettai chi sono?»
Luisa: «I Verlasco si lamentano anche perché la ____________ vicina suona il piano, perché il ____________ cane abbaia ...»
Luisa: «Adesso invece ti presento la ____________ vicina, Anita. La ____________ casa è sempre aperta a tutti. E il ____________ tiramisù è un mito.»

b **Rileggete ora le frasi e poi cancellate, qui sotto, la soluzione sbagliata.**

Davanti a un aggettivo possessivo c'è / non c'è l'articolo determinativo.

c **Inserite nella tabella i possessivi che avete trovato finora.**

	singolare		*plurale*	
	maschile	**femminile**	**maschile**	**femminile**
io	il ______	la ______	i ______	le mie
tu	il tuo	la ______	i ______	le tue
lui, lei, Lei	il ______	la ______	i suoi	le sue
noi	il nostro	la nostra	i nostri	le nostre
voi	il vostro	la vostra	i vostri	le vostre
loro	il loro	la ______	i loro	le loro

4–6 d **Osservate i possessivi della terza persona singolare (lui, lei, Lei) e plurale (loro): che cosa notate?**

9

6 Tris

GIOCO

Ogni giocatore sceglie un simbolo (X o O), poi stabilite chi comincia. Il primo giocatore sceglie una frase e la completa con uno dei sostantivi elencati e un aggettivo possessivo. Se la frase è corretta, il giocatore mette il suo simbolo in una casella a sua scelta. Poi tocca all'altro giocatore. Se la frase non è corretta, il giocatore non può occupare una casella: il turno passa all'avversario, che deve correggere la frase prima di poter giocare. Vince chi per primo occupa tre caselle vicine (in orizzontale, in verticale o in diagonale). Attenzione: ogni giocatore può usare ogni possessivo una sola volta!

amiche
piatto
gatto
amici
vicina
villetta
cane
feste
vicini
città

... è tranquilla
... abbaia sempre
... sono simpatici
... abitano in centro
... è in un quartiere residenziale
... gioca in giardino
... suona la chitarra
... studiano a Bologna
... sono sempre molto piacevoli
... preferito è il tiramisù

7 La finestra di fronte

PARLARE

a Guardate la foto.
Che cosa vedete?
Che cosa fa questa persona?

b Le finestre di casa vostra hanno le tende?
Se guardate fuori, cosa vedete?
Parlatene con un compagno.

LEGGERE

c Leggete l'articolo. Giovanna ha le tende? Che cosa vede dalle sue finestre?

7 La città è bella perché hai le finestre di fronte. A Milano amano le tende, ma Giovanna è stata fortunata. Di fronte a lei, dall'altro lato della via e al suo stesso piano, è andata ad abitare una coppia nuova. Hanno circa quarant'anni, lei alta e bella, lui con la faccia da artista. Lavorano in casa, non fanno orari da ufficio, non hanno le tende, come Giovanna. Hanno cominciato a notarsi perché di sera, con le luci accese, vedi se il tuo vicino mangia o legge, chiacchiera o lavora, fa la doccia o il bucato. Giovanna ha cominciato a sentirsi voyeuse... Un giorno la dirimpettaia al bar sotto casa ha detto: «Ma tu abiti di fronte al 7 di via Mazzini?» Oh, ha pensato Giovanna, se anche lei mi ha riconosciuto vuol dire che mi ha visto girare in mutande. E all'improvviso si è sentita bene e ha sorriso come la sua dirimpettaia, contenta di aver trovato, in una città che ama le tende, una delle poche abitanti che le detesta.

(adattato da: la Repubblica, 18 febbraio 2008)

8 I miei vicini

PARLARE

Conoscete i vostri vicini di casa?
Con i vicini vi date del Lei o del tu?
Avete molti o pochi contatti?
Che tipi sono?

> **Lingua**
> dirimpettaio = persona che abita di fronte, nell'appartamento o nella casa di fronte

9 Che aspetto ha?

LAVORARE CON IL LESSICO

a Trovate nel testo al punto 7c le parole con cui è descritta la vicina di Giovanna, poi guardate questi disegni: qual è lei?

b Abbinate le descrizioni alle altre persone.

- ☐ Pasquale è alto, biondo e porta gli occhiali.
- ☐ Cristiano è un ragazzo basso, magro e moro.
- ☐ Anita è una signora un po' grassa, con i capelli bianchi e corti.
- ☐ La signora Verlasco è snella, con i capelli castani e lunghi.

> **Lingua**
> Pasquale ha **i capelli biondi** = è **biondo**
> Cristiano ha **i capelli neri** = è **moro**
> Margherita ha **i capelli castani** = è **castana**

c Inserite gli aggettivi del punto 9b nelle seguenti categorie.

8

10 Appuntamento con uno sconosciuto

GIOCO

Da tempo comunicate in Internet con una persona, ma nessuno dei due ha mai mandato all'altro una foto. Questa sera avete il primo appuntamento ‹reale› e ognuno ha formulato una breve descrizione di se stesso, così il partner lo può riconoscere. Scrivete questa descrizione su un foglietto. L'insegnante raccoglie e distribuisce a caso i foglietti. Leggete la descrizione e cercate il vostro partner.

11 Foto di famiglia

LAVORARE CON IL LESSICO

a Inserite i nomi di parentela al posto giusto.

madre | figlia | fratello | nonno | nipoti | marito | zia | cugino | nonni

♂	♀	♂ ♀
___	nonna	___
padre	___	genitori
___	moglie	coniugi
figlio	___	figli
___	sorella	fratelli
zio	___	zii
___	cugina	cugini
nipote	nipote	___

ASCOLTARE

CD 01 ▸ 35

b Ascoltate il dialogo: quali nomi di parentela sentite? Evidenziateli nello schema.

c Ascoltate il dialogo ancora una volta e abbinate i nomi di parentela alle persone della foto.

___ ___ ___

___ ___ ___

ü 9–10

12 I miei parenti

SCOPRIRE LA GRAMMATICA

CD 01 ▸ 36

**a Completate le frasi con i nomi di parentela.
Poi ascoltate e verificate.**

- ■ Che carini questi ragazzini! Sono i tuoi ___?
- ● Sì, sono i figli di mia ___. Lì c'è anche una foto di gruppo, la vedi?
- ■ Sì.
- ● Ecco, lì dietro mio ___ c'è appunto mia ___. E poi ci sono anche i ___, che sono orgogliosissimi dei loro ___ naturalmente.
- ■ Ah, questi sono i tuoi...
- ● Sì.

- Tua ________________ ti assomiglia molto. Tuo ________________ invece no.
- Sì, lo dicono tutti ...
- E questo ragazzo moro chi è? Tuo ________________ o tuo cognato?
- Quello è il marito di mia ________________ . Mio ________________ è in un'altra foto con i bambini ... Ecco, guarda: Chiara e Francesco con il loro ________________ , gli sono molto affezionati.
- Ah, bella! E lui ha famiglia?
- No. Non è sposato, vive con la sua ragazza.

b Evidenziate tutti i nomi di parentela con i possessivi.
Poi rileggete con attenzione le espressioni e segnate con una crocetta la soluzione giusta.

Davanti ai possessivi ...
... l'articolo **si usa** con i nomi di parentela

al singolare. ☐ al plurale. ☐

... l'articolo **non si usa** con i nomi di parentela

al singolare. ☐ al plurale. ☐

Con il possessivo ________________

l'articolo si usa al plurale e al singolare.

11–14

9

13 La mia famiglia

PARLARE

Intervistate un compagno di corso. Fategli domande sulla sua famiglia e disegnate il suo albero genealogico. Confrontate poi le due famiglie: avete dei punti in comune? Attenzione: se preferite, potete descrivere una famiglia diversa dalla vostra (anche inventata).

Lingua
Vivi solo/-a?
Hai famiglia?
Sei sposato/-a?

14 La pagina web del nostro corso

SCRIVERE E PARLARE

Volete comunicare in italiano con altre persone? Cercate dei partner in Internet!

a Scrivete una breve presentazione di ognuno di voi: nome, età, descrizione fisica e del carattere, famiglia.

b Ideate una pagina web per presentare il corso di italiano. Scrivetela su un cartellone.

15–17

c Ogni gruppo presenta la sua pagina web e la classe sceglie quella che preferisce.

Culture a confronto

Gesti italiani

a Secondo voi, che cosa significano questi gesti? Guardate le foto e fate delle ipotesi.

1

2

3

4

5

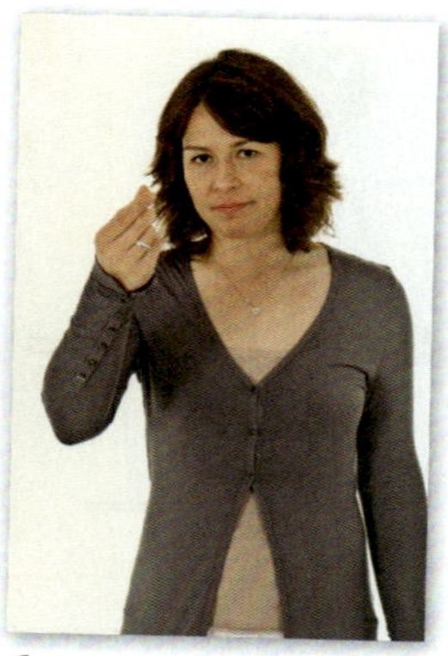
6

7

8

b Abbinate ora ogni foto ad una frase.

Non mi interessa per niente! ☐

☐ Quello è matto!

☐ Costa molto!

Buona fortuna! ☐

Ci vediamo dopo. ☐

☐ È ora di andare.

Ti telefono. ☐

☐ Ma che cosa vuoi?

c Nel vostro Paese ci sono dei gesti adatti a queste situazioni? Sono uguali o diversi dai gesti italiani? Conoscete altri gesti tipicamente italiani?

Grammatica e comunicazione

Die Possessivbegleiter: Formen ⟶ 6

Singular	♂		♀	
(io)	il mio	vicino	la mia	vicina
(tu)	il tuo		la tua	
(lui, lei, Lei)	il suo		la sua	
(noi)	il nostro		la nostra	
(voi)	il vostro		la vostra	
(loro)	il loro		la loro	

Plural	♂		♀	
(io)	i miei	vicini	le mie	vicine
(tu)	i tuoi		le tue	
(lui, lei, Lei)	i suoi		le sue	
(noi)	i nostri		le nostre	
(voi)	i vostri		le vostre	
(loro)	i loro		le loro	

Die Possessivbegleiter: Gebrauch des Artikels ⟶ 6

Ti presento **la mia vicina**.
Sono **i tuoi cani**?
I Verlasco parlano con **il loro vicino**.
I Verlasco protestano con **i loro vicini**.

Ti presento **mia sorella**.
Sono **i tuoi nipoti**?
Ecco Chiara e Francesco con **il loro zio**.
I nonni sono orgogliosi dei **loro nipoti**.

Die Demonstrativa ⟶ 7

nah beim Sprecher: questo / questi / questa / queste
E **questo** ragazzo moro chi è?

vom Sprecher weiter entfernt: quello / quelli / quella / quelle
Anita è **quella** signora con i capelli bianchi lì a destra.

die Eigenschaften einer Person beschreiben

Anita è una signora anziana molto simpatica.
I tuoi dirimpettai, Cristiano e Pasquale, sono simpatici.
I Verlasco sono un po' noiosi: hanno sempre un motivo per protestare.

das Aussehen einer Person beschreiben

Pasquale è alto, biondo e porta gli occhiali.
La signora Verlasco è snella, ha i capelli castani e lunghi.

über Verwandtschaftsbeziehungen sprechen

■ Che carini questi bambini! Sono i tuoi nipoti?
● Sì, sono i figli di mia sorella.
■ E questo ragazzo moro chi è? Tuo fratello?

über den Familienstand sprechen

■ E tuo fratello ha famiglia?
● No. Non è sposato, vive con la sua ragazza.

Portfolio

Ich kann jetzt ...

	☺☺	☺	☹	📖
die Eigenschaften einer Person beschreiben.	☐	☐	☐	4
das Aussehen einer Person beschreiben.	☐	☐	☐	9
mich über Familie und Nachbarn unterhalten.	☐	☐	☐	4, 7, 11
den Familienstand angeben.	☐	☐	☐	13

Die außersprachliche Kommunikation

Etwa 55 % bis 70 % unserer Kommunikation ist außersprachlich. Nicht nur bestimmte Gesten, sondern die gesamte Körperhaltung ist oft recht informativ. So kann man eine Konversation bzw. Rede oft durch Beobachtung verstehen, ohne sie zu hören oder zu lesen.

a Was drücken beispielsweise diese Personen in jedem einzelnen Bild durch ihre Körperhaltung aus? Sprechen Sie mit einem Kursteilnehmer darüber.

b Wo und wie können Sie Italiener beim Sprechen beobachten? Überlegen Sie sich einige Möglichkeiten (z. B. italienische Fußballspieler in der Bundesliga). Sammeln Sie Beobachtungen und tauschen Sie sich in der nächsten Kursstunde mit Ihren Partnern aus.

___

___

___

___

Finalmente è venerdì!

10

In dieser Lektion lernen Sie:

- sagen, in welchen Regionen / Städten Sie schon gewesen sind
- ein einfaches Reiseangebot verstehen
- sich über ein Hotel informieren
- ein Hotelzimmer reservieren
- über das Wetter sprechen
- eine Postkarte aus dem Urlaub schreiben

1 Per iniziare

Quali località italiane avete già visitato? Dove si trovano?
Che cosa avete visto? Dove avete alloggiato (in un albergo, in una pensione, in un bed & breakfast, in un agriturismo)? Guardate la carta d'Italia e raccontate.

2 Pacchetti week-end

a Leggete le seguenti offerte per un fine settimana. Abbinate poi i titoli ai testi.

1 Moltissime le occasioni di svago intelligente per le famiglie, in città e sul Monte Bondone. Un fine settimana per sperimentare le leggi della natura, per emozionarsi con spettacoli di musica, teatro, letteratura e scienza. E sul monte Bondone, osservare le stelle con gli astronomi del museo, giocare con le piante, scoprire la flora e la fauna.

1° maggio - 30 novembre
Week-end (2 notti da venerdì a domenica)
A partire da **€ 169** - Prezzi a persona in camera doppia.

SPECIALI PROPOSTE FAMIGLIA:

2 genitori con 1 figlio fino a 14 anni:	**sconto del 10 %;**
2 genitori con 2 o più figli fino a 14 anni:	**sconto del 20 %**

(da: www.apt.trento.it)

2 Dal 19 al 21 settembre e dal 26 al 28 settembre. Due week-end di settembre offrono il meglio dell'enogastronomia locale: nel centro storico del capoluogo trovate le tradizioni delle valli vicine e le produzioni delle Strade del Vino e dei Sapori del Trentino. Per scoprire i colori, i suoni e i sapori dell'autunno.

- 19-21/09 e 26-28/09 2 notti B & B o Hotel **: **€ 126**
- 19-21/09 e 26-28/09 2 notti Agritur: **€ 137**
- 19-21/09 e 26-28/09 2 notti Hotel ***: **€ 149**
- 19-21/09 e 26-28/09 2 notti Hotel ****: **€ 178**

La quota si intende per persona in camera doppia.

(da: www.festivaldeiraccolti.it)

3 Perché scegliere fra sci e relax? Questo pacchetto li comprende tutti e due: potete godere sia delle passeggiate in città, nel centro storico di Trento, che delle attività sulla neve del Monte Bondone.

- periodo: 5 dicembre - 29 marzo
Week-end (2 notti da venerdì a domenica) a partire da **€ 154** - Prezzi a persona in camera doppia.

(da: www.apt.trento.it)

☐ **Alla scoperta di Trento: colori, suoni e sapori**

☐ **Fine settimana sulla neve**

☐ **Il Museo Tridentino di Scienze Naturali**

b Quale pacchetto o quali pacchetti consigliate a una persona che ...

☐ ama la natura?
☐ viaggia con i figli?
☐ ama la cucina regionale?
☐ vuole spendere poco?
☐ ama scoprire le tradizioni locali?
☐ vuole fare sport, ma anche rilassarsi?

c Quale pacchetto preferite voi? Perché?

3 Le stagioni

a Abbinate i nomi delle stagioni ai disegni.

☐ estate
☐ primavera
☐ autunno
☐ inverno

b Quali colori, sapori, suoni associate alle stagioni? Fate una lista per ogni stagione (chiedete all'insegnante le parole che non conoscete). Poi confrontate con un compagno: quali somiglianze e quali differenze ci sono?

4 I numeri: le centinaia

LAVORARE CON IL LESSICO

a Inserite nella tabella i prezzi dei pacchetti.

100 cento	101 centouno	______ centoventisei
______ centotrentasette	______ centoquarantanove	______ centocinquantaquattro
______ centosessantanove	______ centosettantotto	200 duecento
221 duecentoventuno	900 novecento	950 novecentocinquanta
1000 mille		

GIOCO

b A dice un numero fra 100 e 1000, B lo scrive e dice una cifra (fra 1 e 10) da sommare o da sottrarre, A scrive il risultato.

Esempio:

- Duecentotré.
- 203 – Duecentotré meno/più quattro.
- Centonovantanove. / Duecentosette.

2

5 Vorrei prenotare una camera

PARLARE

a Ecco alcune domande utili per prenotare una camera d'albergo. Se volete, potete completare la lista. Poi segnate le domande che sono importanti per voi e confrontatevi con un compagno: avete le stesse esigenze?

- ☐ L'albergo è in centro?
- ☐ C'è un parcheggio?
- ☐ Si possono portare animali?
- ☐ Il bagno ha la vasca o la doccia?
- ☐ Quanto viene la camera?
- ☐ Quanto viene una camera singola?
- ☐ La prima colazione è compresa?
- ☐ Si può avere la mezza pensione / la pensione completa?
- ☐ C'è collegamento Internet in camera?
- ☐ L'albergo ha un centro benessere (piscina, solarium, palestra ...)?
- ☐ È possibile pagare con la carta di credito?
- ☐ ______________________

ASCOLTARE

1.01 ▶ 37

b Ascoltate la telefonata. Quale pacchetto del punto 2 va bene per la persona che vuole prenotare?

c Ascoltate di nuovo. Quali domande del punto 5a sentite?

d Ascoltate ancora una volta. Quali servizi sono compresi nella quota del pacchetto?

- ☐ skibus
- ☐ 2 pernottamenti in albergo
- ☐ skipass giornaliero
- ☐ ingresso al museo
- ☐ escursioni
- ☐ Trento Card 48 ore
- ☐ pranzo o cena in un ristorante tipico
- ☐ degustazione di prodotti trentini
- ☐ visite guidate a Trento

3–4

6 Si può o non si può?

SCOPRIRE LA GRAMMATICA

a Leggete le seguenti frasi tratte dalla telefonata e concentratevi sulle espressioni evidenziate.

E per arrivare a Trento **si deve** usare **la macchina**?
Se **si prende il pacchetto,** lo skibus è compreso nel prezzo.
E **si fanno** anche **visite guidate** a Trento?

b Cercate nelle domande del punto 5a altri verbi con *si*.

c Completate la regola.

▸ *si* + verbo (singolare ☐ / plurale ☐) + sostantivo singolare

▸ *si* + verbo (singolare ☐ / plurale ☐) + sostantivo plurale

7 Che cosa si fa in vacanza?

a Pensate ai pacchetti week-end del punto 2 e formate delle frasi come nell'esempio.

Non si deve	la cucina regionale.
Si scoprono	usare la macchina.
Si osservano	sport.
Si visita	la flora e la fauna.
Si possono	i prodotti locali.
Si prova	sperimentare le leggi della natura.
Si comprano	le stelle.
Si fa	il centro storico.

b E che cosa si può fare in vacanza nella vostra città? Scrivete 2 frasi, una al singolare e una al plurale.

____

____

____

8 Una prenotazione

PARLARE

a Dividetevi i ruoli (A ‹turista› e B ‹receptionist›) e fate il dialogo.

▸ **A** telefona all'Hotel Montana per prenotare una camera e chiede informazioni sui servizi e sui prezzi.

■ **B** risponde alle domande di **A** con l'aiuto delle informazioni a pagina 123.

Grammatica

	dovere
(io)	devo
(tu)	devi
(lui, lei, Lei)	deve
(noi)	dobbiamo
(voi)	dovete
(loro)	devono

SCRIVERE

b Compilate ora il modulo per la prenotazione.
A prenota una camera (o più camere) all'albergo a pagina 123, B prenota un pacchetto del punto 2.

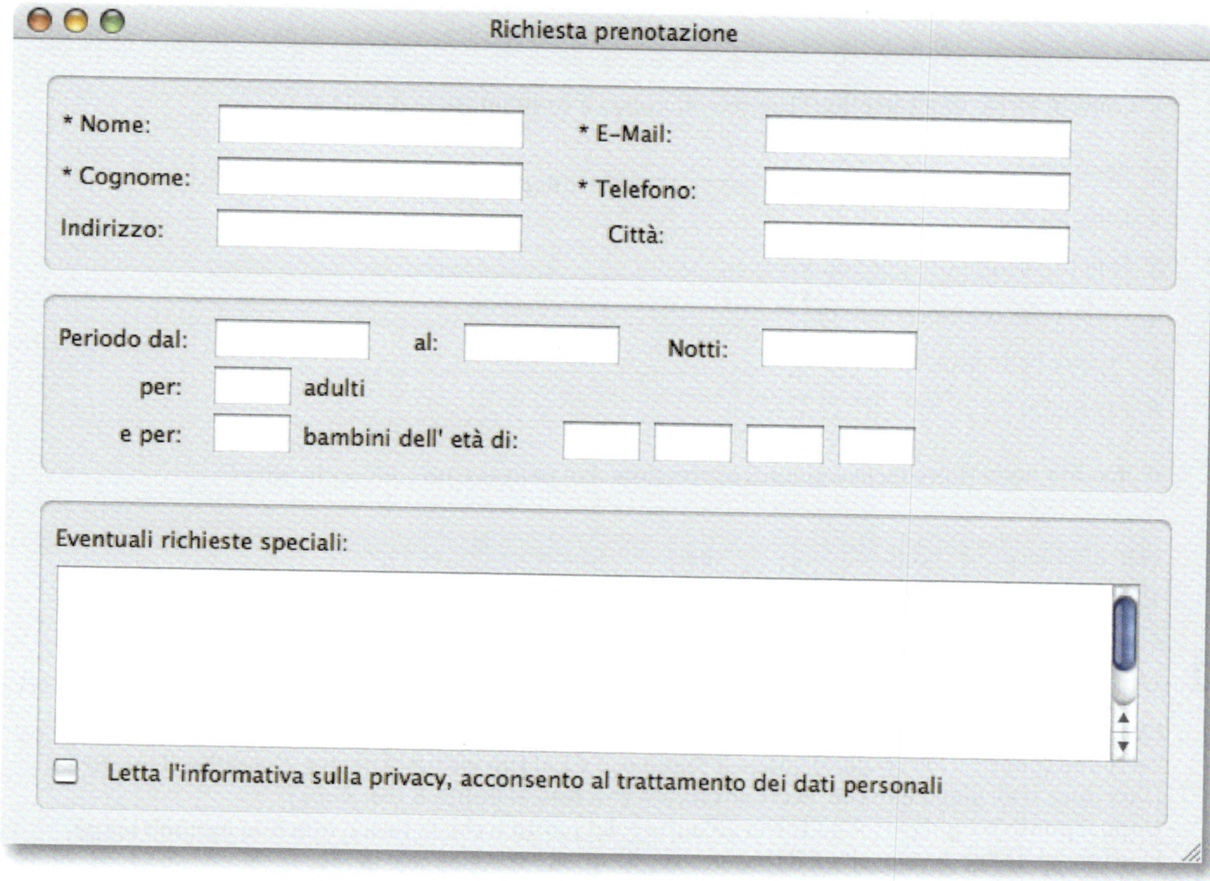

Richiesta prenotazione

* Nome:		* E-Mail:	
* Cognome:		* Telefono:	
Indirizzo:		Città:	

Periodo dal: ____ al: ____ Notti: ____

per: ____ adulti

e per: ____ bambini dell' età di: ____ ____ ____ ____

Eventuali richieste speciali:

☐ Letta l'informativa sulla privacy, acconsento al trattamento dei dati personali

5–9

9 Una cartolina dalle vacanze

LAVORARE CON IL LESSICO

a Che tempo fa?
Quali espressioni si possono abbinare ai simboli? Trovatele e poi confrontate con un compagno.

È brutto. | Nevica.
C'è (il) vento. | C'è la nebbia.
C'è il sole. | Fa caldo.
Ci sono 25° (gradi).

LEGGERE

b Quali espressioni mancano al punto a?
Trovatele nella cartolina di Rita e poi rispondete alla domanda a destra.

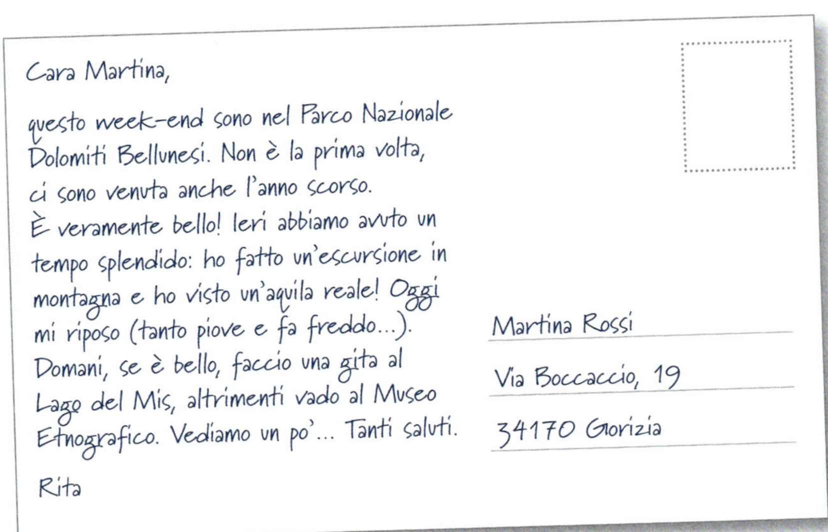

Cara Martina,

questo week-end sono nel Parco Nazionale Dolomiti Bellunesi. Non è la prima volta, ci sono venuta anche l'anno scorso.
È veramente bello! Ieri abbiamo avuto un tempo splendido: ho fatto un'escursione in montagna e ho visto un'aquila reale! Oggi mi riposo (tanto piove e fa freddo...). Domani, se è bello, faccio una gita al Lago del Mis, altrimenti vado al Museo Etnografico. Vediamo un po'... Tanti saluti.

Rita

Martina Rossi
Via Boccaccio, 19
34170 Gorizia

E da voi, che tempo fa oggi?

c Come si scrive una cartolina? Leggete di nuovo e completate le rubriche.

1 Per iniziare: ______________________________
2 Dire dove si è: ______________________________
3 Fare un commento generale: ______________________________
4 Parlare del tempo: ______________________________
5 Parlare delle attività: ______________________________
6 Per finire: ______________________________

d Inserite nelle rubriche le seguenti espressioni. Poi pensate: ne conoscete altre?

Un abbraccio | Ciao Martina! | Baci | La città è stupenda.
A presto | Cari saluti | Ci sentiamo

Ü 10–11

10 Una cartolina di gruppo

SCRIVERE

Lavorate in 6 e scrivete 6 cartoline dalle vacanze. Ognuno prende un foglio, scrive l'inizio della cartolina (punto 1: *Per iniziare*), piega il foglio e lo dà al suo vicino di destra, che scrive il punto 2 *(Dire dove si è)*, piega il foglio, ecc. Continuate così fino al punto 6 *(Per finire)*.
Dopo il punto 6 ogni cartolina torna all'autore del punto 1, che la firma. Alla fine ognuno legge la «sua» cartolina a voce alta e il gruppo sceglie quella che gli piace di più.

11 Quando ci vai?

SCOPRIRE LA GRAMMATICA

a Rileggete con attenzione la seguente frase. A che cosa si riferisce *ci*?

Questo week-end sono nel Parco Nazionale Dolomiti Bellunesi. Non è la prima volta, **ci** sono venuta anche l'anno scorso.

b Formulate 5 domande a cui si deve rispondere con *ci*, poi fate queste domande a un compagno. Ogni risposta corretta vale un punto. Vince chi totalizza più punti.

Esempio:
■ Quando vai al cinema? ● *Ci* vado ogni sabato.
■ Con chi sei andato/andata in vacanza? ● *Ci* sono andato/andata con i miei amici.

12 Sì, viaggiare

LEGGERE

a Andrea ha inviato questa e-mail a un sito Internet. Secondo voi, a quale rubrica?

☐ diari di viaggio ☐ guide turistiche in Internet ☐ consigli di viaggio

Ciao a tutti, mi chiamo Andrea, ho 36 anni, sono Dottore Commercialista e svolgo tante altre attività lavorative e non. Sono sposato ed ho due bellissimi figli. In mezzo a tutto questo trovo comunque il tempo di dedicarmi allo sport e soprattutto ai viaggi. Ho girato «mezzo mondo», ho visto luoghi incantati come le foreste del Nord della Thailandia, i laghi dell'arcipelago di Ko Shamui, i fiumi arrabbiati del Nord della Scandinavia, i mari incantati dei Caraibi, delle Maldive ed il mitico Mar Rosso; ho fatto foto indimenticabili dalle dune del deserto e anche dalla cima delle oramai scomparse Torri Gemelle. Ho girato tanto, ma ho provato delle sensazioni indimenticabili anche nella mia bellissima e verde Umbria ...

Avete mai passeggiato la mattina all'alba di un giorno di settembre tra le colline umbre accompagnati dal vostro fedele amico (un cane ovviamente)?
Avete mai accompagnato un pescatore lungo un torrente nelle gelide mattinate di fine febbraio?
Avete mai passato una serata a guardare il tramonto tra le reti dei pescatori del lago Trasimeno?
Non è necessario andare chissà dove per vedere cose meravigliose, basta fermarsi un attimo ed aprire gli occhi. Ecco: io vorrei farvi conoscere la mia regione.

(adattato da: www.viaggeria.it)

b **A quali frasi del testo si possono abbinare queste foto?**

a ______________

b ______________

c ______________

13 Avete mai ...?

SCOPRIRE LA GRAMMATICA

a **Rileggete le tre frasi dell'e-mail che cominciano con «Avete mai ...?».**
Secondo voi, che cosa significa *mai* in queste frasi? Parlatene con un compagno.

b **Avete mai fatto cinque di queste cose? Se sì, segnatele con una crocetta.**
Se no, segnate con una crocetta 5 cose a piacere. Poi cercate di indovinare che cosa ha segnato un compagno. A turno, fatevi delle domande come nell'esempio.
Vince chi indovina tutto per primo.

guardare il tramonto su un lago
passeggiare all'alba con il cane
partecipare a un viaggio organizzato
fare un lungo viaggio a piedi
andare in Italia in bicicletta
andare in campeggio
essere in un deserto
dormire all'aperto
passare un week-end in Italia
dimenticare a casa le valigie
salire su una montagna
essere in Umbria

Esempio:
■ Sei/È mai stato/stata in un deserto? ● Sì, sono stato/stata nel Sahara. E tu ...?/ E Lei ... ?/
● No. E tu ...?/ E Lei ...?

12–14

14 Lo faccio anch'io!

SCRIVERE

Diventate anche voi guide turistiche in Internet! Scrivete un'e-mail di presentazione a www.viaggeria.it: dite quali esperienze avete fatto e quale regione del vostro Paese volete presentare.

15 Un week-end in Italia

PARLARE, SCRIVERE E LEGGERE

Volete passare un fine settimana in Italia insieme al corso d'italiano.

a **Formate dei gruppi di 3 o 4 persone e progettate un fine settimana per tutta la classe (destinazione, periodo, alloggio, attività, motivazione). Scrivete il vostro progetto.**

b **Leggete i progetti degli altri gruppi. Ognuno dice quale progetto preferisce e perché. Vince il progetto che riceve più voti.**

15–18

Culture a confronto

Si deve usare la macchina?

a Abbinate i biglietti ai mezzi di trasporto.

☐ autobus | ☐ macchina | ☐ treno | ☐ corriera
☐ aereo | ☐ metropolitana | ☐ vaporetto

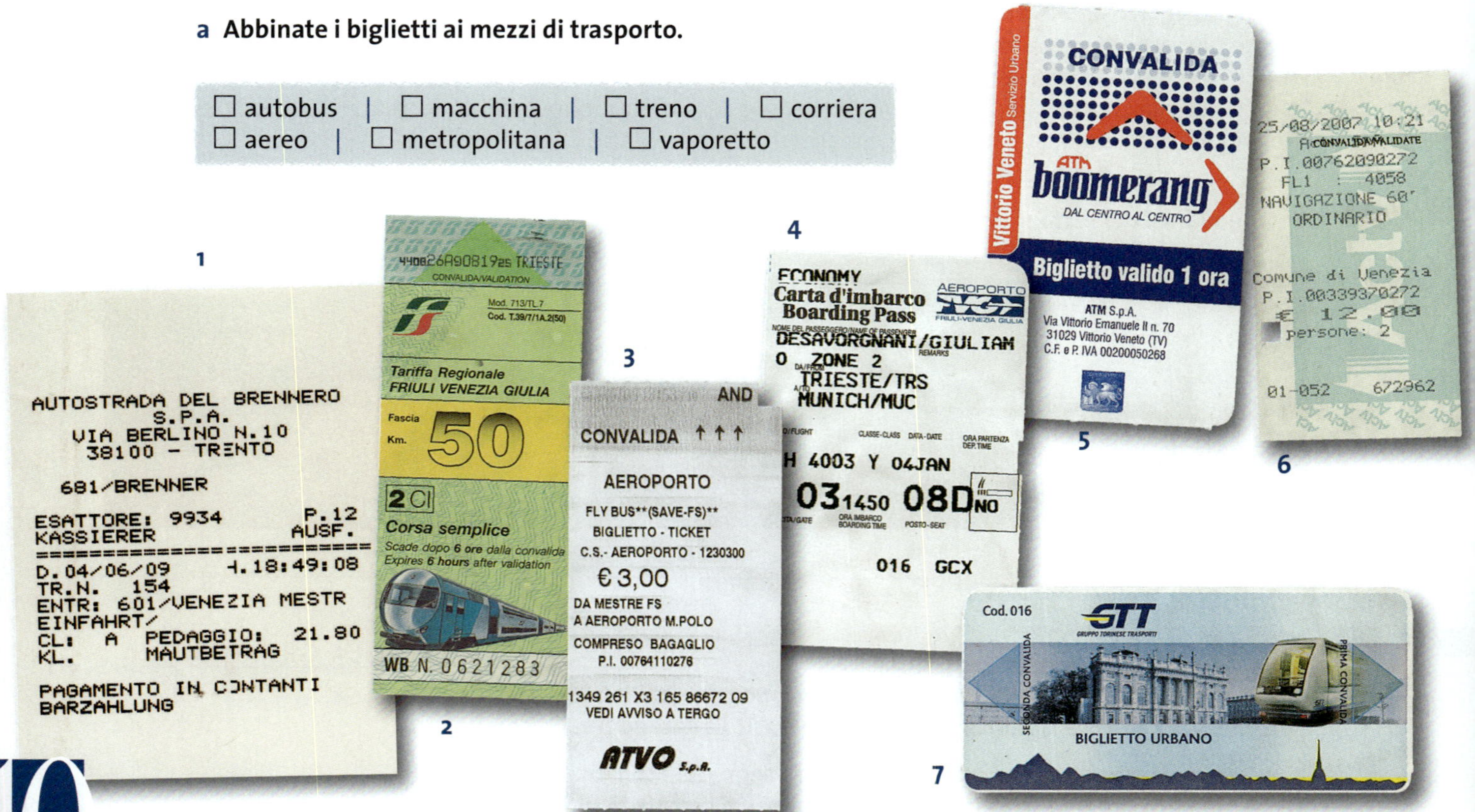

b Quali mezzi preferiscono gli italiani per le «vacanze week-end»?

Vacanze brevi

In Italia nel 2008 per la prima la volta le «microvacanze» (da 1 a 3 notti fuori casa) sono diventate di più delle vacanze tradizionali (4 notti e più). Secondo uno studio, è una tendenza che si consolida perché cambia lo stile di vita: per usare bene il tempo e il denaro si preferisce viaggiare più spesso, ma per poco tempo e in un posto vicino (a chilometri zero). Nei forum Internet i viaggiatori italiani confermano che si preferisce uscire semplicemente «fuori porta» e non usare la macchina, ma cambiare mezzo di spostamento (e quindi prendere il treno o il traghetto, andare a piedi o in bicicletta, o magari a cavallo …).

(da: News Coldiretti, n. 5, 04.01.2009 – www.coldiretti.it)

c E voi? Quale mezzo preferite per un fine settimana fuori porta?
E anche nel vostro Paese si diffonde la preferenza per le ‹microvacanze a chilometri zero›?

Grammatica e comunicazione

Die Zahlen: 100 – 1000 ➞ 15.1

100	cento	600	seicento
200	duecento	700	settecento
300	trecento	800	ottocento
400	quattrocento	900	novecento
500	cinquecento	1000	mille

Die *si*-Konstruktion ➞ 9.3

Per arrivare a Trento **si deve** usare **la macchina**?
E **si fanno** anche **visite guidate** a Trento?

Unregelmäßige Verben im Präsens ➞ Verbtabelle

	dovere		
(io)	devo	(noi)	dobbiamo
(tu)	devi	(voi)	dovete
(lui, lei, Lei)	deve	(loro)	devono

Das Pronominaladverb *ci* ➞ 5.4

Questo week-end sono stato/stata **in Trentino**.
E tu **ci** sei mai stato/stata?

fragen und sagen, wo man schon gewesen ist

Sei mai stato in Italia?
- ■ Quali città italiane avete già visitato?
- ▸ Io sono andato a Trento.
- ● Io invece sono stata nel Parco Nazionale Dolomiti Bellunesi, in Veneto.

über Urlaubsaktivitäten berichten

Ho visitato il Museo Tridentino di Scienze Naturali.
Ho fatto una visita guidata a Trento.
Ho fatto un'escursione in montagna.

sich über ein Hotel informieren

L'albergo è in centro?
C'è un parcheggio?
Si possono portare animali?
Quanto viene una camera singola?

Informationen über das Wetter erfragen und erteilen

Che tempo fa?
Oggi è brutto: piove, c'è vento e fa freddo.
Ieri abbiamo avuto un tempo splendido.

den Preis erfragen und angeben

Quanto viene la camera?
La camera doppia viene 70 euro a persona (con / senza colazione).
A partire da 169 euro.

Portfolio

Ich kann jetzt ...

sagen, in welchen Ländern/Städten ich schon gewesen bin.	☐	☐	☐	1
ein einfaches Reiseangebot verstehen.	☐	☐	☐	2
mich über ein Hotel informieren.	☐	☐	☐	5
per E-Mail ein Hotelzimmer reservieren.	☐	☐	☐	8
einfache Informationen über das Wetter angeben.	☐	☐	☐	9
eine Postkarte aus dem Urlaub schreiben.	☐	☐	☐	9
einen Wochenendtrip planen.	☐	☐	☐	15

Nicht nur Wörter ... – Auf den Straßen Italiens

Nicht nur Wörter, sondern auch Bilder, Symbole, Piktogramme u. Ä. können Ihnen helfen, in Italien zurechtzukommen. Sie können Ihnen auch dabei helfen, unbekannte Vokabeln zu erschließen. Probieren Sie es aus.

a Ordnen Sie jedem Piktogramm ‹seine› italienische Bezeichnung zu.

☐ fermata dello scuolabus ☐ scuola ☐ polizia ☐ vigili del fuoco
☐ stazione ferroviaria ☐ ospedale ☐ traghetto

b Welcher Satz ‹gehört› zu welchem Schild?

1 Per parcheggiare si deve pagare.

2 Qui finisce la Regione Lazio e comincia la Regione Abruzzo.

3 Questo parcheggio è riservato ai disabili.

☐

☐

☐

c Kennen Sie weitere italienische (Straßen-)Schilder mit Wort und Bild? Überlegen Sie sich einige Möglichkeiten, Beispiele zu sammeln (z. B. Internet, Urlaubsfotos usw.). Tauschen Sie sich in einigen Wochen mit Ihren Partnern aus und versuchen Sie gemeinsam, die ‹mitgebrachten› Schilder zu erschließen.

Ancora più chiaro 3

Quiz. Conosci l'Italia?

1 **Adesso, alla fine di *Chiaro! A1* conoscete meglio l'Italia. Come compito finale, preparate un quiz sull'Italia per giocare con i vostri compagni. Dividetevi in gruppi di lavoro di quattro persone. Usate lo schema a p. 122.**

2 **In gruppo preparate sei domande sul Paese e sulla cultura e quattro domande sulla lingua. Potete usare il libro per cercare i temi e formulare le domande. Importante: dovete conoscere la risposta alle domande e le domande devono essere formulate in modo corretto. Se necessario, chiedete aiuto all'insegnante.**

Esempi: In Italia il coperto al ristorante è gratis?
Il passato prossimo del verbo prendere.

3 **Ogni gruppo sceglie un conduttore del quiz e un portavoce per rispondere alle domande degli altri gruppi.**

4 **Il conduttore del primo gruppo legge le domande e i portavoci degli altri gruppi rispondono dopo essersi consultati con i compagni. Vince il gruppo che ha risposto al maggior numero di domande in modo corretto.**

5 **Quando il quiz del primo gruppo è finito, cominciate con il quiz dell'altro gruppo.**

6 **Alla fine tutta la classe vota il quiz più divertente.**

Gioco

Gespielt wird in Gruppen von 3 bis 4 Personen. Sie benötigen pro Person eine Spielfigur und für jede Gruppe einen Würfel.

Gewürfelt wird der Reihe nach, jeder Spieler rückt die Anzahl der gewürfelten Felder vor.

Ist die Aufgabe auf dem Spielfeld eine Frage, wird sie vom Spieler A vervollständigt und dem Spieler B (links von ihm) gestellt. Wurde die Frage korrekt gestellt, darf A auf dem Feld stehen bleiben, war die Frage fehlerhaft, rückt er zurück zum Ausgangsfeld.

Wenn B passend antwortet, darf er weiter würfeln. Wenn B unpassend antwortet, dann ist der nächste Spieler an der Reihe.

Kommt man auf ein Feld mit einer Aufgabe oder einer Zeichnung, muss man sie korrekt lösen, um auf dem Feld stehen zu bleiben, sonst rückt man zurück zum Ausgangsfeld und der nächste Spieler ist an der Reihe und würfelt.

Wer zuerst das Ziel erreicht, hat gewonnen.

PARTENZA

1

2
Abiti ...... centro storico?

3
Ferrara è una città carin... e tranquill...

4
...... non vieni a trovarmi domani?

5
A Palermo ...... molti cinema ...... il Museo del Mare

18
...... vuoi
....
......
vogliono

19
Come si chiama il fratello di ...... madre?

20

Lui è ...

21
Che tempo ...... oggi?

22
Io sono stato a Napoli. E tu? ...... sei mai stato?

23
TORNI ALLA CASELLA 18 E STAI FERMO UN GIRO.

24
Io ho i capelli .... E tu?

25
Come si chiamano ...... genitori?

33
TORNI ALLA CASELLA 30 E STAI FERMO UN GIRO.

34
È ...... la prima colazione?

17

PASSI ALLA CASELLA 25 E STAI FERMO UN GIRO.

16

Vai a lavorare in ......?

15

Che cosa ...... fare nella tua città?

14

vengo ....
veniamo ....

32

31

Si ...... pagare con la carta di credito?

30

...... prenotare una camera dal 4 al 9 maggio. È possibile?

13

Vieni ...... macchina al corso?

12

C'è una fermata ...... autobus vicino a casa tua?

35

Quanto fa 237 + ...?

ARRIVO

29

la sua casa
...... libro
...... fratello
...... sorella

11

...... vieni a trovarmi?

26

...... viene una singola?

27

Sonia abita in un quartiere
vivac......
modern......
grand......

28

Vai in vacanza al mare in ...... ?

10

6

È ...... la tua città?

7

8

Quando ...... il panettone?

9

Che cosa ...... nella città dove vivi?
2 edifici
2 infrastrutture

Quiz: Conosci l'Italia?

Domande	Punti Gruppo 1	Punti Gruppo 2	Punti Gruppo 3
1.			
2.			
3.			
4.			
5.			
6.			
7.			
8.			
9.			
10.			
Risposte esatte →			

8 Una prenotazione

HOTEL MONTANA ★★★
Loc. Vason, 84
38040 MONTE BONDONE (Trento)

A 150m dalle piste da sci, l'hotel Montana è un luogo ideale di vacanza per famiglie con bambini: per i piccoli ospiti ci sono spazi e menù speciali in ristorante e miniclub gratuito. 43 camere classic e 17 nuove Family Suite.
Servizi: piscina coperta, garage privato, sala colazioni panoramica, bar con caminetto, sauna, palestra, solarium, idromassaggio, Internet wi-fi, sala giochi con biliardo, campo di pattinaggio. Attività ed escursioni all'aperto per grandi e bambini. Centro benessere nelle vicinanze.

Hotel Montana – Inverno 2008-2009 (fino a 4 notti)

	Mezza pensione		Pensione completa	
Periodo	Camera classic	Family Suite	Camera classic	Family Suite
15 Dicembre – 26 Dicembre	65	75	74	84
26 Dicembre – 6 Gennaio	94	108	103	117
6 Gennaio – 8 Febbraio	55	63	64	72
8 Febbraio – 8 Marzo	65	75	74	84
8 Marzo – 22 Marzo	55	63	64	72
22 Marzo – 15 Aprile	52	60	61	69

Speciale single: in tutti i periodi **no supplemento singola** (minimo 5 notti)

Speciale bambini:
- **Piano famiglia:** 2 adulti + 2 bambini fino a 12 anni = 3 adulti
- **Riduzione del 50%** per bambini **fino a 8 anni** (nati dopo il 30.11.00) in 3° e 4°letto
- **Riduzione del 30%** per bambini **da 8 a 14 anni** in 3° e 4°letto
- Baby fino a 24 mesi € 10,00 al giorno (con culla - pasti al consumo)

(adattato da: www.hotelmontana.it)

Esercizi

1 **Wie heißen die Wörter auf Italienisch? Suchen Sie sie sowohl waagerecht als auch senkrecht. Die übriggebliebenen Buchstaben ergeben das italienische Verb für «reisen».**

M	A	R	E	V	I
U	A	G	G	I	C
S	O	L	E	A	I
I	S	O	L	A	A
C	A	S	A	R	O
A	E	M	O	D	A

Musik

Sonne

Meer

Mode

Hallo

Haus

Insel

Lösung:

2 **In der Welle verstecken sich italienische Grußformeln. Suchen Sie sie.**

salvagenteciaobeneserabuonaserasantobuongiornomaremontiarrivedercipastabuonanottetuo

3 **Ergänzen Sie die passenden Grußformeln.**

a

b

c

d

e

4 **Finden Sie die passende Reaktion.**

1 È libero qui?
2 Mi chiamo Claudia Rosta.
3 Ciao, sono Valeria.
4 Come ti chiami?

a Piacere, Mario Sini.
b Sì, prego!
c Giorgio, e tu?
d Piacere, Anna!

5 **Bilden Sie aus den Sätzen drei Mini-Dialoge.**

Piacere, io sono Marco. | Buongiorno, mi chiamo Anna Marchesi. E Lei? | Buongiorno.
Ciao, io mi chiamo Cinzia. E tu? | Piacere! Sono Francesco Marini.
Buongiorno, sono Caterina Monti, sono la vostra insegnante di italiano.

____

____

____

6 **Ergänzen Sie die Tabelle mit den Verbformen von *essere* und *chiamarsi*.**

sei | si chiama | è | sono
ti chiami | mi chiamo

	essere	chiamarsi
(io)	________	________
(tu)	________	________
(Lei)	________	________

7 **Ergänzen Sie die passende Form der Verben *essere* oder *chiamarsi*. (Mehrfachnennungen möglich)**

▶1 ◆ Ciao. Come __________ ?
● Paolo! E tu?
◆ __________ Carlo, piacere!

▶2 ▶ Buonasera, io __________ Clara Boni, e Lei?
● Buonasera, __________ Giovanni Gori.

▶3 ■ Tu __________ Marina?
▶ Sì.

▶4 ◆ Buongiorno, Lei __________ Barbara Raspetti?
● Sì. E Lei?
◆ __________ Antonella Rosi.

02▶ 01 **8** **Welche Situation ist informell, welche ist formell? Kreuzen Sie an.**

	1	2	3	4	5	6
informell	☐	☐	☐	☐	☐	☐
formell	☐	☐	☐	☐	☐	☐

9 **Setzen Sie – wo nötig – die Artikel *il* oder *la* ein.**

1 Buonasera, _______ signora Gardini!
2 _______ signor Manenti è svizzero.
3 _______ signora Falchetti è di Cesena.
4 Oh, _______ signor Botteri, buongiorno!
5 _______ signor Gatti, Lei di dov'è?
6 Signora Franchi ... _______ signora Fonseca, una collega di Lisbona.

10 **Der Dialog zwischen Matteo, Giusi und Anna ist durcheinandergeraten. Bringen Sie die Sätze in die richtige Reihenfolge.**

ciao, Matteo... lei è una collega di Milano | sono di Orvieto
e tu, di dove sei? | ciao, Giusi | piacere, sono Anna | ciao, Anna

Matteo: ____
Giusi: ____
Anna: ____
Matteo: ____
Anna: ____
Matteo: ____

11 **a Woher kommen folgende bekannte Spezialitäten? Ergänzen Sie die Sätze mit dem passenden Nationalitätenadjektiv.**

francese | italiano | greco | spagnola | austriaca | italiana | francese | austriaco

La paella è ____________________
Il parmigiano è ____________________
La Sachertorte è ____________________
Il pastis è ____________________
Il gyros è ____________________
La pizza è ____________________
La baguette è ____________________
Il Kaiserschmarrn è ____________________

b Versuchen Sie nun die Regel der Adjektive (im Singular) zu vervollständigen.

Adjektive richten sich nach der Person oder Sache, auf die sie sich beziehen.
Es gibt hauptsächlich zwei Gruppen von Adjektiven:

- Adjektive mit der Endung _______ für die männliche Form und _______ für die weibliche Form.
- Adjektive mit der Endung _______ für beide Geschlechter.

12 **Setzen Sie das passende Nationalitätenadjektiv mit der richtigen Endung *(-o, -a, -e)* ein.**

1 Chelsea è ____________________, di New York.
2 Pierre è ____________________, di Nizza.
3 Il signor Barbero è ____________________, di Torino.
4 La signora Blanc è ____________________, di Berna.
5 Pedro Martínez è ____________________, di Madrid.
6 John è ____________________, di Londra.
7 Paola Marchesini è ____________________, di Roma.
8 Isabelle è ____________________, di Parigi.

02 ▶ 02 **13** **Hören Sie die buchstabierten Wörter und notieren Sie sie.**

1 ☐☐☐☐
2 ☐☐☐☐☐
3 ☐☐☐☐☐☐☐
4 ☐☐☐☐☐☐☐☐
5 ☐☐☐☐☐☐☐
6 ☐☐☐☐☐☐☐☐☐☐

14 **Sie sind im Italienischkurs. Was sagen Sie wenn ...**

... Sie nicht wissen, wie man «Bahnsteig» sagt? ____________________
... Sie nicht wissen, wie man ein Wort ausspricht? ____________________
... Sie nicht wissen, wie man «chiesa» schreibt? ____________________
... Sie nicht wissen, was das Wort «albero» heißt? ____________________

15 **Setzen Sie das passende Fragewort ein.**

come | che cosa | di dove

1 ______________ sei, Mario?
2 ______________, scusi?
3 Io sono Martina Longo! E Lei? ______________ si chiama?
4 ______________ significa «pagina»?

16 **Tragen Sie auf dem Lineal folgende Zahlen an der richtigen Stelle ein.**

uno
tre
sette
nove
dodici
sedici
diciotto

17 Kreuzworträtsel. Tragen Sie die Zahlwörter ein.

Waagerecht		Senkrecht	
6:	2	1:	4
7:	18	2:	0
8:	19	3:	15
9:	11	4:	16
10:	12	5:	17
11:	6	7:	10
12:	13	14:	8
13:	14		

CD 02 ▸ 03

18 Hören Sie zu und unterstreichen Sie die richtige Telefonnummer.

1 La signora Gattuso ha il numero: 02 78 57 02 22 | 02 68 56 02 21 | 02 86 56 02 21

2 Bruno ha il numero: 383 84 93 601 | 333 89 37 015 | 338 49 36 015

19

a Welche Wörter sind männlich und welche weiblich? Tragen Sie sie in die richtige Spalte ein.

männlich	weiblich

vino, macchina, telefono, stazione, mare, direttore, opera, museo, voce, gelato, caffè, pasta, piazza, signora, treno

b Vervollständigen Sie nun die Regel.

- Substantive mit der Endung ______ sind meistens männlich.
- Substantive mit der Endung ______ sind meistens weiblich.
- Substantive mit der Endung ______ können sowohl männlich als auch weiblich sein.

Fonetica

20 **Die Laute /tʃ/ und /k/**

02 ▸ 04 **a** Hören Sie zu und achten Sie auf die Aussprache der Wörter.
Hören Sie dann ein zweites Mal und sprechen Sie nach.

chiamarsi Francesco tedesco macchina mercato sedici

piacere cuore pronuncia perché come cinema

02 ▸ 04 **b** Hören Sie erneut die Wörter und markieren Sie mit der Farbe **Rot** den Laut /tʃ/ und mit **Blau** den Laut /k/.

c Ergänzen Sie die Regel zur Aussprache von /tʃ/ und /k/:

- Die Aussprache von «c» ist /tsch/ wie «tschüs» vor ______ und ______.
- Die Aussprache von «c» ist /k/ wie «Kette» vor ______, ______ und ______, oder wenn ein *h* zwischen *c* und *e/i* steht.

02 ▸ 05 **d** Hören Sie / tʃ/ oder /k/? Kreuzen Sie an, welchen Laut Sie gehört haben.

	1	2	3	4	5	6	7	8	9
/tʃ/	☐	☐	☐	☐	☐	☐	☐	☐	☐
/k/	☐	☐	☐	☐	☐	☐	☐	☐	☐

02 ▸ 06 **e** Hören Sie und ergänzen Sie die Wörter.

1 dodi______ 2 ______ao 3 flamen______

4 va______nze 5 Ameri______ 6 fran______se

Dossier

21 **Schreiben Sie einen Dialog zwischen zwei Personen, die sich in einem Kurs kennenlernen.**

Esercizi

CD 02 ▸ 7 **1** **Die Mini-Dialoge sind durcheinandergeraten. Verbinden Sie die Dialogteile. Achtung! Ein Satz bleibt übrig. Anschließend hören Sie zur Kontrolle die CD.**

Ciao, Giada. Come va? | Sì, tutto bene. E tu? | Sì, prego. | Bene, grazie. E Lei? | Buonasera, signor Massa. Come sta? | Ciao, Gianni. Tutto bene? | Eh, non c'è male, grazie.

1 ● ______________________ ● ______________________

2 ● ______________________ ● ______________________

3 ● ______________________ ● ______________________

2 **Bilden Sie aus den Puzzle-Teilen sieben Berufsbezeichnungen. Tragen Sie dann die Wörter in die richtige Spalte ein und ergänzen Sie die entsprechende männliche oder weibliche Form.**

männlich	weiblich

com co medi segre gato raia impie gnante messa ope lista tario giorna inse

CD 02 ▸ 8 **3** **Hören Sie und kreuzen Sie an, welchen Beruf die Personen ausüben.**

☐ rappresentante ☐ insegnante ☐ medico ☐ operaio ☐ impiegato
☐ farmacista ☐ giornalista ☐ casalinga ☐ segretaria ☐ impiegata

4 **Bilden Sie aus den Buchstaben die Singularformen von *avere* und *fare* und setzen Sie sie zu den passenden Subjekten. Die übriggebliebenen Buchstaben ergeben das italienische Wort für «wahr».**

	avere	fare
(io)		
(tu)		
(lui, lei, Lei)		

I R H F A I A C A O A H E H O O I A F F V C A

Lösung: ______________________

5 Wählen Sie die passende Antwort und verbinden Sie.

1 Che lavoro fai?
2 Dove abita il signor Righi?
3 Ciao, Anna, come stai?
4 Che numero di telefono ha Gabriella?
5 Che lavoro fa il signor Ponti?
6 Paola, dove lavori?

a 06 / 67 85 46 34.
b A Bologna. Sono impiegata.
c Sono farmacista.
d A Viareggio, in Toscana.
e Bene, grazie, e tu?
f Non lavora, è pensionato.

6 Ergänzen Sie mit den Endungen der Berufsbezeichnungen.

▶ 1
● Francesca, parli il tedesco?
◆ No, per lavoro uso l'inglese.
● Ah, e che lavoro fai?
◆ Sono giornalist_____.

▶ 2
● Massimo, viaggi molto per lavoro?
◆ Sì, sono rappresentant_____.

▶ 3
● Buongiorno, sono Isabella, la vostra insegnant_____ di italiano. E Lei, come si chiama?
◆ Sono Kurt, sono impiegat_____ e abito qui a Perugia.
● E Lei?
▶ Sono Pauline, sono medic_____.

▶ 4
● E Lei, signora, dove abita?
◆ A Macerata.
● E che lavoro fa?
◆ Sono commess_____ in un supermercato.

▶ 5
● Paolo, che lavoro fai?
◆ Sono operai_____. E tu, Adele?
▶ Sono segretari_____.

▶ 6
● Che lavoro fa la signora Del Vecchio?
◆ È casaling_____.

7 Bringen Sie die Wörter in die richtige Reihenfolge.

non John americano è inglese, è — *John non è inglese, è americano.*

1 lavora, studia Tina non ____________________
2 lo parla non Marco spagnolo ____________________
3 buongiorno, qui? libero è ____________________
4 francese non Fabien è ____________________
5 invece, e tu, dove sei? di ____________________
6 pensionato Giorgio lavora, non è ____________________

8 **Finden und markieren Sie in diesem Gitter insgesamt 16 Formen der Verben: *abitare, avere, lavorare, parlare, usare, viaggiare* (senkrecht und waagerecht). Tragen Sie dann die nicht markierten Buchstaben in die untenstehende Zeile ein. Sie erhalten ein «Lob».**

L	B	L	A	V	O	R	I	A	M	O	R
A	H	O	B	A	V	E	T	E	A	L	P
V	U	S	I	A	M	O	U	U	B	A	A
O	A	V	T	H	A	I	S	S	B	V	R
R	I	S	I	U	S	O	A	I	I	O	L
A	P	A	R	L	I	A	M	O	A	R	A
T	A	B	I	T	O	S	I	M	M	A	N
E	V	I	A	G	G	I	A	N	O	O	O

Lösung: _ _ _ _ _ _ _ _ _ _

9 **Ergänzen Sie mit der passenden Verbform.**

1 Anna e Marco (abitare) ____________ in Grecia.
2 Noi (parlare) ____________ l'inglese e il francese, ma per lavorare (usare) ____________ lo spagnolo.
3 Karin (abitare) ____________ a Berlino e (studiare) ____________ l'italiano per lavoro.
4 (voi / avere) ____________ una casa in Italia?
5 Noi (parlare) ____________ il francese e lo spagnolo perché (viaggiare) ____________ molto per lavoro.
6 Dove (voi / abitare) ____________ ? A Roma o a Viterbo?
7 I signori Marchesini (parlare) ____________ lo svedese perché (abitare) ____________ a Stoccolma.

10 **Vervollständigen Sie die Sätze mit dem passenden Verb in der richtigen Form.**

abitare | viaggiare | essere | parlare | lavorare | usare | chiamarsi | avere

1 Barbara e Valentina ________________ a Genova, ma ________________ a Savona.
2 Francesco e Daniele ________________ un collega inglese.
3 La mia insegnante ________________ Chiara Rossi.
4 Paola e Giuseppe ________________ molto per lavoro.
5 Marco, Daniele, di dove ________________ ?
6 Voi ________________ lo spagnolo?
7 Noi ________________ l'inglese per lavoro.

11 **Welches Verb passt? Ergänzen Sie. Verbinden Sie dann die Fragen mit den passenden Antworten.**

parlano | sono | avete | fa | abiti | fai | lavorate | sta

1 Che lavoro ____________ Letizia?
2 Che numero di telefono ____________?
3 Come ____________, signora Cassani?
4 Tu ____________ a Milano?
5 Loro ____________ di Bergamo o di Brescia?
6 Che lavoro ____________?
7 Paula e Philipp ____________ l'italiano?
8 Piero, Giuseppe, voi dove ____________?

a Sì, perché lavorano in Italia.
b Lavoriamo a Roma.
c È impiegata.
d Sono medico.
e No, abito a Verona.
f Non c'è male, grazie!
g Di Bergamo.
h 812365.

12 **Bilden Sie mit den Präpositionen *a, di* oder *in* so viele Sätze wie möglich.**

1 Il signor Ghezzi è
2 Gianna, abiti
3 Corinne abita
4 Hans è
5 Io lavoro

a
di
in

Siena.
Veneto?
Germania.
Berlino.
Francia.

13 **Ordnen Sie die Wörter dem passenden Artikel zu.**

il	lo	la	l'

piazza
commesso
signora
mercato
tedesco
opera
cellulare
inglese
professione
spagnolo
operaio
svedese

14 **Ergänzen Sie mit den Artikeln *il, lo, la* oder *l'*.**

1 ________ signor Klum parla ________ tedesco e usa ________ svedese per lavoro.
2 Corinne parla ________ francese.
3 ________ signora Elisabeth Mills parla ________ inglese.
4 Karol parla ________ polacco.
5 Lorena parla ________ spagnolo.
6 ________ segretaria parla ________ italiano, ________ greco e un poco ________ olandese.

CD 02 ▶ 9

15 Kreisen Sie die Zahl ein, die Sie in jeder Gruppe hören.

a 66 76 86
b 22 32 42
c 78 88 98
d 45 55 65
e 7 17 27
f 34 44 64

16 Verbinden Sie die Zahlwörter mit den entsprechenden Zahlen. Die Zahlen, die übrig bleiben, ergeben die internationale Vorwahl für Italien.

quarantadue | novantatré | sessantasette | ottantanove | settantasei

00 15 23 39 42 58 67 76 81 93 89

ventitré | cinquantotto | ottantuno | quindici

Die internationale Vorwahl für Italien ist: ☐☐☐☐

17 Vervollständigen Sie die Anzeigen mit den unbestimmten Artikeln *un, uno, un'* oder *una*.

1 Buongiorno a tutti, sono ________ impiegato francese, ho 46 anni. Cerco ________ persona italiana per fare ________ scambio italiano – francese.

2 Ehi, ciao, sono Mary, ________ ragazza inglese di Liverpool. Ho 25 anni e studio l'italiano. Cerco ________ ragazzo o ________ ragazza di Roma o di Firenze per perfezionare la lingua italiana.

3 Ciao, ciao! Mi chiamo Sandra. Sono ________ insegnante di Trieste. Cerco ________ persona per conversare in polacco.

4 Ciao a tutti. Mi chiamo Fanny Smith, sono inglese e ho 72 anni. Cerco ________ amica di penna italiana.

18 Kombinieren Sie die Elemente aus den verschiedenen Feldern und bilden Sie so viele Sätze wie möglich.

Antonella io Clara e Ugo noi	abitare studiare lavorare parlare essere avere	lo spagnolo l'italiano farmacista un collega 34 anni	a in di per perché	Palermo lavoro mi piace Spagna

Antonella abita a Palermo.
Antonella studia lo spagnolo per lavoro.
____
____

Fonetica

19 **Die Laute /g/ und /ʤ/**

10 **a** Hören Sie zu und achten Sie darauf, wie die Wörter ausgesprochen werden. Hören Sie dann ein zweites Mal und sprechen Sie nach.

Genova impiegato spaghetti Bergamo
Inghilterra buongiorno Germania Gorizia
yogurt dialogo giornalista viaggiare

10 **b** Hören Sie erneut die Wörter und markieren Sie mit der Farbe **Blau** den Laut /g/ und mit **Rot** den Laut /ʤ/.

c Ergänzen Sie die Regel zur Aussprache von /g/ und /ʤ/:

- Die Aussprache von «g» ist /g/ wie «Gast» vor den Vokalen *a*, ______, ______ oder wenn ein *h* zwischen *g* und *e/i* steht.
- Die Aussprache von «g» ist /ʤ/ wie «Gin» vor den Vokalen ________ und ________.

11 **d** Hören Sie /g/ oder /ʤ/? Kreuzen Sie an, welchen Laut Sie hören.

	1	2	3	4	5	6	7	8	9	10	11	12
/g/	☐	☐	☐	☐	☐	☐	☐	☐	☐	☐	☐	☐
/ʤ/	☐	☐	☐	☐	☐	☐	☐	☐	☐	☐	☐	☐

Dossier

20 **Erzählen Sie in einem kurzen Text von sich: Wo arbeiten Sie, was machen Sie beruflich, welche Telefonnummer haben Sie, welche Sprachen sprechen Sie?**

21 **Sie lernen eine neue Person kennen: Welche Fragen würden Sie ihr stellen?**

Esercizi

1 **Bilden Sie aus den vorhandenen Buchstaben 10 Wörter zum Thema «Bar». Die Zeichnungen helfen Ihnen. Die Buchstaben können Sie mehrmals verwenden.**

C	A	L	V	R
T	E	F	I	B
F	T	E	N	O
O	M	A	R	S
P	Q	I	T	U

2 **In einer Bar. Vervollständigen Sie den Dialog mit den fehlenden Satzteilen.**

grazie | offro | aperitivo analcolico | cosa | vorrei | è | me | ecco | Lei

Massimo: Oggi ______________ io. Che ______________ prendi?
Valeria: Vorrei un ____________________, per favore.
Massimo: Per ____________________ una birra!
Barista: ____________________ l'aperitivo e la birra.
Massimo: ____________________ pagare subito. Quant' ____________________?
Barista: Sono cinque euro e venti.
Massimo: Ecco a ____________________.
Barista: ____________________. Arrivederci.

CD 02 ▸ 12 **3** **Hören Sie den Dialog und beantworten Sie dann die Fragen.**

1 Che cosa prende la signora? ____________________
2 Che cosa prende il signore? ____________________
3 Quanto paga il signore? ____________________
4 Come si dice in italiano «Kassenbon»? ____________________

4 ***Prendere* und *offrire*: Ordnen Sie die Verbformen dem passenden Subjekt zu.**

prendete | offro | prendono | offrite | prendi | offrono | prende | offre
prendo | prendiamo | offriamo | offri

io ____________________ noi ____________________
tu ____________________ voi ____________________
lui, lei, Lei ____________________ loro ____________________

Welche Endungen sind gleich, welche unterschiedlich?

____

5 **Ergänzen Sie mit *prendere* oder *offrire* in der richtigen Form.**

▶ 1 ◆ Oggi ____________________ noi. Allora, che cosa (voi) ____________________ ?

● Per me una cioccolata.

▶ Io ____________________ un tè.

■ E per me un succo di frutta.

▶ 2 ◆ E tu? Che cosa ____________________ ?

■ Un'aranciata.

▶ 3 ◆ Giorgio, oggi ____________________ tu? Non ho un soldo.

■ ... Ma certo!

▶ 4 ◆ Che cosa ____________________ Lucia e Mariella?

■ Lucia ____________________ un tè e un tramezzino e Mariella un latte macchiato.

6 ***Caldo o freddo?* Verbinden Sie die linke mit der rechten Spalte (Mehrfachverbindungen sind möglich).**

La piadina,	
L' aranciata,	
Il tè,	calda o fredda?
L' acqua,	dolce o amara?
Il caffè,	dolce o amaro?
La cioccolata,	naturale o frizzante?
Il tramezzino,	alcolico o analcolico?
Il latte,	caldo o freddo?
L' aperitivo,	

3

7 **Vervollständigen Sie mit den richtigen Endungen der Adjektive.**

Per me, una piadina cald___ e un'acqua frizzant___!

Un cornetto, una cioccolata cald___ e un'acqua natural___!

Io prendo un tè fredd___ e un panino!

Un tramezzino cald___ e un'aranciata amar___, per favore!

8 **a Ergänzen Sie die Substantive mit den Singular- und Pluralendungen *-o, -a, -i, -e*.**

Singolare	Plurale	Singolare	Plurale
un panin___	due panin___	una spremut___	due spremut___
una birr___	due birr___	un'aranciat___	due aranciat___
una piadin___	due piadin___	una colazion___	due colazion___
uno spumant___	due spumant___	un caffè	due caffè
un amar___	due amar___	un toast	due toast

b Vervollständigen Sie jetzt die Regel.

Männliche Substantive, die im Singular auf **-o** enden, bilden den Plural auf ___ .

Weibliche Substantive, die im Singular auf ___ enden, bilden den Plural auf **-e**.

Männliche und weibliche Substantive, die im Singular auf **-e** enden, bilden den Plural auf ___ .

Substantive, die auf der Endsilbe betont sind oder mit einem Konsonanten enden, bleiben im Plural unverändert.

9 **Was steht auf den Tischen?**

a

b

10 **Drei Personen gehen ins Caffè Roma. Sie bestellen und bezahlen. Schreiben Sie einen Dialog, der dieser Rechnung vorausgegangen sein könnte.**

Caffè Roma

1 latte macchiato	1,30 €
2 bibite	7,00 €
2 panini	5,00 €
1 cornetto	0,90 €
Totale	14,20 €

▸ 13 **11** **Hören Sie sich die Interviews an. Was essen und trinken diese Personen zum Frühstück?**

	mangia	beve
Matteo	______	______
Camilla	______	______
Francesco	______	______
Signora Grossi	______	______

12 **Welcher Artikel passt? Ordnen Sie die Wörter dem richtigen Artikel zu.**

biscotti | aranciate | marmellate | vini | coni | aperitivi
caffè | pizzette | spumanti | piadine | yogurt

i: ______ ______ ______ ______

le: ______ ______ ______ ______

gli: ______ ______ ______

13 a **Ergänzen Sie den Text mit den passenden bestimmten Artikeln (im Singular oder Plural).**

______ prima colazione è anche specchio della cultura di un Paese. ______ colazione ‹mediterranea› ingloba ______ usi alimentari di Paesi come ______ Italia, ______ Francia, ______ Spagna e ______ Grecia. ______ tipica colazione all'italiana si basa su latte, caffè o tè, biscotti o fette biscottate, marmellata o miele e burro. Alcuni – specialmente fra ______ giovani o tra ______ ragazze – preferiscono ______ yogurt con ______ cereali. Ma sono tanti ______ italiani che fanno colazione al bar: in questo caso ______ abbinamento classico è un cappuccino o caffè con un cornetto. E non pochi, infine, ______ mattina non mangiano niente: prendono solo un caffè o non fanno colazione.

b **Der bestimmte Artikel im Plural. Vervollständigen Sie jetzt die Regel.**

Vor männlichen Substantiven, die mit einem Konsonanten anfangen, steht ______ .

Vor männlichen Substantiven, die mit einem Vokal oder *s* + Konsonant anfangen, steht ______ .

Vor weiblichen Substantiven steht ______ .

3

14 Lösen Sie das Kreuzworträtsel mit den passenden Formen von *bere* und *preferire*.

Senkrecht
1 noi (preferire)
2 tu (bere)
3 voi (bere)
4 voi (preferire)
5 noi (bere)

Waagerecht
4 io (preferire)
5 loro (bere)
6 lui, lei, Lei (bere)
7 lui, lei, Lei (preferire)
8 tu (preferire)
9 loro (preferire)
10 io (bere)

15 Ordnen Sie die Verbformen in die zutreffende Spalte ein.

sono | fate | fanno | siete | siamo | hanno | avete | facciamo | abbiamo

	essere	avere	fare
noi			
voi			
loro			

16 Frau Botteri erzählt, wie in ihrer Familie gefrühstückt wird. Ergänzen Sie mit den passenden Verbformen.

«Noi (essere) ________________ una tipica famiglia italiana. La mattina (noi – fare) ________________ colazione in casa. Marco (bere) ________________ un bicchiere di latte freddo e (mangiare) ________________ i biscotti al miele. Federica e Giorgio invece (preferire) ________________ bere un tè caldo e (mangiare) ________________ pane e marmellata. Federica però (mangiare) ________________ il pane senza burro perché è a dieta. Io (amare) ________________ lo yogurt con i cereali e (prendere) ________________ un caffè lungo senza zucchero. Io (conoscere) ________________ tante persone che la mattina non (fare) ________________ colazione, (bere) ________________ solo un caffè, ma non (mangiare) ________________ niente. Perché?»

17 Was passt zusammen? Finden Sie die richtigen Wendungen.

1 etwas wünschen
2 jemandem etwas reichen
3 jemanden einladen
4 an der Kasse bezahlen
5 um Entschuldigung bitten

a ecco
b quant'è?
c scusi
d vorrei
e offro io

Fonetica

2 ▶ 14 **18** **Die Laute /ʧ/ und /ʤ/**

a Hören Sie zu und achten Sie darauf, wie die Wörter ausgesprochen werden. Hören Sie dann ein zweites Mal und sprechen Sie nach.

dolce	gelato	pasticceria	cappuccino
mangiare	buongiorno	Giuseppe	aranciata
focaccia	cioccolata	formaggio	oggi

b Hören Sie sich die Wörter erneut an und markieren Sie den Laut /ʧ/ mit der Farbe **Blau** und den Laut /ʤ/ mit der Farbe **Rot**.

2 ▶ 15 **c** Hören Sie /ʧ/ oder /ʤ/? Kreuzen Sie an.

	1	2	3	4	5	6	7	8	9	10
/ʧ/	☐	☐	☐	☐	☐	☐	☐	☐	☐	☐
/ʤ/	☐	☐	☐	☐	☐	☐	☐	☐	☐	☐

2 ▶ 16 **d** Hören Sie zu und ergänzen Sie die Sätze mit den fehlenden Wörtern.

1 Io prendo un' ____________________ amara.
2 ____________________ non ____________________ colazione a casa.
3 ____________________ ! Sono Paolo.
4 Vorrei una ____________________ calda.
5 Il ____________________ con o senza panna?
6 ____________________ ha ____________________ anni.

3

Dossier

19 **Stellen Sie sich vor, Sie gehen morgens, nachmittags und kurz vor dem Abendessen in eine Bar in Italien. Was würden Sie zu den jeweiligen Tageszeiten bestellen? Und wie? Schreiben Sie drei Dialoge.**

20 **Schreiben Sie einen kurzen Text, in dem Sie beschreiben wie Sie frühstücken.**

Esercizi

CD 02 ▸ 17 **1** **Hören Sie die fünf Dialoge und schreiben Sie die Dialognummer zur passenden Uhrzeit.**

☐ 00:00 ☐ 06:45 ☐ 17:55 ☐ 14:15 ☐ 22:30 ☐ 16:15

☐ 00:30 ☐ 09:20 ☐ 12:00 ☐ 06:05 ☐ 07:50 ☐ 16:25

2 **Offiziell und inoffiziell. Wandeln Sie die Uhrzeiten um.**

offiziell	**inoffiziell**
sono le otto e trenta	______________
______________	sono le sei meno un quarto
sono le ventuno e venti	______________
sono le dodici	______________
______________	è l'una
sono le undici e quarantacinque	______________
sono le dodici e trenta	______________
______________	è mezzanotte meno venti
sono le quindici e quindici	______________

3 ***Chiamarsi, svegliarsi*** **und** ***alzarsi.*** **Tragen Sie die richtigen Formen in die Tabelle ein und ergänzen Sie die Reflexivpronomen** ***(mi, ti, si, ci, vi, si).***

	chiamarsi	**svegliarsi**	**alzarsi**
(io)			mi alzo
(tu)	ti chiami		
(lui, lei, Lei)			
(noi)		ci svegliamo	
(voi)			
(loro)			

alziamo
chiamo
alzi
chiamiamo
svegliate
sveglia
alzano
chiamano
alza
chiamate
svegli
chiama
alzate
svegliano
sveglio

4 **Wann machen Sie was? Schreiben Sie für jede Tätigkeit einen Satz und geben Sie eine Tageszeit oder eine Uhrzeit an.**

svegliarsi ______________

andare a lavorare ______________

bere un caffè / un tè ______________

fare una pausa ______________

prendere un aperitivo ______________

preparare la cena ______________

guardare la TV ______________

andare a dormire ______________

5 **Ergänzen Sie mit dem Verb *andare* in der richtigen Form.**

▸1 ◆ Ehi, Guido, dove __________ ?
● Faccio una pausa, __________ al bar.

▸2 ▸ Dove (loro) __________ a studiare l'inglese? In America, a Malta o in Inghilterra?
◆ Ada __________ a Londra. Marco preferisce andare in America.

▸3 ● Lucia, Vincenzo, che fate a pranzo? __________ a casa?
▸ Sì, anche tu?
● No, io e Barbara __________ a mangiare qualcosa al bar Bettini.

▸4 ○ Perché la signora Ponti __________ spesso in Francia?
● Per motivi familiari.

▸5 ▸ La mattina (io) __________ in ufficio alle nove. E voi?
● Noi, di solito, ci alziamo alle sei e __________ a lavorare verso le otto.

4

6 **Ergänzen Sie mit den fehlenden Präpositionen: *a, all'* und *alle*.**

1 ________ mezzogiorno mangio un panino in un bar.
2 Di solito Daniele si alza ________ sei.
3 Nadia porta a scuola i bambini ________ otto e un quarto.
4 Loretta fa una pausa ________ una.
5 Toni va a dormire ________ mezzanotte.
6 La segretaria comincia a lavorare ________ nove.
7 I bambini tornano a casa ________ una e mezza.

7 **Verbinden Sie die linke mit der rechten Spalte zu sinnvollen Sätzen.**

1 Comincio la giornata	a qualcosa in un bar.
2 Vado a	b il giornale.
3 Marcella va	c con cappuccino e cornetto.
4 Paolo e Ada mangiano	d guarda la TV.
5 Maria si alza alle	e alle 7.15 e fanno colazione.
6 La sera Annika	f in ufficio alle 9.00.
7 La mattina leggiamo	g dormire verso le undici.
8 I bambini si svegliano	h 7.00 e prepara il caffè.

8 **Hier ist ein Tag aus dem Leben von Liliana, Mario, Federica und Livio. Ergänzen Sie mit den folgenden Verben in der passenden Form.**

guardare | giocare | leggere (2x) | alzarsi (2x) | fare (2x) | andare (3x)
dormire | svegliarsi | cominciare (2x) | parlare | tornare | mangiare | lavorare

Liliana, Mario e Federica

Noi __________ di solito alle sei. __________ la giornata con una doccia e poi __________ i titoli del giornale. Alle sette svegliamo Federica e __________ colazione insieme. Verso le otto io e mia moglie andiamo a lavorare e Federica __________ a scuola. Le lezioni cominciano alle otto e trenta. All'ora di pranzo Federica torna a casa e __________ i compiti. Il pomeriggio __________ con i suoi amici Tina e Fabio. Alle sei guarda sempre la TV. Verso le sette e trenta Liliana prepara la cena. Federica __________ un libro e poi va a dormire verso le nove. Noi __________, leggiamo, __________ la TV e poi verso le undici andiamo a __________.

Livio

Io lavoro al bar «Ore piccole». __________ a lavorare verso le quattro del pomeriggio e la giornata finisce verso mezzanotte. __________ a dormire alle due di notte e __________ verso le dieci la mattina. Abito con Dario e Valerio. Loro __________ in banca e hanno altri orari. __________ alle sette e __________ a casa verso le cinque e mezza la sera. Il lunedì io non lavoro. La sera Dario, Valerio e io __________ qualcosa e poi __________ al cinema.

9 a **Vervollständigen Sie die Tabelle. Verschmelzen Sie die Präpositionen mit den Artikeln.**

+	il	l'	la	lo	le	gli	i
da	dal		dalla		dalle		dai
a		all'		allo		agli	

b **Fügen Sie nun die passenden Präpositionen ein.**

1 Antonio e Carlo lavorano __________ nove __________ sei __________ lunedì __________ giovedì. Il venerdì finiscono di lavorare __________ tre.

2 Marinella si alza di solito __________ sei e mezza.

3 I bambini sono a scuola __________ otto __________ una. Il mercoledì fanno sport e tornano __________ quattro e mezza.

4 __________ mezzogiorno __________ una faccio una pausa e mangio qualcosa in un bar.

5 Il sabato e la domenica Gaia e Lorenzo si svegliano __________ undici e mezza.

6 Marco lavora la mattina __________ otto e mezzo __________ mezzogiorno. Fa una pausa __________ una __________ tre e poi studia.

10 Ergänzen Sie mit den Pronomen: *mi, ti, gli, le, Le.*

▶ 1 ◆ Signor Fusi, ______ piace la musica classica?
● Sì, ______ piace molto.

▶ 2 ▶ Paola, ______ piace guardare la TV?
◆ No, preferisco leggere.

▶ 3 ● Signora Bossi, ______ piace andare all'opera?
● Sì, ______ piace molto. Venerdì sera, ad esempio, andiamo a vedere La Traviata.

▶ 4 ● Roberto va al concerto di Eros Ramazzotti a Bologna?
□ No, Eros non ______ piace per niente. Preferisce la musica techno.

▶ 5 ▶ Karin ama la cucina italiana.
◆ Ah sì ... ma ______ piace anche cucinare?

▶ 6 ● Davide va spesso al cinema?
□ Sì, ______ piace molto. Ama i film di Silvio Soldini.

▶ 7 ● Lorenzo, ______ piace ballare?
□ No, non ______ piace per niente!

11 Vervollständigen Sie die beiden Blogs mit den fehlenden Wörtern.

qualche
mai
solito
non
spesso
~~sempre~~
volta
di
spesso

messaggi

Nina

Io esco sempre il sabato sera. Di ______ vado a mangiare una pizza e dopo vado in un pub. ______ volta vado a casa di amici e poi guardiamo un film. La domenica pomeriggio faccio ______ una passeggiata in centro e poi torno a casa. Non vado ______ a ballare in discoteca. Non mi piace per niente.

Ronny

Il fine settimana? ______ solito mi alzo molto tardi perché la sera esco sempre! ______ resto mai a casa. Cosa faccio? Beh, mi piace andare in discoteca. Vado ______ al «Tiratardi». Il sabato qualche ______ incontro gli amici in un bar e prendiamo un aperitivo. La domenica preferisco andare al cinema.

12 Was unternehmen diese Leute am Wochenende? Bringen Sie die Satzteile in die richtige Reihenfolge, wie im Beispiel.

la serata spesso a casa di amici passiamo

Passiamo spesso la serata a casa di amici. / Spesso passiamo la serata a casa di amici.

1 di solito va ballare Daniele il venerdì sera a

______

2 mai a casa resta non il sabato Marina

______

3 io con gli amici usciamo e il mio ragazzo qualche volta

______

4 stiamo noi a casa spesso un film a guardare

______

5 esco sera la domenica sempre

____

6 la domenica qualche lavora Sebastiano volta

____

7 ballare mai in discoteca Francesca a non va

____

8 Ettore un in pub il passa sera sabato di solito

____

CD 02 ▸ 18 **13** **Hören Sie die Interviews. Wie verbringen Sara (35 anni), Nando (28 anni) und Raffaella (42 anni) das Wochenende? Ergänzen Sie die Tabelle.**

	il venerdì	il sabato	la domenica
Sara			
Nando			
Raffaella			

14 **Vervollständigen Sie die Fragen und finden Sie dann die passende Antwort.**

di dove
dove
chi
perché
che cosa
come

1 ______________ gli piace fare la domenica?
2 ______________ vai il sabato sera?
3 ______________ passano la serata Marta e Lorella?
4 ______________ sono Caterina e Giorgio?
5 ______________ studi l'italiano?
6 ______________ esce sempre il lunedì sera?

a Vanno al cinema «Hollywood».
b Danila e Federica.
c Perché ho un amico in Italia.
d Di solito vado a teatro.
e Resta a casa e legge un libro.
f Di Palermo.

15 **Hier stimmt doch etwas nicht. Berichtigen Sie die Sätze.**

Io non vado mai a ~~studiare~~ in discoteca. — Io non vado mai a ballare in discoteca.

1 La sera Carlo fa colazione in un bar. ______________
2 Alberto legge volentieri un film. ______________
3 Mi piace cominciare la giornata con un letto caldo. ______________
4 Monica mangia il giornale la mattina. ______________
5 Barbara finisce di lavorare alle otto e comincia alle diciassette. ______________
6 Federica e Riccardo bevono volentieri una passeggiata in centro. ______________
7 A Cristina piace fare la serata con gli amici al bar. ______________
8 Marco legge volentieri un aperitivo. ______________

Fonetica

16 **Die Laute /kw/ und /gw/**

2 ▶ 19 a Hören Sie die Wörter mit dem Laut /kw/ und wiederholen Sie sie dann laut.

quarto quindici quando qualche quaranta cinquanta

2 ▶ 20 b Hören Sie die Wörter mit dem Laut /gw/ und wiederholen Sie dann laut.

guardare Guido lingua Guatemala

2 ▶ 21 c Hören Sie die Mini-Dialoge und schreiben Sie sie dann auf.
Achten Sie dabei besonders auf die Laute /kw/ oder /gw/.

17 **Die Doppel-Konsonanten**

2 ▶ 22 a Achten Sie auf die Aussprache der Doppel-Konsonanten.

sette ballare passare rappresentante cioccolata fredda pizza
ufficio leggere abbinare immagine doccia panna tramezzino

2 ▶ 23 b Ein oder zwei Konsonanten? Hören Sie zu und tragen Sie die fehlenden Konsonanten ein.

1 ca___a	2 ma___hina	3 co___azione	4 a___ivederci
5 pi___ola	6 profe___ione	7 so___o	8 ro___a
9 corne___o	10 o___andese	11 ca___a	12 ro___a

Dossier

18 **Was machen Sie die Woche über? Und am Wochenende?**
Was mögen Sie und was nicht? Schreiben Sie einen kurzen Text.

Test Unità 1-4

Was ist richtig? Kreuzen Sie an.

1 Peter è ...... Berlino.
☐ per ☐ di ☐ in

2 Penélope è ...... , di Madrid.
☐ spagnole ☐ spagnolo ☐ spagnola

3 John è ...... , di Londra.
☐ inglese ☐ inglesi ☐ irlandese

4 Io ...... 45 anni.
☐ ho ☐ sono ☐ ha

5 ...... il venerdì sera Patrizia esce.
☐ Mai ☐ Spesso ☐ Non

6 Luigi prende un'aranciata e mangia due ......
☐ tramezzino ☐ panini ☐ panino

7 Il pomeriggio io ...... una passeggiata.
☐ fa ☐ fai ☐ faccio

8 A che ora ...... Giacomo?
☐ si sveglia ☐ mi sveglio ☐ ti svegli

9 Lorenzo è ...... studente.
☐ un ☐ uno ☐ un'

10 Caterina abita ...... Reggio Calabria.
☐ di ☐ in ☐ a

11 Buongiorno, ... Anna Maria Fossati. E Lei?
☐ ti chiami ☐ sei ☐ mi chiamo

12 Fabio ...... un caffè.
☐ bere ☐ bevete ☐ beve

13 Ciao, io sono Simonetta. – ......
☐ Bene. ☐ Piacere. ☐ Sì.

14 Ciao, come ...... ? – Non c'è male.
☐ sta ☐ vai ☐ stai

15 Che lavoro fa Mariella?
☐ È impiegata.
☐ È commesso.
☐ Sono giornalista.

16 Barbara abita ...... Francia.
☐ a ☐ di ☐ in

17 Che ore ...... ?
☐ è ☐ sono ☐ sei

18 Non mi piace ...... lavorare il sabato.
☐ per niente ☐ non ☐ niente

19 Sabato sera vado ...... cinema.
☐ a ☐ in ☐ al

20 Preferisco ...... yogurt con ...... cereali.
☐ lo ☐ gli
☐ il ☐ i
☐ l' ☐ le

Esercizi

1 **Suchen Sie das Gegenteil. Schreiben Sie die Wortpaare auf.**

semplice
freddo giorno
economico tardi
finire dentro
mattina dolce
cominciare amaro
sera
presto elegante
caro notte
fuori caldo

2 **Formulieren Sie die Fragen zu folgenden Antworten.**

_______________ Mi dispiace, il lunedì siamo chiusi.
_______________ Per sei persone … va bene.
_______________ No, mi dispiace, fuori è tutto prenotato.
_______________ Sì, dalle 12.00 alle 15.00.
_______________ Alle nove, un attimo ... sì, va bene.

3 **Markieren Sie den Weg auf der Karte, dem die Leute folgen müssen, um von einem Punkt zum anderen zu kommen.**

1 Marco esce da scuola e va a destra in via Giolitti, continua sempre dritto, attraversa via Livorno e arriva a un incrocio, va a sinistra e continua dritto fino al numero 83.
2 Fabio e Mariella escono dal cinema Hollywood. Vanno a destra e poi a sinistra in via Genova, attraversano via Dante e vanno dritto fino all'incrocio, girano a destra, vanno dritto fino al numero 25.
3 La signora Polizzi esce dal supermercato e va a sinistra. Attraversa via Genova, via Livorno e via Palermo. Continua dritto poi gira a destra, abita al numero 7.
4 Giovanni esce dalla biblioteca e va a destra in via Giolitti e poi gira a sinistra in via Livorno. Attraversa corso Roma e via Dante e continua fino al ristorante Biffi.
5 I signori Barra escono dal ristorante Biffi, vanno a sinistra e all'incrocio girano a destra in via Genova. Continuano dritto fino al numero 86.

4 Verbinden Sie die linke mit der rechten Spalte zu sinnvollen Sätzen oder Mini-Dialogen.

1 Senta,
2 Sa dov'è la
3 Piazza San Carlo
4 La fermata del 53 è
5 Mi dispiace,
6 Corso Re Umberto è lontano?
7 Grazie mille.
8 Mi scusi, sa
9 Le posso chiedere un'informazione?

a non lo so.
b è lontana?
c dov'è Piazza Castello?
d Sì, prego.
e scusi!
f fermata del tram?
g in Via Garibaldi.
h Prego, non c'è di che.
i Beh, a piedi sì.

5 Vervollständigen Sie mit den fehlenden Satzteilen anhand der Zeichnungen.

1 Allora, Lei ______________ dalla banca e ______________ .

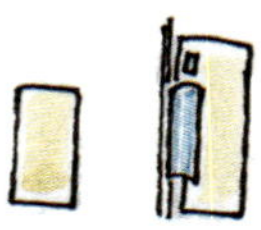

2 Scusi, ______________ ?

3 Continui dritto, ______________ via Chiaia e ______________ .

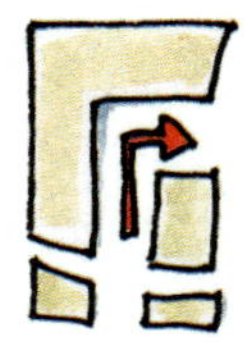

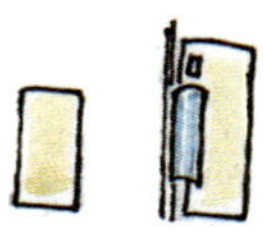

4 Lei ______________ e poi gira a sinistra.

5 Allora, Marco, tu attraversi via Ramarri ______________
Piazza Mazzini. Ci vediamo alla fermata dell'autobus.

6 Bringen Sie die Formen der Verben *sapere* und *potere* in die richtige Reihenfolge.

	sapere	potere
(io)	______	______
(tu)	______	______
(lui, lei, Lei)	______	______
(noi)	______	______
(voi)	______	______
(loro)	______	______

possiamo sappiamo sai sapete possono può so sanno potete posso sa puoi

7 *Sapere* oder *potere?* Tragen Sie ein.

▸1 ● Senti, ___ dov'è Piazza Carlo Felice?
■ Sì, certo. Non è lontano. ___ prendere l'autobus, il numero 96. Sono quattro fermate.

▸2 ● Ehi, ragazzi, ___ che cosa è la ribollita?
■ Sì, è una zuppa tipica della Toscana.

▸3 ● Scusi, ... per andare a Fiesole?
■ (voi) ___ prendere l'autobus numero 7 alla stazione Santa Maria Novella.

▸4 ● Scusate, ___ dov'è il bar «Da Gianni»?
■ Io non lo ___ , mi dispiace. Marina, tu ___ dov'è?
◆ Sì, non è lontano. È in via Moncalieri.

▸5 ● Mario, ___ andare a prendere i bambini a scuola?
■ No, non ___ , non ho tempo. (tu) ___ chiedere a mia madre?

▸6 ● Mamma, ___ andare a ballare sabato sera?
■ Sì, va bene, ma alle due torni a casa.

8 **Wie heißen diese Speisen?**
Ordnen Sie die Bezeichnungen den passenden Fotos zu.

☐ torta ☐ bistecca ☐ pesce ☐ patatine fritte
☐ insalata ☐ verdure miste ☐ minestra ☐ bruschette ☐ pollo

9 ***Mi piace* oder *mi piacciono?* Schauen Sie sich die Fotos der vorherigen Übung an und schreiben Sie, was Sie besonders mögen oder nicht.**

Mi piacciono molto le bruschette.

10 ***Grazie o prego?* Betrachten Sie die Zeichnungen und vervollständigen Sie die Dialoge mit *grazie* oder *prego*.**

1

2

3

4

5

11 **Im Restaurant. Vervollständigen Sie den folgenden Dialog mit den fehlenden Wörtern.**

per me | vino | prendete | verdure | di secondo | avete | prendo | bottiglia

- ● Buongiorno, signori.
- ■ Buongiorno.
- ▶ Possiamo ordinare?
- ● Sì, prego. Da bere, cosa ____________ ?
- ▶ Io vorrei un ____________ rosso. Massimo, cosa dici?
- ■ Mah, io vorrei mangiare il pesce, ... prendiamo una bottiglia di vino bianco, va bene?
- ▶ Ok, un vino bianco. Cosa ____________ ?
- ● Abbiamo un ottimo Gavi, signora, altrimenti Chardonnay, Pinot grigio, Verdicchio, Trebbiano ...
- ■ Proviamo una ____________ di Gavi ...
- ● Va bene, e da mangiare, avete già scelto?
- ▶ Sì, io ____________ il risotto al radicchio e poi passo al dolce.
- ■ E ____________ le bruschette ... i ravioli alle erbette e ____________ il pesce spada.
- ● E di contorno?
- ■ ... Mah ... le ____________ grigliate, grazie.
- ● Perfetto.

12 Zwei Freunde sind ins Restaurant «La giostra» gegangen. Sie bestellen und bezahlen. Schreiben Sie einen Dialog, der dieser Rechnung vorausgegangen sein könnte.

____

____

____

____

____

____

____

La giostra
RISTORANTE
P.zza Dante
Napoli
P.iva 00496540279

	EURO
Pane-Coperto	3,00
Acqua minerale bott.	1,00
Vino rosso bott.	9,00
Prosciutto e melone	8,00
Penne all'arrabbiata	5,00
Gnocchi al pesto	7,00
Sogliola	14,00
Verdure miste	3,50
Dolce	4,00
TOTALE EURO	54,50
CONTANTE	60,00
RESTO	5,50
28.04.09	13:45

13 **a Ergänzen Sie mit den passenden Ausdrücken.**

☺: anche a me | a me invece sì | mi piace / mi piacciono

☹: neanche a me | a me invece no | non mi piace / non mi piacciono

▸1 ● Ti piacciono gli spinaci?
☹ ■ No, ____________ per niente.
☹ ▶ ____________. Non mangio verdura.

▸2 ● Mi piace molto il pesce.
☺ ■ ____________.
☹ ▶ ____________. Preferisco la carne!

▸3 ● ____________ per niente la porchetta.
☹ ▶ ____________. E a te, Eva?
☺ ■ ____________. È proprio buona.

▸4 ■ Mi piace molto la cucina francese.
☺ ● ____________. Mangio molto spesso al ristorante «Vecchia Marsiglia».

▸5 ● Perché non prendi il risotto ai frutti di mare?
☹ ▶ No, i frutti di mare ____________.

2 ▸ 24

b Hören Sie jetzt die CD zur Kontrolle.

14 **Präpositionen-Mix. Ergänzen Sie die fehlenden Präpositionen.**

da | dall' | a | di | di | a | per | del | per | da | alle | a | alle | a

1 La partenza ______ tour è ______ 20.00 ______ Piazza Cavour.
2 Non è lontano. Vado ______ piedi.
3 La prenotazione? ______ quando? ______ venerdì sera?
4 Siete aperti anche ______ pranzo?
5 Cosa prende ______ contorno?
6 Mi alzo ______ sette.
7 Esci ______ albergo e vai ______ sinistra.
8 E ______ bere? Vino bianco o rosso?
9 Grazie ______ Lei.
10 Prego, non c'è ______ che.

Fonetica

15 **Fragesatz und Aussagesatz**

CD 02 ▸ 25

a Hören Sie folgende Sätze und lesen Sie mit.

1 Ti piace la cucina italiana.
2 Ti piace la cucina italiana?
3 Francesco lavora a Pisa.
4 Francesco lavora a Pisa?
5 Piazza San Carlo è lontana.
6 Piazza San Carlo è lontana?

CD 02 ▸ 25

b Hören Sie nochmals die Sätze. Achten Sie darauf, ob der Ton gegen Ende des Satzes ansteigt (______), oder sinkt (______).

CD 02 ▸ 25

c Was haben Sie bemerkt? Wann sinkt der Ton und wann steigt er an?
Lesen Sie jetzt die Sätze von 15 a laut vor. Hören Sie sie dann nochmals zur Kontrolle.

CD 02 ▸ 26

d Frage oder Aussage?
Hören Sie die Sätze und ergänzen Sie sie mit einem Fragezeichen oder einem Punkt.

1 Maria sta bene ___
2 Claudio esce spesso il sabato sera ___
3 Teresa prende un aperitivo ___
4 Paolo studia l'inglese ___
5 Ti piacciono gli spaghetti aglio, olio e peperoncino ___
6 Karin è tedesca ___
7 Giorgia è al bar ___
8 Nina va a casa ___
9 Come, scusi ___
10 Romano mangia al ristorante ___

CD 02 ▸ 26

e Hören Sie erneut die Sätze und wiederholen Sie sie mit der richtigen Intonation.

Dossier

16 **Schreiben Sie eine SMS an eine Freundin/an einen Freund und erklären Sie ihr/ihm den Weg wie sie/er von der Bus-/U-Bahn-/Trambahnhaltestelle zu Ihnen nach Hause gelangen kann.**

17 **Sie gehen mit einer Freundin/mit einem Freund essen.**
Schreiben Sie dazu einen Dialog, der im Restaurant stattfinden könnte.

Esercizi

1 **Vervollständigen Sie die Tabelle.**

	pranzare	ricevere	uscire
io			
tu		hai ricevuto	
lui			è uscito
lei			è uscita
noi	abbiamo pranzato		
voi			
loro (m.)			
loro (f.)			sono uscite

2 **Bilden Sie aus den Puzzle-Teilen acht Partizipien und vervollständigen Sie damit die Sätze.**

1 Ieri sera ho ___________ un'e-mail da Sabrina.
2 Il mio lavoro ha ___________ successo.
3 Domenica pomeriggio Antonella è ___________ al cinema con Fiorenza.
4 Nicola e Dario hanno ___________ Torino.
5 Hai ___________ a Valentina? – No, ancora no.
6 Venerdì sera Monica e Nina sono ___________ con i colleghi.
7 Al seminario ho ___________ discussioni interessanti.
8 Siamo ___________ a bere qualcosa in un locale messicano.

usci · vuto · data · avu · anda · tato · ti · telefo · te · to · nato · senti · visi · an · to · rice

3 **Bilden Sie aus den angegebenen Segmenten so viele Sätze wie möglich.**

Domenica	scorso	Federica e Gabriella sono uscite	un film alla TV
Sabato	sera	ho telefonato	un museo.
Ieri	pomeriggio	Paola ha guardato	a mangiare fuori.
La settimana	scorsa	i signori Lorenzi sono andati	Firenze.
		abbiamo visitato	con gli amici.
			a Daniela.
			a Milano.

4 **Daniela hat eine E-Mail aus Neapel geschrieben. Ergänzen Sie die passende Form von *essere* oder *avere*.**

Ciao Martina,

come va? Spero bene. Io lavoro tanto. In questo momento sono a Napoli per un congresso. In questi tre giorni ___________ ricevuto molte informazioni utili e ___________ lavorato con persone italiane e straniere. La prima sera ___________ uscita con Matilde e Alessia, due colleghe di Firenze. ___________ andate a mangiare la vera pizza napoletana e ___________ visitato la città di notte: Napoli è bellissima. Ieri sera, invece, ___________ uscita con Steve e Mary. (Noi) ___________ fatto una passeggiata sul lungomare e poi ___________ andati in un bar a bere qualcosa. (Noi) ___________ parlato in inglese e la serata ___________ stata proprio divertente.

Domani torno e ti telefono.

A presto. Daniela

6

5 **Vervollständigen Sie die Sätze. Folgen Sie dem Beispiel.**

Di solito mangio pane, burro e marmellata a casa.
Stamattina, invece, *ho mangiato* un toast al bar ____________.

1 Ada esce sempre con Valeria.
Ieri pomeriggio, invece, ________________________.
2 Il sabato sera di solito andiamo a mangiare in pizzeria.
Ieri, invece, ________________________.
3 I signori Liguori tornano sempre a casa in macchina.
Ieri sera, invece, ________________________.
4 Gianna e Cristina vanno spesso ai concerti di musica classica.
Domenica sera, invece, ________________________.
5 Normalmente comincio a lavorare alle otto.
Lunedì mattina, invece, ________________________.

con Giusy
in taxi
un ~~toast al~~ bar
in un ristorante cinese
alle dieci
al concerto di Laura Pausini

6 **Sie sind auf einem Workshop und am letzten Tag schreiben Sie eine E-Mail an Ihren Chef Dr. Lanari, in der Sie berichten, was Sie alles gemacht haben. Helfen Sie sich mit den angegebenen Ausdrücken. Achten Sie dabei auf die passenden Anrede- und Grußformeln.**

il workshop essere interessante
martedì fare la presentazione
lavorare molto
conoscere nuovi colleghi
ritornare in ufficio giovedì
ricevere idee utili

7 a **Vervollständigen Sie die Sätze mit den fehlenden Teilen.**

una mostra | presentazione di un libro | casa presto
musica e ha ballato un po' | delle persone simpatiche | alla festa di Sandro

		Vero	Falso
1	Sandro ha conosciuto ____________.	☐	☐
2	Valentina è tornata a ____________.	☐	☐
3	Valentina è andata ____________.	☐	☐
4	Sandro ha visitato ____________.	☐	☐
5	Alla festa Valentina ha ascoltato ____________.	☐	☐
6	La sera Sandro è stato alla ____________.	☐	☐

CD 02 ▸ 27

b **Hören Sie nun das Telefongespräch und kreuzen Sie an, ob die obigen Aussagen richtig oder falsch sind.**

8 Suchen Sie im Buchstabenkasten – senkrecht oder waagerecht – 7 unregelmäßige Partizipien und schreiben Sie diese anschließend in die Tabelle neben dem dazugehörigen Infinitiv.

C	O	N	O	S	C	I	U	T	O
S	V	B	Y	C	S	T	Z	P	Q
T	E	C	R	R	N	L	H	P	P
A	Q	G	F	I	P	Z	R	N	R
T	U	F	A	T	T	O	R	N	E
O	U	L	E	T	T	O	S	Z	S
V	I	S	T	O	F	B	V	P	O

Partizip	Infinitiv
________	prendere
________	scrivere
________	essere
________	fare
________	conoscere
________	vedere
________	leggere

9 Ergänzen Sie jetzt die Partizipformen aus Übung 8. Die markierten Buchstaben ergeben, senkrecht gelesen, den Begriff für «Vergangenheit».

1 Giovanna ha ...... un cappuccino al bar.
2 Io sono ...... all'opera con Michela.
3 A Lucca ho ...... mia moglie Federica.
4 Ieri Angela ha ...... un'e-mail a Linda.
5 Lunedì sera Marco e Gianni hanno ...... i compiti di inglese insieme.
6 Noi abbiamo ...... un film di Gabriele Salvatores.
7 Carlo ha ...... il giornale prima di fare colazione.

Soluzione: Il tema della lezione è il _ _ _ _ _ _ _ prossimo.

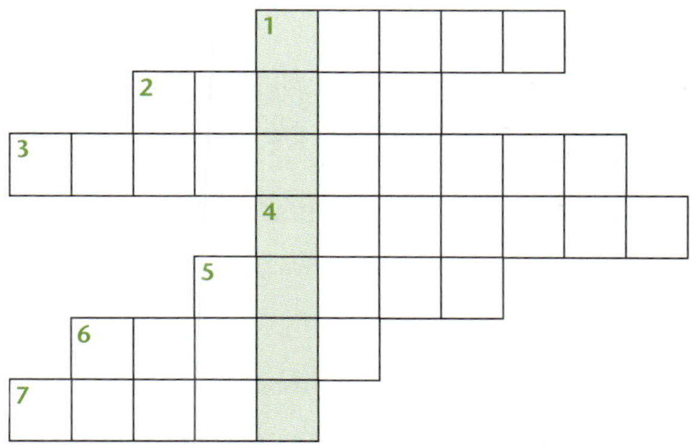

10 Federica führt ein Tagebuch. Aber sie ist gerade ein bisschen müde ... helfen Sie ihr. Ergänzen Sie die Verben in der Vergangenheitsform.

andare (3x) | fare | incontrare | leggere
mandare | prendere | scrivere | tornare

Ieri mattina ________ il giornale e poi ________ colazione verso le otto e mezza. Alle dieci meno un quarto ________ Maria Grazia e ________ alla Galleria d'Arte Moderna a vedere una mostra. Dopo (io) ________ a casa per riposare un po'. Il pomeriggio ________ un'e-mail a Giulia e poi ________ un sms a Beatrice. Verso le quattro Beatrice è venuta a casa mia e ________ insieme a fare sport. Alle otto Gianni, Mario e io ________ un aperitivo al bar e poi tutti insieme ________ alla festa di compleanno di Emanuele.

11 **Sie sind Privatdetektiv und haben von Herrn Solari den Auftrag bekommen, seine Frau zu observieren. Schauen Sie sich die Zeichnungen an und schreiben Sie einen Bericht darüber, was Frau Solari gestern gemacht hat. Versuchen Sie dabei folgende Zeitangaben zu benutzen:** ***pomeriggio, verso le sette e mezzo, poi, prima, ieri, mezzanotte, sera.***

12 **Ordnen Sie die Fragen/Aussagen den Antworten zu.**
Vervollständigen Sie die Sätze auch mit *è* oder *sono* und der passenden Endung des Partizips.

1 Paola, ti ________ piaciut___ la mostra?
2 Avete visto «Gomorra»*?
3 Le ________ piaciut___ l'ultimo libro di Ammaniti?
4 In questo ristorante cucinano bene!
5 A me la commedia non ________ piaciut___ .
6 Allora, ti ________ piaciut___ le lasagne della nonna?

* «Gomorra» = il film «Gomorra»

a Sì, ieri. Ci ________ piaciut___ molto.
b Sì, bello!
c Eh, certo! Sono il mio piatto preferito!
d A me invece sì.
e Sì, guarda, bellissima!
f Mah, la settimana scorsa ho mangiato i tortellini, ma non mi ________ piaciut___ .

13 **Suchen Sie die Bezeichnungen der zwölf Monate und tragen Sie sie in die Tabelle ein.**

MARZIANOMARZULLOMARZODICERIADICEMBREDICESSI
GIUGNOGIUDICEDIGIUNAREFEBBREFEBBRILEFEBBRAIOAGI
AGOSTOREARGUTONOTTETEMPONOVELLANOVEMBREGE
NEROGENNAROGENNAIOAPRIREAPRILEAPRISCATOLESET
TESETTIMANASETTEMBREMAGICOMAGGIOMAGISTRATO
OTTOMANOOTTUSOOTTOBREGIULIALUGLIOGUGLIAVOGLIO

1	________	2	________	3	________	4	________
5	________	6	________	7	________	8	________
9	________	10	________	11	________	12	________

14 **Auguri! Ordnen Sie die Glückwünsche der passenden Gelegenheit zu.**

1 Buona Pasqua!
2 Congratulazioni dottoressa! Complimenti per la laurea e auguri per il futuro.
3 Tanti auguri di buon compleanno!
4 Benvenuta Giorgia! Auguri anche a mamma e papà.
5 Buon Natale! Buone feste!
6 Felicitazioni vivissime agli sposi.

e

a

b

c

d

f

15 **Ach, diese italienischen Mütter, die wollen immer alles wissen! Stellen Sie Fragen zu den angegebenen Antworten. Benutzen Sie dabei die aufgelisteten Fragewörter.**

chi | dove | a che ora | a chi | ~~che cosa~~ | con chi | che cosa

Che cosa hai guardato alla TV?	Un vecchio film.
1 ______________________	A Martina.
2 ______________________	Tante persone simpatiche.
3 ______________________	In pizzeria.
4 ______________________	Una Coca-Cola®.
5 ______________________	A mezzanotte.
6 ______________________	Con Fabio e Dora.

16 **Wählen Sie die passende Reaktion: *a* oder *b*.**

1 Ti è piaciuta la festa di Simona?	**a** Mi è piaciuta molto.	**b** Non le è piaciuta per niente.
2 Di dov'è Carla?	**a** Carla è di Modena.	**b** Carla è a Modena.
3 *(Al bar)* Ragazzi ... Oggi è il mio compleanno!	**a** Prendo io!	**b** Offro io!
4 A che ora avete pranzato?	**a** A mezzogiorno.	**b** Alle venti e trenta.
5 Desidera?	**a** Vorrei prenotare un tavolo per quattro persone.	**b** Vorrei ordinare un tavolo per quattro persone.
6 Vai spesso a teatro o al cinema?	**a** Ho visto il film «Il divo».	**b** No, non vado mai a teatro, però qualche volta vado al cinema.
7 Di solito fai colazione?	**a** No, vado al ristorante.	**b** No, non ho tempo.
8 Che cosa hai fatto ieri sera?	**a** Sei andato al bar.	**b** Sono stato a casa.

Fonetica

17 **Die Laute /sk/ und /ʃ/**

CD 02 ▶ 28

a Hören Sie folgende Sätze und achten Sie auf die Aussprache der markierten Silben.

1. Ho sentito delle discussioni interessanti.
2. Ho conosciuto due colleghe.
3. Sono uscito con un amico.
4. La settimana scorsa il dottor Scaletti è stato a Bologna.
5. Paola esce spesso il giovedì sera.

b Markieren Sie den Laut /sk/ mit der Farbe Blau und den Laut /ʃ/ mit der Farbe Rot.

esco usciamo scambiare scherzare riunisce conoscono conosce

scusi pesce lasciare scorso maschere nascita maschile

CD 02 ▶ 29

c Hören Sie und kontrollieren Sie, ob Sie richtig unterstrichen haben.

d Jetzt formulieren Sie selbst die Regel.

▶ Man spricht /sk/ aus, wenn ...

▶ Man spricht /ʃ/ aus, wenn ...

Dossier

18 **Was haben Sie gestern gemacht? Schreiben Sie einen kurzen Text.**

19 **Sie sind auf dem Fest eines Freundes/einer Freundin gewesen.
Schreiben Sie, was Ihnen gut und was Ihnen nicht so gut gefallen hat.**

Esercizi

1 **a Bilden Sie so viele Ausdrücke wie möglich. Folgen Sie dem Beispiel.**

la chitarra		sport
in bici ←	andare	una passeggiata
una festa	fare	trekking
a carte	giocare	a Milano
in giardino	lavorare	in ufficio
la spesa	leggere	in Spagna
yoga	suonare	un annuncio
a calcio	scrivere	a teatro
un libro		una pausa
un' e-mail		il giornale

b Erzählen Sie jetzt, welche der obigen Aktivitäten Sie häufig ausüben.

2 ***Giocare* oder *suonare, sapere* oder *potere*? Setzen Sie das passende Verb ein.**

▶ 1 ◆ (Tu) ______________ suonare uno strumento?
● Sì, ______________ il pianoforte. Mi piace molto.

▶ 2 ◆ Sara, scusa, ma noi non ______________ venire alla mostra oggi pomeriggio.
▶ Peccato!

▶ 3 ◆ Marco, porti la chitarra alla festa di Barbara?
● Guarda che io non ______________ suonare bene.

▶ 4 ◆ Che hobby ha Tiziano?
● La domenica pomeriggio ______________ a calcio con gli amici e ogni tanto ______________ la batteria in un gruppo rock.

▶ 5 ◆ Sandro, andiamo a correre dopo il lavoro?
● No, mi dispiace. Oggi non ______________, non ho tempo.

▶ 6 ◆ Marco, Letizia, venite con noi a ______________ a tennis? Dai, facciamo un bel doppio!
● Sì, volentieri. Quando?

2 ▶ 30 **3** **Eine Studentin hat die Aufgabe erhalten, eine Statistik über die Freizeitaktivitäten ihrer Kommilitonen zu erstellen. Hören Sie sich ihre Interviews an und ergänzen Sie, was die Studenten machen, wie häufig und warum.**

	hobby / attività del tempo libero	**frequenza**	**perché**
Lorenza			
Dario			
Laura			

4 a **Vervollständigen Sie die Sätze mit den fehlenden Angaben.**

volta | all' | ogni | giorno | al | volte

1 Alberto telefona alla mamma ____________ settimana.
2 Una volta ____________ anno il dottor Vespa gioca a golf.
3 Maria e Lisa vanno in palestra due ____________ alla settimana.
4 Facciamo la spesa ogni ____________ .
5 Una ____________ al mese la signora Collina gioca a tennis.
6 Quando viaggio per lavoro mangio qualcosa di caldo solo una volta ____________ giorno.

b **Markieren Sie in den obigen Sätzen alle Zeitangaben.**
Schreiben Sie jetzt für jede Zeitangabe einen Satz, der auf Sie zutrifft.

5 **Was gehört zusammen? Verbinden Sie die Satzteile zu sinnvollen Sätzen.**
Achtung! Manchmal sind keine Präpositionen notwendig.

Ieri mattina sono andato		yoga.
Vado sempre a scuola		correre.
Non mi piace lavorare		la chitarra.
Per rilassarmi suono	a	tennis.
Paolo e Maria non giocano mai	in	Internet.
Dopo il lavoro faccio	su	ballare.
Sandra ama suonare		giardino.
Non faccio sport all'aperto, vado sempre		il piano.
Per avere delle informazioni attuali navigo		bici.
Per stare in compagnia vado		palestra.

6 **Obst und Gemüse. Erinnern Sie sich an die italienischen Begriffe? Schauen Sie sich die Zeichnungen an und lösen Sie das Kreuzworträtsel.**

Senkrecht

1 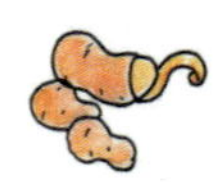

2 

4 

5 

6 

Waagerecht

1 

3 

7 

8 

9 

7 **a Lesen Sie folgende Sätze und entscheiden Sie, welche von einem Kunden stammen können und welche von einem Verkäufer. Schreiben Sie *K* für *Kunde* / *V* für *Verkäufer*. Achtung! Einige Sätze stammen weder von einem Kunden noch von einem Verkäufer.**

- ☐ Le ciliegie come sono?
- ☐ Qualcos'altro signora?
- ☐ Vorrei anche dei pomodori ...
- ☐ Questi sono proprio interessanti.
- ☐ Ha delle belle mele rosse?
- ☐ Oggi ho delle fragole molto buone.
- ☐ Caldo o freddo?
- ☐ Sì, grazie. Quant'è?
- ☐ Non mi è piaciuta per niente.
- ☐ Cosa desidera oggi?
- ☐ Questi vengono tre euro al chilo.
- ☐ Quanti ne vuole?
- ☐ Ne prendo due chili.
- ☐ Sono sei euro e cinquanta.

2 ▸ 31 **b Hören Sie nun die Gespräche zur Kontrolle.**

8 **Die Natur ist bunt! Bilden Sie so viele Wortpaare (Lebensmittel + Farbadjektiv) wie möglich. Folgen Sie dem Beispiel.**

le fragole | il vino | i peperoni | i pomodori | l'insalata | i limoni
la mela | la susina | il radicchio | i mirtilli | la banana

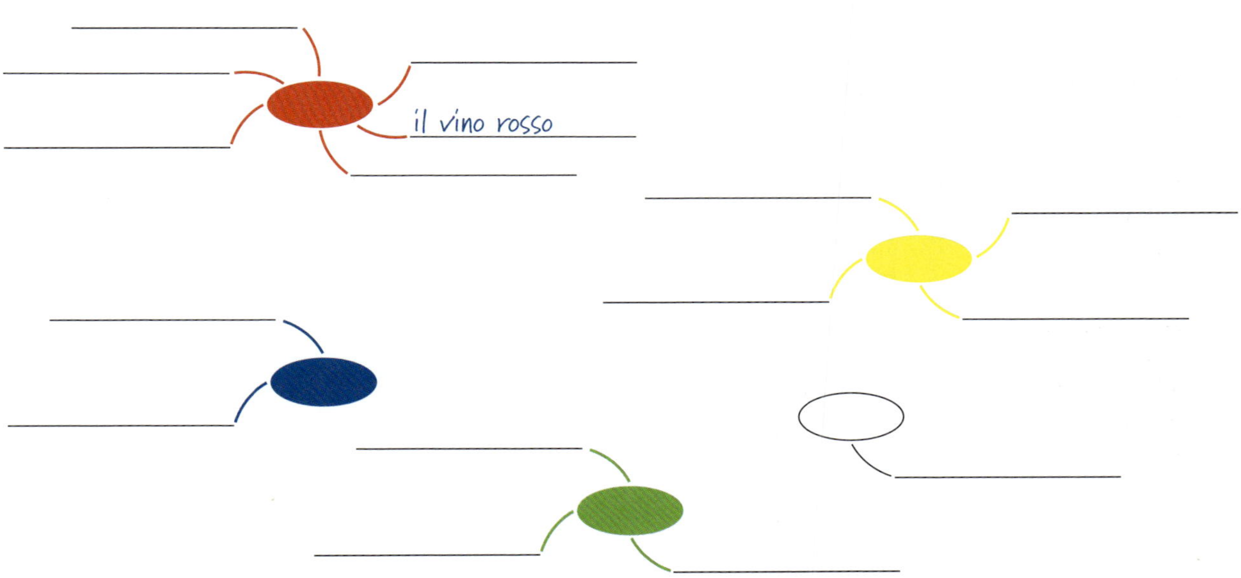

9 **Fausto hat bei einer Radiosendung mitgemacht. Jetzt beschreibt er seine Vorlieben für die Webseite des Senders. Vervollständigen Sie mit den Endungen der Adjektive.**

«Buongiorno a tutti! Sono Fausto. Cosa mi piace fare? Mi piacciono le attività rilassant___ e tranquill___ . Io non sono assolutamente un tipo sportiv___ . Faccio delle bell___ passeggiate con i miei cani e ho un hobby molto semplic___ : la cucina. Faccio la spesa al mercato. Uso solo ingredienti fresch___ e preparo delle ricette delizios___ ! Ho spesso ospiti a cena e secondo i miei ospiti ... i miei piatti ... sono così buon___ ! Qualche volta vado anche a mangiare fuori con gli amici. Di solito scegliamo i ristoranti elegant___ e molto particolar___ della nostra città.»

10 ***Nel negozio di alimentari.***
Ergänzen Sie mit den passenden Angaben.

Vorrei...		Vorrei...	
del	formaggio.	un litro	di latte.
______	limoni.	______	di olio.
______	arance.	______	di patate.
______	carne.	______	di marmellata.
______	zucchini.	______	di spaghetti.
______	insalata.	______	di zucchero.
______	pane.	______	di prosciutto.
______	uova.	______	di pane.

11 **Heute Abend haben Barbara und Stefano Gäste zum Essen eingeladen. Sie unterhalten sich, ob alles im Haus vorhanden ist. Helfen Sie den beiden mit den fehlenden Angaben.**

bottiglia | ne | mezzo | del | chilo | lattine | di | pomodori | dei

- ◆ Hai preso tutto per la cena di stasera?
- ● Sì, penso di sì.
- ◆ Hai comprato la frutta per la macedonia?
- ● Sì, ho preso un ______ di mele, ______ chilo di fragole, due etti ______ mirtilli e ______ limoni.
- ◆ Perfetto. E di verdura, cosa hai preso? Vorrei preparare la ratatouille per la ragazza di Lorenzo che è francese.
- ● Certo, non ho dimenticato niente: zucchini, ______ , melanzane e peperoni.
- ◆ ... E le cipolle?
- ● ______ ho comprato mezzo chilo.
- ◆ E la carne da fare alla griglia?
- ● Oh no! Vado subito ...
- ◆ E il vino?
- ● Barbara, abbiamo ancora tre ore di tempo, calma ... allora, prendo ancora una ______ di vino, ______ pane, la carne da fare alla griglia e due ______ di birra per Lorenzo che non beve vino.
- ◆ Eh bravo, così abbiamo tutto ... forse ...

12 **Verbinden Sie die Fragen mit der passenden Reaktion.**

1 Mangi spesso la carne?
2 Prendi l'autobus per andare al lavoro?
3 Piero, porti tu i bambini a scuola?
4 Bevi il whisky?
5 Quando fai gli esercizi di francese?
6 Hai letto il giornale?
7 Compri delle lattine di birra, per favore?
8 Ti piacciono le bruschette?

a Sì, lo prendo tutte le mattine alle otto.
b Sì, quante ne prendo?
c Li faccio oggi pomeriggio.
d No, lo leggo più tardi.
e Sì, le mangio molto volentieri.
f No, non la mangio quasi mai.
g No, non lo bevo. Non mi piace per niente.
h Sì, li porto io.

13 **Ergänzen Sie die passenden Endungen von *quanto*.**

▶ 1 ● Signora, cosa desidera oggi?
◆ Vorrei del prosciutto.
● Sì, quant___ ?

▶ 2 ◆ Vorrei dei panini.
● Quant___ ne vuole?

▶ 3 ◆ Vorrei della mortadella.
● Quant___ ne vuole?

▶ 4 ◆ Vorrei delle pere.
● Sì, quant___ ?

▶ 5 ◆ Quant___ vengono i mirtilli?
● 4 euro all'etto.

14 ***Lo, la, li, le* oder *ne?* Ergänzen Sie.**

▶ 1 ● Buongiorno. Ha la ricotta?
◆ ______ vuole fresca o stagionata?

▶ 2 ◆ Quanto vengono le mele?
● ______ vuole rosse o gialle?

▶ 3 ● Vorrei tre panini.
◆ Come ______ vuole?

▶ 4 ● Vorrei del parmigiano.
◆ Senta, ______ vuole fresco?

▶ 5 ◆ Vorrei dei pomodori.
● Quanti ______ vuole?

15 **Sie gehen jetzt einkaufen. Sie brauchen: ein Kilo rote Paprika, 100 Gramm Heidelbeeren und ein Pfund Feigen. Bilden Sie einen Dialog.**

16 **Was sagen Sie, wenn ... Wählen Sie den passenden Ausdruck.**

Sai suonare uno strumento? | Tanti auguri! | Quant'è? | Vorrei ...
Quanto viene / vengono ...? | Senta, scusi!

1 ... Sie nach dem Preis einer Ware fragen? ______________________
2 ... Sie wissen wollen, ob ihr Freund ein Musikinstrument spielen kann? ______________________
3 ... Sie zum Geburtstag oder zum Namenstag gratulieren wollen? ______________________
4 ... Sie etwas wünschen? ______________________
5 ... Sie die Aufmerksamkeit einer Person auf sich lenken wollen? ______________________
6 ... Sie zahlen wollen? ______________________

Fonetica

17 **Die Laute /ʎ/ und /ɲ/**

CD 02 ▶ 32

a Hören Sie den Dialog und lesen Sie mit.
Achten Sie dabei auf die Aussprache der Laute /ʎ/ und /ɲ/.

● Buonasera, signori.
◆■ Buonasera.
■ Io prendo le tagliatelle alla bolognese, e tu?
◆ Per me la sogliola.
● Va bene, cosa vi porto da bere?
■ Una bottiglia di vino bianco, per favore.
● Prendete il dolce?
◆ Sì, per me le fragole con il gelato alla vaniglia.
■ Io prendo un caffè e un cognac.

CD 02 ▶ 33

b Kreuzen Sie an: Hören Sie /ʎ/ oder /ɲ/?

	1	2	3	4	5	6
/ʎ/	☐	☐	☐	☐	☐	☐
/ɲ/	☐	☐	☐	☐	☐	☐

CD 02 ▶ 34

c Hören und ergänzen Sie die fehlenden Laute.

1 Faccio sport o_____ giorno.
2 Chi compra _____ spaghetti?
3 Vado al mare in giu_____ o in lu_____o. Non so ancora.
4 Hai comprato l'a_____o?
5 Mi piace stare in compa_____ a.

Dossier

18 **Sie wollen einem sozialen Netzwerk (wie z. B. *Facebook*) beitreten. Bereiten Sie ihr Profil vor. Achten Sie besonders auf die Beschreibung Ihrer Freizeitaktivitäten und Hobbys.**

19 **Sie waren die ganze Woche sehr beschäftigt und haben nicht eingekauft. Heute ist Samstag und die Vorräte müssen wieder aufgefüllt werden. Schreiben Sie eine ausführliche Einkaufsliste.**

Test Unità 5-7

Was ist richtig? Kreuzen Sie an.

1 ● Fate i tramezzini caldi?
■ Sì, ... facciamo.

☐ lo ☐ li ☐ la

2 Non ...... andare in piscina perché ho poco tempo.

☐ posso ☐ so ☐ puoi

3 Non ...... la carne. – ...... a me.

☐ mi piacciono ☐ Invece
☐ mi piace ☐ Anche
☐ piace ☐ Neanche

4 Il pesce ...... piace molto.

☐ lei ☐ la ☐ le

5 Andiamo ...... piedi o ...... autobus?

☐ in ☐ in
☐ a ☐ a
☐ al ☐ con

6 Vorrei prenotare un tavolo ...... sei persone.

☐ da ☐ di ☐ per

7 Prendo un pacco ...... spaghetti.

☐ di ☐ con ☐ per

8 Che belle pesche! ...... prendo un chilo.

☐ Le ☐ lo ☐ Ne

9 Io lavoro ...... otto ...... una.

☐ da ☐ a
☐ dall' ☐ all'
☐ dalle ☐ alle

10 Che cosa prendete ...... bere?

☐ per ☐ da ☐ a

11 In questi giorni ...... lavorato molto.

☐ siamo ☐ possiamo ☐ abbiamo

12 Paola e Ada sono ...... al ristorante.

☐ andate ☐ andata ☐ andato

13 Vorrei ...... banane.

☐ delle ☐ un chilo ☐ di

14 Claudio ...... suonare la chitarra e il pianoforte.

☐ può ☐ so ☐ sa

15 Renato va ...... palestra due volte ...... settimana.

☐ in ☐ a
☐ alla ☐ al
☐ in ☐ alla

16 Non compro mai i peperoni ....

☐ verdi ☐ verde ☐ rosso

17 Quanto ...... le pere?

☐ viene ☐ fa ☐ vengono

18 Giri ...... e poi arrivi a un incrocio.

☐ destra ☐ dritto ☐ a destra

19 Ti sono ...... i regali?

☐ piaciuto ☐ piaciute ☐ piaciuti

20 Giulia ha ...... un'e-mail a Sandra.

☐ scritta ☐ fatto ☐ scritto

Esercizi

1 **Bilden Sie Gegensatzpaare.**

antico | noioso
bello | economico
tranquillo | vicino
interessante | elegante
grande | moderno
semplice | brutto
lontano | silenzioso
caro | piccolo
rumoroso | vivace

________________ ________________
________________ ________________
________________ ________________
________________ ________________
________________ ________________
________________ ________________
________________ ________________
________________ ________________
________________ ________________

2 **a Eine Besonderheit! Adjektive auf -*ca* und auf -*co*.**
Bilden Sie Sätze.

			trattoria	antichi.
		un	albergo	antica.
	c'è	dei	trattorie	economico.
A Firenze		delle	edifici	economici.
	ci sono	degli	piazza	tipici.
		una	ristorante	tipiche.
			ristoranti	tipica.

b Vervollständigen Sie jetzt die Regel:

- Adjektive auf -*ca* enden im Plural auf ______ .
- Adjektive auf -*co* enden im Plural auf ______ , wenn sie auf der vorletzten Silbe betont sind und auf ______ , wenn sie auf der drittletzten Silbe betont sind.

3 **Davide hat in einem Internetforum einen neuen Freund kennengelernt.**
Er beschreibt ihm die Stadt, in der er wohnt. Ergänzen Sie die Endungen der Adjektive.

«... Abito in un quartiere tranquill___ e silenzios___ in periferia. Le case sono nuov___ , c'è molto verde e ci sono anche dei negozi molto bell___ . Sono impiegato e lavoro in un ufficio nella zona industrial___ . Lì gli edifici sono grand___ e modern___ , ma la zona è rumoros___ perché c'è traffico. Dopo il lavoro esco con gli amici. Mi piace molto andare nel centro storic___ . Amo le case antic___ , le strade tranquill___ e l'atmosfera tipic___ e vivac___ delle piazze grand___ e piccol___ . Non mi piacciono però le lung___ code di turisti davanti ai monumenti antic___ e ai ristoranti tipic___ .»

CD 02 ▸ 35 **4** **Hören Sie sich an, was diese Personen über ihre Städte erzählen. Was gibt es dort? Kreuzen Sie an.**

	A Stresa ...	A Lucca ...
ci sono molti alberghi.	☐	☐
c'è una bellissima chiesa in stile neoclassico.	☐	☐
ci sono molte trattorie tipiche.	☐	☐
c'è un lago.	☐	☐
c'è un Duomo con una facciata stupenda.	☐	☐
ci sono delle mura antiche.	☐	☐
c'è un parco ricco di piante e animali.	☐	☐
ci sono dei negozi di antiquariato.	☐	☐

5 **Sie haben in einem Internetforum nach Informationen über Verona gefragt. Marco hat Ihnen geantwortet, aber *c'è* und *ci sono* sind leider verschwunden. Ergänzen Sie sie.**

messaggi

Marco

Vai subito in centro, ___________ delle bellissime piazze: Piazza Bra e Piazza delle Erbe ... Inoltre ___________ l'Arena e ___________ moltissime chiese e basiliche: il Duomo, Sant'Anastasia, San Fermo. Poi ___________ tanti musei. Ti consiglio di vedere le vie centrali molto caratteristiche ... e poi ___________ la casa di Giulietta con il balcone ... Anche in provincia ___________ molte cose da vedere. Puoi andare al Lago di Garda e visitare Sirmione: lì ___________ le terme, le Grotte di Catullo e ___________ il Castello Scaligero, oppure vai in Valpolicella dove ___________ molte osterie per gustare il vino locale!

Buon soggiorno nella mia città! Ciao

6 ***C'è / ci sono* oder *è / sono*? Vervollständigen Sie die Dialoge.**

▸1 ◆ Mario, dov' ___________ il giornale?
● In cucina.

▸2 ◆ ___________ molti negozi a Ferrara?
● Ma, guarda, ___________ pochi negozi piccoli, ma molti supermercati.

▸3 ◆ Maddalena, dove ___________ i DVD che ho comprato ieri?
● ___________ in macchina. Li prendi tu?

▸4 ◆ Mi scusi, ___________ una farmacia qui vicino?
● Sì, non ___________ lontano. ___________ là, vede? Vicino alla scuola.

▸5 ◆ ___________ traffico a Ferrara?
● No, non molto, perché tutti girano in bicicletta.

▸6 ◆ Com' ___________ la zona dove abita Bruno?
● Guarda, ___________ proprio un brutto quartiere, non ___________ un cinema, non ___________ negozi, non ___________ niente.

8

7 **Welche Gebäude und Strukturen gibt es in einer Stadt? Ergänzen Sie mit den fehlenden Buchstaben.**

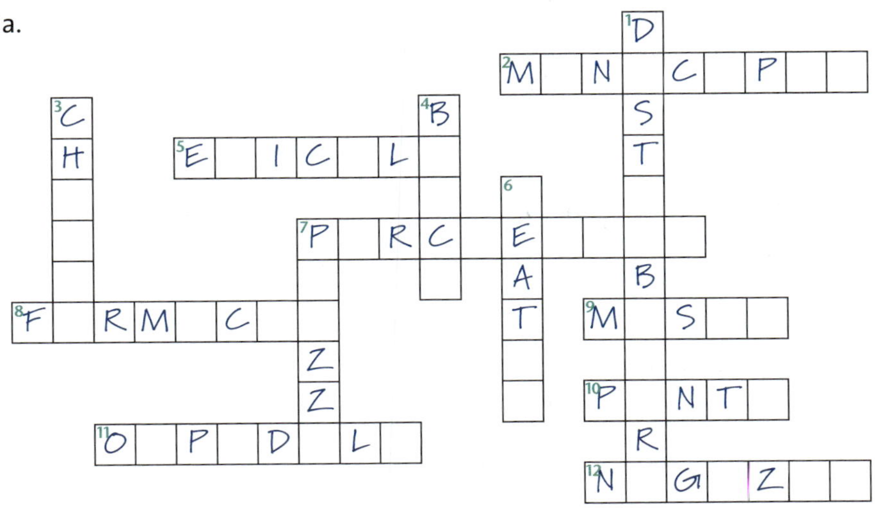

8 Wo kann man die folgenden Dinge machen? Verbinden Sie.

1 spedire una lettera
2 comprare un'aspirina
3 fare la spesa
4 fare sport
5 parcheggiare la macchina
6 visitare una mostra
7 prendere il treno
8 vedere una partita di calcio

a in un negozio / al supermercato
b in un museo
c all'ufficio postale
d alla stazione
e allo stadio
f in farmacia
g in palestra
h al parcheggio

9 Wandeln Sie die Sätze um. Folgen Sie dem Beispiel.

1 Lo stadio è in pieno centro. → In pieno centro c'è lo stadio.
2 Vicino a casa mia c'è la banca. → ______
3 La chiesa è nel centro storico. → ______
4 Vicino alla piazza ci sono due supermercati. → ______
5 Accanto alla posta c'è il ristorante *Il veliero*. → ______

10 Wo befinden sich die folgenden Gebäude auf der Karte? Lesen Sie die unten stehenden Angaben und schreiben Sie das passende Wort in die Lücke. Sie sind vor dem Theater.

1 L'edicola è di fronte al teatro.
2 La scuola è a destra, accanto all'edicola.
3 A destra, accanto al teatro, c'è la banca.
4 Dietro il teatro, a sinistra, c'è l'albergo.
5 Davanti alla scuola c'è la fermata del tram.
6 A sinistra, vicino all'edicola, c'è il parcheggio.

11 Vervollständigen Sie mit den fehlenden Angaben.

l' | all' | di | il | al | fra | al | dietro | la

1 La pizzeria è accanto ______ ufficio postale.
2 ______ fronte alla scuola c'è un'edicola.
3 La fermata del tram è davanti ______ negozio di frutta e verdura.
4 Il supermercato è ______ il cinema e il bar.
5 ______ la banca c'è un parcheggio.
6 La chiesa è accanto ______ municipio.
7 Fra ______ stazione e ______ parcheggio c'è l'edicola.
8 Il museo è dietro ______ ospedale.

12 **Dov'è Marina? Schauen Sie sich die Zeichnungen an und beschreiben Sie, wo sich Marina befindet.**

1 ______________________

2 ______________________

3 ______________________

4 ______________________

5 ______________________

6 ______________________

1

2

3

4

5

6

13 **Sabrina möchte ein Einweihungsfest organisieren.**
Sie lädt ihre Freunde ein. Ergänzen Sie mit den passenden Ausdrücken.

vedere | simpatici | perché non | trovato | festa
interessante | appartamento | vecchi | carina | dai

Cari amici,

scusate, sono a Padova da due mesi e non ho ancora ____________ il tempo di scrivervi!
Il nuovo lavoro è molto ____________ e i colleghi sono veramente ____________.
Padova è una cittadina proprio ____________ e tranquilla con molte cose da ____________.
Fra due settimane vorrei fare una grande ____________ per inaugurare il nuovo ____________
e salutare i nuovi e i ____________ amici. ____________ venite a trovarmi e rimanete per
tutto il fine settimana? ____________, vi aspetto! Così potete anche visitare
la città.

Un abbraccio
Sabrina

14 **Eine kleine Wiederholung! Vervollständigen Sie die Sätze mit dem passenden Verb im Präsens:** ***venire, volere, fare, bere*** **oder** ***sapere*.**

1 Marco e Piero ____________ suonare la chitarra e il pianoforte. Che bravi!
2 (Voi) ____________ ancora un bicchiere di vino?
3 Marzia, ____________ a giocare a tennis sabato?
4 Perché non (noi) ____________ un aperitivo al bar «Quattroassi»?
5 (Tu) ____________ ancora un po' di dolce? Dai! È così buono!
6 Che cosa ____________ la signora Frattino? È insegnante? Lo (tu) ____________?
7 (Voi) ____________ con noi a teatro? (Noi) ____________ vedere una commedia musicale.
8 (Noi) ____________ un giro in centro. (Tu) ____________ anche tu?

CD 02 ▸ 36

15 Die Stadtverwaltung von Rom will den Service der öffentlichen Verkehrsmittel überprüfen und führt eine Umfrage unter den Bürgern durch. Hören Sie sich die Interviews an und füllen Sie die Tabelle aus.

	mezzo di trasporto usato	perché
1ª persona		
2ª persona		
3ª persona		

16 Welche Verkehrsmittel benutzen diese Personen? Verbinden Sie die linke mit der rechten Spalte zu sinnvollen Sätzen.

1 Quando esco dalla discoteca ed è tardi ...
2 Non abito in città e per andare al lavoro in centro ...
3 Nelle grandi città come Roma e Milano preferisco ...
4 La domenica mi piace fare un po' di movimento e quindi ...
5 Io non amo viaggiare con i mezzi pubblici, ...
6 Vado in ufficio in autobus perché ...

a girare in metropolitana per andare da un posto all'altro.
b vado a piedi o prendo la macchina.
c prendo un taxi per tornare a casa.
d non ho la macchina e non mi piace andare in bicicletta.
e ogni mattina prendo la corriera alle otto e dieci.
f faccio spesso una gita in bicicletta con gli amici.

17 Eine Tour durch Ferrara. Vervollständigen Sie den Text mit den angegebenen Verben.

raggiungere | voltare | ritornare | arrivare | oltrepassare | prendere

Dal centro ____________ l'autobus n. 2 (fermata del Castello) e raggiungere, in via XX Settembre 124, il Palazzo Costabili detto di Ludovico il Moro, sede del Museo Archeologico Nazionale. ____________ a piedi il monastero di S. Antonio in Polesine in vicolo del Gambone. Ritornare poi in via XX Settembre dove si trovano la casa di Biagio Rossetti e l'antica Porta Romana. Da qui ____________ a destra in via Porta Romana, ____________ il ponte sul Po di Volano e ____________ fino all'antica cattedrale di Ferrara, la chiesa di S. Giorgio. ____________ in centro con l'autobus n. 6 (fermata di fronte al piazzale di S. Giorgio).

18 Was sagen Sie, wenn ... Wählen Sie die passende Lösung.

Dai! | Grazie per la lettera / l' e-mail. | Perché non vieni sabato prossimo?
Ecco. | Che numero hai? | Perché non vieni a trovarmi?

1 ... Sie die Telefonnummer von jemandem wissen wollen? ____________
2 ... Sie sich für einen Brief oder eine E-Mail bedanken wollen? ____________
3 ... Sie jemanden einladen wollen? ____________
4 ... Sie jemandem etwas reichen? ____________
5 ... Sie jemanden auffordern wollen etwas zu tun? ____________
6 ... Sie eine Einladung präzisieren und zeitlich festlegen wollen? ____________

Fonetica

19 Die Betonung

2 ▸ 37

a Hören Sie die Wörter und unterstreichen Sie den Vokal, der betont wird.

perché | mangio | bicicletta | patate | ordinano | viaggio
telefono | mattina | martedì | Maria | pomodori | essere
città | lasciare | Lazio | prendere | ventitré | abbiamo | offro

b Tragen Sie jetzt die Wörter in die richtige Zeile ein:

Wörter, die auf der letzten Silbe betont werden:

z. B. perché, ______________________________

Wörter, die auf der vorletzten Silbe betont werden:

z. B. patate, ______________________________

Wörter, die auf einer anderen Silbe betont werden:

z. B. ordinano, ______________________________

2 ▸ 38

c Schreiben Sie die Wörter, die Sie hören und markieren Sie den betonten Vokal.

1 ____________ 4 ____________
2 ____________ 5 ____________
3 ____________ 6 ____________

8

Dossier

20

Sie wollen eine Freundin / einen Freund zu sich einladen. Schreiben Sie einen netten Brief in dem Sie beschreiben, warum es sich lohnt, Ihre Stadt zu besuchen: Was gibt es dort? Was kann man unternehmen?

Esercizi

1 **Ordnen Sie zu.**

il giardino ☐
la finestra ☐
le scale ☐
l'appartamento ☐
l'ingresso ☐
la porta ☐
il cortile ☐
la villetta ☐

2 **Lesen Sie die Adjektive und finden Sie dann die passende Lösung.**

antipatico | anziano | chiuso | giovane | saporito | piacevole | simpatico
tranquillo | vivace | carino | contento | piccolo | grande | bello
brutto | nuovo | antico | rumoroso | moderno | silenzioso | fresco
noioso | stagionato | sportivo | buono | interessante | aperto

Trovate ...

tre aggettivi per descrivere il quartiere dove abitate: ______

tre aggettivi per descrivere il vostro appartamento: ______

tre aggettivi per descrivere un formaggio: ______

tre aggettivi per descrivere il vostro lavoro: ______

tre aggettivi per descrivere un vostro vicino di casa: ______

tre aggettivi per descrivere un vostro amico: ______

CD 02 ▸ 39 **3** **Hören Sie zu, wie sich zwei Freundinnen bei einem Fest unterhalten.**
Notieren Sie dabei die Adjektive, die sie für die Beschreibung von zwei Personen benutzen.

Gianni	Daniele
______	______
______	______
______	______
______	______

4 **Vervollständigen Sie das Schema mit den entsprechenden Formen.**

io	la mia casa	______ nome	le mie vicine	______ amici
tu	______ chitarra	il tuo regalo	______ colleghe	i tuoi colleghi
lui, lei, Lei	______ famiglia	______ libro	______ amiche	______ giornali
noi	______ scuola	______ giardino	______ torte	______ tavoli
voi	______ città	______ appartamento	______ biciclette	______ panini
loro	______ macchina	______ lavoro	______ professioni	______ insegnanti

5 **Ergänzen Sie mit *suo* und *loro*. Achten Sie dabei auf die Artikel.**

1 Antonella è andata a teatro con __________ amica di Firenze.
2 Mario e Isabella non abitano più in Via Nizza. __________ nuovo indirizzo è Via Genova, 6.
3 Massimo e Piero sono venuti a casa mia con __________ amici.
4 Daniela è stata a Venezia con __________ colleghe.
5 Bruno e Daniele hanno cambiato lavoro. __________ nuove professioni sono molto interessanti.
6 Signora Pastore, Le piace __________ nuovo appartamento?

6 **Ergänzen Sie mit den Possessivbegleitern.**

1 Marina, mi presenti __________ amica?
2 Sandro e Monica sono stati a Roma con __________ compagni di scuola.
3 Ieri siamo andati a vedere un film in inglese con __________ insegnante. È un tipo proprio simpatico.
4 Viviana, Loretta, come si chiama __________ nuova collega di Napoli?
5 Gianni ha organizzato una festa per __________ compleanno. Vieni anche tu?
6 Ho fatto una lunga passeggiata in centro con __________ amiche. Abbiamo parlato per ore.

9

7 a **Lesen Sie den Text und kreuzen Sie die zutreffenden Aussagen an.**

I vicini di Casa

I vicini di casa si limitano spesso ad un semplice «buongiorno» e «buonasera» detto per le scale. Ma una villetta multifamiliare, un palazzo, delle case che si affacciano su un grande cortile sono un insieme di persone che convivono e condividono gli stessi spazi comuni. La vicinanza «geografica» può essere un aiuto, solidarietà e comprensione. Sono tante le amicizie – a volte persino gli amori – che nascono tra vicini di casa: è bello ogni tanto ritrovarsi insieme a cena a casa o in terrazza da qualcuno; sapere di poter lasciare i figli una mezz'ora a quella signora anziana e tanto sola, fare in cambio anche per lei un po' di spesa; dare il gatto, le piante, le chiavi della posta a chi resta mentre un altro va via per le vacanze estive.

(adattato da: www.festadeivicinidicasa.it/2005/intro.html)

▶ 1 a ☐ I vicini si salutano per le scale.
b ☐ I vicini parlano degli altri vicini per le scale.

▶ 2 a ☐ Un vicino di casa può diventare un amico.
b ☐ Un vicino di casa non può diventare un amico.

▶ 3 Che cosa puoi chiedere a un vicino di casa?
☐ Di stare con i bambini.
☐ Di prendere la posta.
☐ Di tenere un animale domestico.
☐ Di cucinare.
☐ Di innaffiare le piante.
☐ Di andare all'ufficio postale.

b **Und Sie? Haben Sie eine/n gute/n Nachbar/in? Beschreiben Sie ihn/sie.**

8 Beschreiben Sie diese drei Personen.

1 ______________________________

____

____

2 ______________________________

____

____

3 ______________________________

____

____

9 Familienkreuzworträtsel

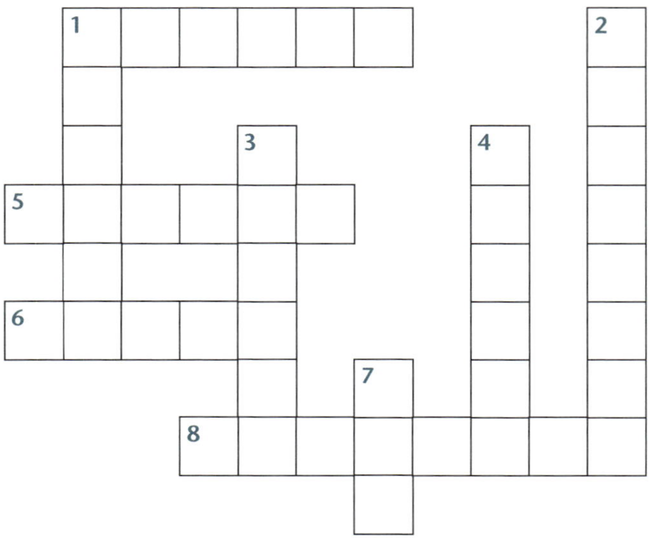

Orizzontali
1 Marito e ...
5 Carla e Roberto sono sposati e hanno una ...
6 Il padre di mia madre.
8 La madre e il padre.

Verticali
1 Moglie e ...
2 Io ho una sorella e due ...
3 Il figlio di mio figlio.
4 Il figlio di mia zia.
7 La sorella di mio padre.

CD 02 ▸ 40 **10** Eine italienische Familie. Hören Sie zu und ergänzen Sie den Stammbaum mit den entsprechenden Namen.

11 Ordnen Sie die Wörter dem passenden Wortfeld zu.

regali | zio | sorella | bicicletta | genitori | casa | cane
madre | cugina | giardino | numero di telefono | nonno

tuo

il loro

il tuo

la sua

i vostri

sua

12 Aus dem Hörtext der Übung 10 sind die Possessivbegleiter verschwunden. Ergänzen Sie sie.

i tuoi | mia | i tuoi | i nostri | la mia | mia | mio | i tuoi | i miei | mio

◆ Sara, mi parli della tua famiglia?

● Sì, __________ famiglia è piccola, ma siamo molto uniti, ci vediamo molto spesso.

◆ Hai dei fratelli?

● Ho un fratello che si chiama Dario. Ha 18 anni e frequenta il liceo.
È molto alto, simpatico e suona in un gruppo rock.

◆ E tu vivi ancora con __________ genitori?

● No, io studio Psicologia all'Università di Padova e torno a casa solo per il fine settimana.

◆ Dove abitano __________ genitori?

● Abitano a Cremona e si chiamano Luciana e Renato. Tutti e due sono insegnanti.
__________ madre lavora in una scuola elementare e __________ padre insegna chimica.

◆ Hai altri parenti?

● Sì, __________ madre ha un fratello che si chiama Diego. È sposato con Maria Grazia e hanno un figlio piccolo: Matteo. __________ zii lavorano e i nonni si devono occupare di __________ cugino.

◆ Allora __________ nonni sono ancora giovani?

● Sì, sono molto simpatici e sono contenti di avere tre nipoti. La domenica nonna Clara ci invita tutti a pranzo e cucina __________ piatti preferiti per farci piacere.

13 **Ergänzen Sie, wo nötig, mit dem bestimmten Artikel.**

1 La scorsa settimana sono andata a teatro e lì ho incontrato ______ tuoi genitori. Sono proprio simpatici. ______ tuo padre è molto gentile e ______ tua madre è veramente una donna piacevole.
2 Il ragazzo moro è ______ mio fratello. Raffaella, la ragazza bionda vicino a lui, è ______ sua compagna di scuola.
3 Sandra, come sta ______ tua cugina Paola? E ______ suoi genitori?
4 ______ mio quartiere è tranquillo e ______ miei vicini sono persone aperte.
5 ______ mio marito lavora dalla mattina alla sera. ______ suo capo è un tipo proprio noioso e antipatico.
6 Ieri siamo andati da ______ mia zia. Lei abita con ______ suo figlio, ______ mio cugino Valerio. ______ loro appartamento è in una bella casa in centro.

14 **Vervollständigen Sie die Sätze mit den passenden Formen von *questo* und *quello*.**

1 Mamma, __________ bicicletta è brutta e vecchia ... Ne compriamo una nuova, blu come __________ di Giorgio?
2 I ristoranti in centro sono troppo cari. Preferisco __________ della mia zona.
3 __________ biscotti sono buoni, ma __________ di nonna Teresa sono proprio deliziosi!
4 Io abito nella casa bianca a destra. In __________ rosa, a sinistra, abitano Vale e Beppe.
5 __________ bar non mi piace proprio. C'è troppo rumore, preferisco __________ di Piazza Carducci.
6 Mi piacciono molto le mele gialle. __________ rosse non le compro mai.

Fonetica

15 Die Satzintonation

a Hören Sie sich die Sätze aufmerksam an. Welche Wörter werden beim Sprechen zusammengezogen? Verbinden Sie sie wie im Beispiel. Hören Sie dann noch einmal und sprechen Sie nach.

Lucia non è venuta a scuola.

1 L' amica di Sara non è venuta al corso di inglese.

2 Nell'ingresso della casa di Fausto c'è una bella pianta.

3 Faccio una pausa dall'una all'una e quarantacinque.

4 Gigi è andato al mare per una settimana.

5 Ho letto un libro di Alessandro Baricco.

6 Marco non è impiegato, è farmacista.

7 Non ho ancora telefonato a Susanna.

b Beantworten Sie jetzt folgende Fragen:

Gibt es in den Sätzen 1, 2 und 3 eine Pause zwischen den mit Apostroph verbundenen Wörtern?

Was wird in den Sätzen 4 und 5 verbunden?

Wie werden in den Sätzen 6 und 7 «non è» und «non ho» ausgesprochen? Hört man, dass es sich bei «non è» und «non ho» um zwei Wörter handelt?

Dossier

16 Beschreiben Sie eine Person, die Sie gut kennen z. B. einen Freund / eine Freundin oder einen Nachbar / eine Nachbarin.

17 Zeichnen Sie ihren Familienstammbaum und schreiben Sie einige Informationen zu den einzelnen Personen (Beruf, Wohnort, Familienstand, Aussehen ...).

Esercizi

1 **a Lesen Sie die folgenden Sätze und vervollständigen Sie die Regeln.**

Giovanni ha comprato dei succhi di frutta.
Sara e Alberto amano i luoghi tranquilli.
Marcello e Sabrina sono medici.
Ieri ho cucinato il risotto con gli asparagi.
Due caffè lunghi, per favore!

- Substantive auf *-co* und *-go* enden im Plural auf ____ und *-ghi*, wenn sie auf der vorletzten Silbe betont sind, z. B. succhi, luoghi.
- Substantive auf *-co* und *-go* enden auf *-ci* und ____ , wenn sie auf der drittletzten Silbe betont sind, z. B. medici, asparagi.
- Adjektive auf *-go* enden im Plural auf ____ , z. B. lunghi. Adjektive auf *-co* bilden den Plural wie die Substantive.

b Ergänzen Sie jetzt die passenden Endungen der Wörter auf *-co* und *-go*, im Singular oder im Plural.

1 A Lucca ho mangiato in molti locali tipic___ .
2 Gli alberg___ di Venezia non sono molto economic___ .
3 Io preferisco i formaggi fresc___ , e tu?
4 Franz e Peter sono austriac___ , di Vienna.
5 Mi piacciono molto gli asparag___ .
6 La piazza è il luog___ d'incontro della nostra città.
7 Nel centro storic___ di Trento potete scoprire le tradizioni della zona.
8 In vacanza abbiamo visitato due parc___ naturali.
9 Ti piace il succ___ di mela?
10 Nel mio quartiere ci sono dei palazzi antic___ .
11 Marina ha i capelli lung___ .

CD 02 ▸ 42

2 **a Hören Sie die Dialoge und kreuzen Sie die Zahlen an, die Sie hören.**

800 ☐ 145 ☐ 110 ☐ 380 ☐ 275 ☐ 154 ☐ 140 ☐ 808 ☐ 454 ☐ 680 ☐

b Schreiben Sie jetzt die Zahlen, die Sie gehört haben, in Buchstaben.

1 ____________________
2 ____________________
3 ____________________
4 ____________________
5 ____________________

3 **Was hat ein Hotel zu bieten?**
Verbinden Sie die Symbole mit den passenden Bezeichnungen.

a bagno con vasca
b bagno con doccia
c camera singola
d camera doppia
e collegamento Internet
f parcheggio
g piscina
h palestra
i pagamento con carta di credito

4 **a** **Frau Santarelli möchte ein Zimmer reservieren und ruft in einem Hotel an. Ihre Sätze sind leider durcheinander geraten. Verbinden Sie die Satzteile.**

Si può prendere	arrivederci!
La ringrazio,	un'area benessere?
È compresa	la pensione completa?
Buongiorno, mi chiamo Cristina Santarelli,	la camera?
Avete	la prima colazione?
Come posso fare	avete una camera singola libera dal 4 al 12 aprile?
Quanto viene	per prenotare?

b **Tragen Sie jetzt die obigen Sätze in das Telefongespräch ein.**

◆ Hotel Fini, buongiorno.

● ______________________________

◆ Sì, un momento, controllo ... Sì, abbiamo una singola libera.

● ______________________________

◆ € 85 a notte.

● ______________________________

◆ Sì, la classica colazione continentale a buffet.

● ______________________________

◆ No, mi dispiace, offriamo soltanto la mezza pensione.

● ______________________________

◆ Certo, abbiamo anche la piscina e una palestra molto attrezzata.

● ______________________________

◆ Può andare sul nostro sito Internet e compilare il modulo, oppure manda un fax.

● ______________________________

◆ Prego. Arrivederci.

5 **Frau Santarelli schreibt ein Fax, um das Zimmer zu reservieren. Setzen Sie die fehlenden Wörter ein.**

carta | servizio | dal | conferma | collegamento
al | spettabile | prenotazione | doccia | valida

__________ Hotel Fini,

confermo la __________ di una camera singola con __________ di mezza pensione ____ 4 ____ 12 aprile. Desidero una camera con __________ e __________ Internet. La mia __________ di credito è una VISA n° 3456 1234 8765 0908 __________ fino al mese di luglio 2014.

Rimango in attesa di una Vostra __________.

Distinti saluti

Cristina Santarelli

6 **Lesen Sie die Beschreibung vom Hotel Quiete und schreiben Sie dann selbst eine Reservierung.**

Il nostro hotel è situato nel verde.
L'ideale per una vacanza all'insegna del relax e punto di partenza per passeggiate e trekking per conoscere la nostra zona. L' hotel vi offre un'ampia sala colazione, una grande sala da pranzo, bar, sala lettura, sala giochi per bambini. Parcheggio privato. Dispone di 40 camere tutte con bagno, TV, radio, telefono. Presa Internet in 20 stanze.

7 **a Wann macht man was? Verbinden Sie die linke mit der rechten Spalte und vervollständigen Sie dann die Sätze mit der *si*-Konstruktion.**

1 In inverno	(mangiare)	______	le uova di cioccolato.
2 L'otto marzo	(fare)	______	le vacanze sulla neve.
3 A Pasqua	(vendere)	______	tanti gelati!
4 In estate	(mangiare)	______	il panettone.
5 In autunno	(regalare)	______	le mimose.
6 A Natale	(comprare)	______	le castagne.

b In den obigen Sätzen sind drei Jahreszeiten erwähnt worden. Welche? Und welche Jahreszeit fehlt?

______

8 **Ergänzen Sie die Sätze mit den passenden Verben in der *si*-Konstruktion.**

pagare | visitare | bere | preparare | riciclare | regalare | ascoltare | regalare

1 Sul Trambelcanto ______ arie d'opera.
2 A Roma ______ i Musei Vaticani.
3 In Italia non ______ i regali.
4 Di solito non ______ crisantemi.
5 Con il pesce, di solito, ______ il vino bianco.
6 Agli uomini non ______ fiori.
7 Al ristorante ______ il coperto.
8 In Italia il cappuccino ______ con il latte.

9 ***Potere, volere, dovere:* alle drei Verben in einer Übung.**

1 Noi ______ fare una festa domani e ______ ancora preparare tutto.
2 Se (tu) non ______ cucinare, questa sera andiamo a mangiare fuori. Dai!
3 Mi dispiace non ______ venire da Giusy stasera. ______ finire la presentazione per la ditta Dini & Jana.
4 Mi scusi, non ho capito il Suo nome, lo ______ ripetere per favore?
5 Che ore sono? ______ telefonare a mia madre prima delle ventidue!
6 Barbara e Valeria ______ studiare per un esame e non ______ venire a teatro con noi.
7 Sentite, giovedì (noi) ______ andare a Milano per lavoro. ______ venire anche voi? ______ fare shopping in centro...

8 Che tempo fa? __________ prendere l'ombrello?

9 Marcello fa ginnastica tre volte alla settimana perché __________ perdere cinque chili.

10 Per venire a casa tua __________ usare la macchina o __________ prendere un mezzo pubblico?

10 **Com'è il tempo in Italia?**
Vervollständigen Sie die Sätze anhand der Zeichnungen.

 A Genova ____________________

 A Cagliari ____________________

A Torino ____________________ 

A Napoli ____________________ 

 A Verona ____________________

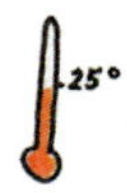

A Palermo ____________________

A Firenze ____________________ 

A Lampedusa ____________________ 

 A Venezia ____________________

11 **Wählen Sie eine Karte und schreiben Sie den passenden Text.**

12 **Verbinden Sie sinngemäß.**

1 Sei mai stato a Roma?
2 Con chi sei andato a Genova?
3 Sei mai stato al ristorante Da Romano?
4 Vieni alla festa di Samanta?
5 Vai spesso in vacanza in Spagna?
6 Quando andate a ballare?
7 Sei mai stato in un B&B in Italia?

a Ci andiamo il sabato sera verso mezzanotte.
b No, non ci vengo, è una tipa così antipatica.
c Ci vado ogni anno, mi piacciono molto le Isole Baleari.
d No, non ci sono mai stato, preferisco gli hotel.
e Ci sono andato con un collega.
f Sì, ci sono stato l'anno scorso con mia moglie.
g Sì, ci vado spesso a mangiare il pesce.

13 **Bilden Sie vier Mini-Dialoge mit den angegebenen Bestandteilen und fügen Sie *ci* hinzu.**

▸ 1 vai | più tardi | quando | vado | al supermercato

◆ ____________________

● ____________________

▸ 2 con chi | vado | vai al cinema | con mia moglie

◆ ____________________

● ____________________

▸ 3 mia festa | venite alla | veniamo volentieri | sì, certo

◆ ____________________

● ____________________

▸ 4 siamo mai stati | conoscete | no, purtroppo non | Venezia

◆ ____________________

● ____________________

14 **Mega-Wiederholung aus allen zehn Kapiteln! Unterstreichen Sie die richtige Lösung.**

1 Io sono di Bari. E tu, invece, **di / da** dove sei?
2 Umberto Eco è **egiziano / italiano**, di Alessandria.
3 **Cosa / Che** numero hai?
4 Lavoro **a / in** Roma, ma abito **a / in** Terni, **a / in** Umbria.
5 Sono **uno / un** studente italiano **da / di** 23 anni.
6 Tu che cosa prendi? **Decido / Offro** io.
7 La birra, grand**e** /grand**i** o piccol**a** / piccol**e** ?
8 **Gli / I** giovani preferiscono **lo / il** yogurt con **gli / i** cereali.
9 Maria **si / lei** sveglia di solito alle sei.
10 Sandro lavora sempre **dall' / dal** lunedì **all' / al** venerdì.
11 Ti **piace / piacciono** i biscotti al burro?
12 Senta, io vorrei prenotare un **tavolo / teatro** per sei persone.
13 Scusi, **conosce / sa** dov'è l'ufficio postale?
14 Cosa prende di **secondo / contorno**? Abbiamo patatine fritte e verdure miste grigliate.
15 Licia e Chiara **sono / hanno** visitato Siena e Grosseto.
16 Ti **è / ha** piaciuta la festa di Silvia?
17 **Prima / Poi** ho mangiato al ristorante e **prima / poi** sono andata a prendere il caffè da Rita.
18 Vado in palestra **una / due** volte alla settimana.
19 **Posso / So** suonare il pianoforte.
20 I panini? Ah, non **le / li** mangio mai. Preferisco qualcosa di caldo.
21 Torino è una città grand**i** / grand**e** e modern**a** / modern**e**.
22 Davanti **della / alla** farmacia c'è il distributore.
23 Gigi, le **tua / tue** amiche sono proprio simpatiche!
24 Nel Parco Nazionale del Gran Sasso si **può / possono** fare delle gite stupende.

Fonetica

15 **Die Laute /v/ und /f/, /p/ und /b/, /t/ und /d/, /k/ und /g/**

2 ▸ 43 **a Hören Sie folgende Sätze und lesen Sie mit.**

▸ **1 Die Laute /v/ und /f/**
Viaggia con i suoi figli?
Vorrei un posto vicino al finestrino.
Raffaella ama gli sport invernali.
Posso avere il tuo numero di telefono?

▸ **2 Die Laute /p/ und /b/**
Qual è il problema?
L'albergo ha la palestra?
Il tempo è bello.
Mi piace andare in bicicletta.

▸ **3 Die Laute /t/ und /d/**
Le attività individuali sono noiose.
Dipingere è molto rilassante.
Ieri è stata una giornata splendida.
Vai a piedi o in tram?

▸ **4 Die Laute /k/ und /g/**
L'albergo è proprio caro.
C'è collegamento Internet in camera?
Si può pagare con la carta di credito?
Vorrei una camera singola.

2 ▸ 44 **b Kreuzen Sie an welchen Laut Sie hören.**

A	1	2	3	4	B	1	2	3	4	C	1	2	3	4	D	1	2	3	4
/v/	☐	☐	☐	☐	/p/	☐	☐	☐	☐	/t/	☐	☐	☐	☐	/k/	☐	☐	☐	☐
/f/	☐	☐	☐	☐	/b/	☐	☐	☐	☐	/d/	☐	☐	☐	☐	/g/	☐	☐	☐	☐

c Stimmhaft oder stimmlos? Kreuzen Sie an.

Ein Laut ist stimmhaft, wenn die Stimmbänder vibrieren, hingegen, bei einem stimmlosen Laut, vibrieren sie nicht. Probieren Sie selbst, indem Sie die Hand an den Hals legen.

Die Laute /f/, /p/, /t/ und /k/ sind ☐ stimmhaft oder ☐ stimmlos?
Die Laute /v/, /b/, /d/ und /g/ sind ☐ stimmhaft oder ☐ stimmlos?

2 ▸ 45 **16** **Üben Sie jetzt die Aussprache selbst:**
Lesen Sie die folgenden Sätze laut vor und hören Sie anschließend zur Kontrolle die CD.

Un fine settimana fuori casa.

Fulvia e Valeria sono andate a Firenze in treno.
Invece Paolo e Bruno sono andati in barca a vela dall'Isola d'Elba alle Isole Pontine.
Tania e Daniele sono stati a Feltre, in Veneto.
Caterina e Ivano hanno fatto il giro del Lago di Garda con la moto di Corrado.

Dossier

17 **Das Wetter in Ihrer Stadt. Schreiben Sie eine Woche lang ein Wetter-Tagebuch und beschreiben Sie darin jeden einzelnen Tag. Wie ist das Wetter morgens und abends? Berichten Sie.**

18 **Erzählen Sie von dem letzten verlängerten Wochenende, an dem Sie verreist sind. Wo haben Sie gewohnt, was haben Sie gemacht ...?**

Test Unità 8-10

Was ist richtig? Kreuzen Sie an.

1 Io ...... il prossimo fine settimana.

☐ vengono ☐ vengo ☐ viene

2 ...... amica suona il pianoforte.
...... fratello invece suona la chitarra.

☐ Le vostre ☐ Il tuo
☐ Tua ☐ Tuo
☐ La mia ☐ Suo

3 Questo ragazzo è mio fratello e ...... sono i miei cugini.

☐ quello ☐ quelle ☐ quelli

4 Valerio e Donatella ...... fare una gita.

☐ vogliono ☐ volere ☐ volete

5 Mario è di fronte ...... cinema.

☐ a ☐ di ☐ al

6 ...... molti ristoranti nella mia città.

☐ Ci sono ☐ C'è ☐ Sono

7 Si ...... portare animali domestici?

☐ può ☐ possono ☐ posso

8 Serena, ti presento ...... genitori.

☐ i miei ☐ i tuoi ☐ i nostri

9 Marco, Piero, lo stadio non è in centro, ... prendere la macchina.

☐ dobbiamo ☐ dovete ☐ devono

10 Il mio quartiere ...... moderno e tranquillo.

☐ c'è ☐ è ☐ sono

11 Nella mia zona giro ...... piedi.

☐ a ☐ in ☐ con

12 Margherita è alta e ha i capelli ....

☐ magri ☐ castani ☐ lungo

13 Mia madre e mio ...... sono pensionati.

☐ figlio ☐ padre ☐ moglie

14 Quanto ...... una camera doppia?

☐ viene ☐ vengono ☐ fa

15 In vacanza ...... fa molto sport.

☐ ci ☐ si ☐ ti

16 A Milano ...... spesso la nebbia.

☐ è ☐ fa ☐ c'è

17 Oggi il tempo è brutto: piove e ....

☐ fa caldo ☐ fa freddo ☐ c'è il sole

18 Io sono stata a Taormina. E tu ...... sei mai stato?

☐ ci ☐ si ☐ ti

19 ...... non venite a trovarmi?

☐ Come ☐ Perché ☐ Con chi

20 Il distributore è ...... la farmacia e l'ufficio postale.

☐ fra ☐ accanto ☐ davanti

Grammatikübersicht

Die nachfolgende Grammatikübersicht soll Ihnen einen Überblick über die in ***Chiaro! A1*** behandelten Grammatikthemen geben. Selbstverständlich handelt es sich dabei nicht um eine vollständige Darstellung der italienischen Grammatik. Sie dient Ihnen vielmehr als Nachschlagewerk bei offenen Fragen oder zur Wiederholung. Beachten Sie zur Grammatik auch jeweils die letzte Seite der einzelnen Lektionen. Verweise auf die einzelnen Lektionen, in denen die jeweiligen Grammatikthemen behandelt werden, erfolgen anhand L 1.
Die folgende Grammatikdarstellung finden Sie sowohl als PDF-Dokument als auch zur selbständigen Ergänzung als Word-Dokument auf Ihrer Lerner-CD-ROM.

Inhalt

G

Grammatische Begriffe im Überblick

(lateinischer) Begriff	**deutsch**	**italienisch**	**Beispiel**
Adjektiv	Eigenschaftswort	aggettivo	il caffè **macchiato**
Adverb	Umstandswort	avverbio	Sto **bene**.
Akkusativ	4. Fall (Wenfall)	accusativo	Mangio **gli spaghetti**.
Artikel → bestimmter Artikel → unbestimmter Artikel → Teilungsartikel	Geschlechtswort	articolo articolo determinativo articolo indeterminativo articolo partitivo	 **la** pasta, **il** gelato **una** pizza, **un** caffè Vorrei **della** frutta
Dativ	3. Fall (Wemfall)	dativo	Scrivo **a un'amica**.
Demonstrativbegleiter	hinweisender Begleiter	aggettivo dimostrativo	Prendo **quelle** mele.
Demonstrativpronomen	hinweisendes Fürwort	pronome dimostrativo	Prendo **quelle**.
Endung		desinenza	io abit**o**, tu abit**i**.../i gelat**i**
feminin	weiblich	femminile	**Lei** è spagnol**a**.
Grundzahlen		numeri cardinali	uno, due, tre...
Hilfsverb		verbo ausiliare	**Ho** lavorato molto.
Indefinitbegleiter	unbestimmter Begleiter	aggettivo indefinito	**ogni** mattina
Infinitiv	Grundform (des Verbs)	infinito	Vorrei **pagare** subito.
Fragewort		pronome / aggettivo interrogativo	**Che** lingue parli?
Konjugation	Beugung (des Verbs)	coniugazione	io **parlo**, tu **parli**...
Konjunktion	Bindewort	congiunzione	Maria **e** Paolo
Konsonant	Mitlaut	consonante	**b**, **c**, **d**, **v**...
maskulin	männlich	maschile	**Lui** è spagnol**o**.
Modalverb		verbo servile	**Devo** lavorare.

(lateinischer) Begriff	deutsch	italienisch	Beispiel
Negation	Verneinung	negazione	Oggi **non** lavoro.
Objekt	Ergänzung	complemento	Lucia legge **il giornale**.
direktes Objekt-pronomen	persönliches Fürwort als Objekt (4. Fall)	pronome personale oggetto diretto	Non **lo** so.
indirektes Objekt-pronomen	persönliches Fürwort als Objekt (3. Fall)	pronome personale oggetto indiretto	**Le** scrivo.
Ordinalzahl	Ordnungszahl	numero ordinale	**primo**, **secondo**...
Partizip Perfekt	Mittelwort der Vergangenheit	participio passato	Ho **lavorato** molto.
Personalpronomen	persönliches Fürwort	pronome personale	**io, tu, noi**...
Plural	Mehrzahl	plurale	pizz**e**, gelat**i**...
Präposition	Verhältniswort	preposizione	**di, a, da, in**...
Präsens	Gegenwart	presente	Adesso **sono** a casa.
reflexiv → Reflexivpronomen → Reflexivverb	rückbezüglich rückbezügliches Fürwort	riflessivo pronome riflessivo verbo riflessivo	 **Mi** riposo. **Mi riposo**.
Singular	Einzahl	singolare	un caffè, la birra
Substantiv	Hauptwort	sostantivo	mare, pasta, vino
Superlativ → absoluter Superlativ	2. Steigerungsform	superlativo superlativo assoluto	 Sto **benissimo**.
Verb	Tätigkeitswort	verbo	**mangiare, bere**...
Vokal	Selbstlaut	vocale	**a, e, i, o, u**

G

1 Aussprache und Schreibung

L 1

1.1 Das Alphabet

Das italienische Alphabet hat 21 Buchstaben. Hinzu kommen 5 Buchstaben (*j, k, w, x, y*), die in Fremdwörtern bzw. in Wörtern fremden Ursprungs vorkommen.

a	a	**e**	e	**i**	i	**m**	emme	**q**	cu	**v**	vi/vu
b	bi	**f**	effe	**j**	i lunga	**n**	enne	**r**	erre	**w**	vu doppia
c	ci	**g**	gi	**k**	cappa	**o**	o	**s**	esse	**x**	ics
d	di	**h**	acca	**l**	elle	**p**	pi	**t**	ti	**y**	ipsilon
								u	u	**z**	zeta

1.2 Die Aussprache

Im Italienischen entspricht die Aussprache grundsätzlich der Schreibung. Bei bestimmten Buchstaben bzw. Buchstabenkombinationen sind jedoch einige Besonderheiten zu beachten.

	Position	Laut	Aussprache	Beispiel
c	vor *e, i*	[ʧ]	wie Deu**tsch**	pia**ce**re, **ci**occolata
	vor *a, o, u* }	[k]	wie **K**arte	mer**ca**to, **co**me, **cu**ore
	vor *h + e, i* }			an**che**, **chi**aro
	sonst }			**c**lima
g	vor *e, i*	[ʤ]	wie **G**in	**ge**lato, ori**gi**ne
	vor *a, o, u* }	[g]	wie **G**arten	impiega**ga**ta, pre**go**, lin**gu**a
	vor *h + e, i* }			spa**ghe**tti, dialo**ghi**
	sonst }			**g**razie
gl	vor *i*	[ʎ]	etwa wie Mill**i**on	**gli**, fami**gli**a, lu**gl**io
	sonst	[gl]	wie **Gl**obus	in**gl**ese, **gl**obo
gn		[ɲ]	wie Ko**gn**ak	**gn**occhi, inse**gn**ante
h		*wird nicht ausgesprochen*		**h**otel, **h**o
qu		[kw]	wie **Qu**adrat	ac**qu**a, **qu**esto, **qu**i
r		[r]	gerollt	t**r**eno, pe**r**ché, ba**r**, **r**osa
sc	vor *e, i*	[ʃ]	wie **Sch**atz	pe**sce**, **sci**are
	vor *a, o, u* }	[sk]	wie **Sk**at	**sca**mbio, tede**sco**, **scu**si
	vor *h + e, i* }			**sche**ma, tede**schi**
v		[w]	wie **W**ein	**v**ino, **v**ulcano, in**v**erno

- Beachten Sie: bei **gu** + Vokal (wie in ***gu**ardare*) wird das **u** ausgesprochen.
- Treffen zwei Vokale aufeinander, so behalten beide ihren eigenen Laut, d.h. beide Vokale werden ausgesprochen: *euro* (e – u), *dieci* (i – e), *pausa* (a – u).
- In den Verbindungen **cia**, **cio**, **ciu** bzw. **gia**, **gio**, **giu** und **scia**, **scio**, **sciu** wird das **i** jedoch nur dann ausgesprochen, wenn es betont wird (*farmacia, Lucia, bugia, scio*), sonst nicht (*ciao, diciotto, buongiorno, Giuseppe, Brescia*).
- Doppelkonsonanten sind im Italienischen deutlich zu hören. Sie werden lang ausgesprochen, während der vorangehende Vokal kurz ausgesprochen wird: *piazza, macchina, cellulare, diciassette*.

1.3 Betonung und Akzent

▶ Die meisten italienischen Wörter werden auf der vorletzten Silbe betont wie *lavoro*.

▶ Es können aber auch folgende Silben betont werden:
- die letzte: *venerdì*
- die drittletzte: *lavorano*
- die viertletzte: *telefonano*

Da es hierfür keine klaren Regeln gibt, empfiehlt es sich, beim Vokabellernen die Betonung gleich mitzulernen.

▶ Nur bei Endbetonung setzt man einen graphischen Akzent. Der Akzent wird außerdem bei einigen einsilbigen Wörtern gesetzt, um sie von anderen gleich lautenden zu unterscheiden.

sì ja ⟷ **si** man / sich   **è** ist ⟷ **e** und   **dà** gibt ⟷ **da** von, bei

▶ Im Italienischen gibt es zwei graphische Akzente:
- der *accento grave* (`) ist bei allen Vokalen möglich und kommt häufiger vor: *città, caffè, lunedì, però, più*.
- der *accento acuto* (´) zeigt die Aussprache des geschlossenen **e** an: *perché, ventitré*.

5 ### 1.4 Aussage- und Fragesätze

Im Italienischen gibt es – anders als im Deutschen – im Satzbau in der Regel keinen Unterschied zwischen Aussage- und Fragesatz. Der Unterschied liegt allein in der Melodie des Satzes (nach oben in der Frage).

La signora Monfalco è di Torino.   La signora Monfalco è di Torino?

2 Das Substantiv

1 ### 2.1 Das Geschlecht

Italienische Substantive sind entweder männlich oder weiblich, es gibt kein Neutrum wie im Deutschen. Das grammatische Geschlecht ist in den meisten Fällen aus der Endung ersichtlich.

	männlich	**weiblich**
• Substantive, die auf **-o** enden, sind meistens männlich.	il vin**o** (der Wein)	la past**a** (die Nudeln)
• Substantive, die auf **-a** enden, sind meistens weiblich.	il mar**e** (das Meer)	la voc**e** (die Stimme)
• Substantive, die auf **-e** enden, können sowohl männlich als auch weiblich sein.		

▶ Es gibt jedoch auch weibliche Substantive auf **-o**: **la radio** (das Radio), **la foto** (das Foto), **la moto** (das Motorrad), **l'auto** (das Auto), **la mano** (die Hand).

▶ Es gibt umgekehrt männliche Substantive auf **-a**: **il cinema** (das Kino), **il problema** (das Problem).

▶ Substantive, die auf Konsonant enden (meistens Fremdwörter), sind in der Regel männlich: **il bar**, **il toast**, **lo yogurt**, **lo snack**, **il film**, **il tram**.

▶ Männlich sind die Wochentage auf **-ì** (**il martedì** – der Diestag) und die Zahlen (**il dieci** – die Zehn).

▶ Weiblich sind die Buchstaben (**la b** – das B) und die meisten Substantive auf **-ione** (**la stazione** – der Bahnhof, **la colazione** – das Frühstück). Als weiblich gelten außerdem die Städte, unabhängig von der Endung des Namens: **Milano** è rumoros**a**.

L 1,2

2.2 Berufs- und Personenbezeichnungen

▶ Es gibt Personenbezeichnungen mit einer männlichen Form auf **-o** und einer weiblichen Form auf **-a**.

männlich	**weiblich**
il bambino	la bambina
l'impiegato	l'impiegata

▶ Es gibt Personenbezeichnungen mit einer einzigen Form für beide Geschlechter.

männlich	**weiblich**
il collega	la collega
il francese	la francese
il rappresentante	la rappresentante
il giornalista	la giornalista

▶ Personenbezeichnungen mit der männlichen Form auf *-**tore*** bilden die weibliche Form auf ***-trice***: il direttore – la direttrice.

▶ Bei einigen Berufsbezeichnungen wird üblicherweise die männliche Form auch für weibliche Personen verwendet: **il medico** (Arzt / Ärztin), **il magistrato** (Richter / Richterin).

L 3

2.3 Die Pluralbildung

- Männliche Substantive bilden den Plural grundsätzlich auf **-i**.
- Weibliche Substantive auf **-a** bilden den Plural auf **-e**.
- Weibliche Substantive auf **-e** und **-o** bilden den Plural auf **-i**.
- Substantive auf **-ista** haben zwei Pluralformen, männlich auf **-i** und weiblich auf **-e**.

	Singular	**Plural**
männlich	panino	panini
	liquore	liquori
	problema	problemi
	giornalista	giornalisti
weiblich	birra	birre
	stazione	stazioni
	mano	mani
	giornalista	giornaliste

2.4 Besonderheiten bei der Pluralbildung

Unveränderliche Formen

Unveränderlich sind:

- Substantive, die auf Konsonant oder betontem Vokal enden.
- Kurzformen wie **auto** (*automobile*), **bici** (*bicicletta*), **foto** (*fotografia*), **moto** (*motocicletta*), **cinema** (*cinematografo*), **radio** (*radiofonia*).

	Singular	**Plural**
männlich	un bar	due bar
	un caffè	due caffè
	un cinema	due cinema
weiblich	una città	due città
	una foto	due foto

L 7,10

Substantive auf *-ca/-ga, -co/-go*

▶ Substantive auf **-ca /-ga** bilden den Plural auf **-che /-ghe**: pesca – pesche; collega – colleghe.

▶ Substantive auf **-co /-go**, die auf der vorletzten Silbe betont werden, bilden den Plural auf **-chi/-ghi**: succo – succhi; albergo – alberghi.

Wichtige Ausnahmen: amico – amici; greco – greci.

▶ Substantive auf **-co /-go**, die auf der drittletzten Silbe betont werden, bilden den Plural auf **-ci/-gi**: austriaco – austriaci; analcolico – analcolici; asparago – asparagi.

❗ Männliche Substantive auf **-logo** bilden den Plural auf **-ghi**, wenn sie eine Sache bzw. einen Begriff bezeichnen, und auf **-gi**, wenn sie einen Menschen bezeichnen. Die Betonung spielt dabei keine Rolle. Die weibliche Form bildet den Plural immer auf **-ghe**.
dialogo – dialo**ghi** psicologo – psicolo**gi** psicologa – psicolo**ghe**

7 **Substantive auf *-cia/-gia***

• Substantive auf **-cia/-gia** mit betontem **i** bilden den Plural auf **-cie/-gie**.	farmacia – farma**cie** bugia – bu**gie**
• Substantive auf **-cia/-gia** (nicht betont) bilden den Plural ebenfalls auf **-cie/-gie**, wenn der Endung ein Vokal vorangeht, aber auf **-ce/-ge**, wenn der Endung ein Konsonant vorangeht.	acacia – aca**cie** ciliegia – cilie**gie** arancia – aran**ce** pioggia – piog**ge**

▸ Substantive auf **-io** haben im Plural meistens nur ein **-i**. Ist das **-i-** der Endung jedoch betont, so bleibt es im Plural erhalten.

formagg**io** – formagg**i** z**io** – z**ii**
negoz**io** – negoz**i**

3, 8 **Unregelmäßige Pluralformen**

Einige Substantive sind im Singular männlich und im Plural weiblich.
Im Plural haben sie außerdem die unregelmäßige Endung **-a**: **l'**uov**o** – **le** uov**a**.

▸ Einige Substantive kommen nur im Singular, andere nur im Plural vor.

Che cosa può fare **la gente** in piazza? (la gente, Sing.)	Was können die Leute auf dem Platz unternehmen?
Facciamo una gita ne**i dintorni** di Ferrara? (i dintorni, Pl.)	Machen wir einen Ausflug in der Umgebung von Ferrara?

▸ Beachten Sie: Der männliche Plural wird auch für gemischte Gruppen (Männer und Frauen) verwendet: **I compagni** bezieht sich auf die Mitschüler und auf die Mitschülerinnen.

3 Der Artikel

Die Form des bestimmten und des unbestimmten Artikel hängt von Geschlecht und Anfangsbuchstaben des darauf folgenden Substantivs ab.

2 **3.1 Der unbestimmte Artikel (ein, eine)**

	männlich	weiblich
vor Konsonant	**un r**agazzo	**una r**agazza
vor Vokal	**un a**lbergo	**un'o**pera
vor *s* + Konsonant	**uno sc**ambio	
vor *z*	**uno z**ero	
vor *ps*	**uno ps**icologo	
vor *y*	**uno y**ogurt	

• Vor **h** werden **un** bzw. **una** verwendet: **un h**otel, **una h**all.

L 1,2,3

3.2 Der bestimmte Artikel (der, die, das)

	männlich		weiblich	
	Singular	Plural	Singular	Plural
vor Konsonant	**il** ragazzo	**i** ragazzi	**la** ragazza	**le** ragazze
vor Vokal	**l'a**lbergo	**gli a**lberghi	**l'o**pera	**le o**pere
vor *s* + Konsonant	**lo sc**ambio	**gli sc**ambi		
vor *z*	**lo z**ero	**gli z**eri		
vor *ps*	**lo ps**icologo	**gli ps**icologi		
vor *y*	**lo y**ogurt	**gli y**ogurt		

- Vor **i** + Vokal werden **lo** bzw. **la** verwendet: **lo Io**nio, **la ie**na.
- Vor **h** werden **l'** bzw. **la** verwendet: **l'h**otel, **la h**all.

L 1

3.3 Der Gebrauch des bestimmten Artikels

Im Gegensatz zum Deutschen steht der bestimmte Artikel in folgenden Fällen:

- vor *signore / signora* sowie vor Titelbezeichnungen in Verbindung mit einem Eigennamen, außer bei der Anrede:
  Signora Monfalco ... **il signor** Klum.
  Signora Rossetti ... **il dottor** Ghini.

- vor Berufsbezeichnungen in Verbindung mit dem Verb *fare*:
  Che lavoro fai? **Faccio la** giornalista.

L 2

- vor Sprachen:
  ◆ Parla **il tedesco**? — ◆ Sprechen Sie Deutsch?
  ■ No, parlo **lo spagnolo** e **l'inglese**. — ■ Nein, ich spreche Spanisch und Englisch.

- vor Ländernamen:
  Io conosco bene **la Germania**. — Ich kenne Deutschland gut.

L 5 Der Artikel entfällt in der Regel vor **in** + Ländername und vor **in** + Via, Viale, Piazza + Name:
Chiara abita **in Spagna** / **in Via Verdi**. — Chiara wohnt in Spanien / in der Verdistraße.

L 4

- vor der Uhrzeit:
  Sono **le undici**. Es ist elf Uhr. — È **l'una**. Es ist ein Uhr.

- Vor den Tageszeiten, um eine Gewohnheit auszudrücken.
  La mattina mi alzo alle 6.30. — Morgens stehe ich um 6.30 Uhr auf.
  Il pomeriggio lavoro fino alle 17. — Nachmittags arbeite ich bis 17 Uhr.

L 9

- vor Körperteilen (z. B. bei der Beschreibung des Aussehens):
  Margherita ha **i capelli castani**. — Margherita hat braune Haare.

L 4 **!** Der Gebrauch des bestimmten Artikels vor den Wochentagen verändert die Bedeutung des Satzes.

• Artikel + Wochentag bedeutet «jeden ...».	**Il venerdì** vado a ballare.	Freitags gehe ich tanzen.
• Ein Wochentag ohne Artikel bedeutet, je nach Zusammenhang, «am nächsten...» oder «am letzten ...».	**Venerdì** vado a ballare.	Nächsten Freitag gehe ich tanzen.
	Venerdì sono andato a ballare.	Letzten Freitag bin ich tanzen gegangen.

L 6

- Vor den Monatsnamen steht in der Regel kein Artikel, außer in Verbindung mit einem Adjektiv.
  Giugno è ideale per viaggiare. — Der Juni ist ideal zum Reisen.
  Il giugno scorso sono stato in Italia. — Letzen Juni bin ich in Italien gewesen.

3 ▸ Ähnlich wie im Deutschen entfällt der Artikel bei Aufzählungen.
La colazione all'italiana si basa su latte, caffè o tè, biscotti o fette biscottate, marmellata o miele, e burro.

7

3.4 Der Teilungsartikel

Mit dem Teilungsartikel drückt man eine unbestimmte Menge aus (etwas, ein wenig von, einige). Er wird mit der Präposition **di** und dem **bestimmten Artikel** gebildet. Im Deutschen gibt es keine genaue Entsprechung, deshalb wird der Teilungsartikel meist nicht übersetzt.

Vorrei **della** frutta.	Ich möchte (etwas) Obst.
Ho comprato **del** pecorino.	Ich habe Schafkäse gekauft.
Ho **delle** mele molto buone.	Ich habe sehr gute Äpfel.
Ha **dei** mirtilli freschi?	Haben Sie frische Heidelbeeren?

4 Das Adjektiv

1, 3, 7

4.1 Die Formen

Adjektive sind Wörter, die ein Substantiv näher bestimmen. Das Adjektiv richtet sich in Zahl und Geschlecht nach der zugehörigen Person/Sache. Anders als im Deutschen gilt diese Übereinstimmung auch, wenn das Adjektiv erst nach dem Verb steht.

Un macchiato caldo, per favore.
Una birra piccola, per favore.

Il caffè è amaro.	Der Kaffe ist bitter.
La cioccolata è calda.	Die Schokolade ist heiß.

Es gibt zwei Arten von Adjektiven:

- Adjektive, die auf **-o** in der männlichen Form und auf **-a** in der weiblichen Form enden. Sie bilden den Plural auf **-i** bzw. **-e**.
- Adjektive, die auf **-e** für beide Geschlechter enden. Sie bilden den Plural auf **-i**.

	Singular	Plural
männlich	un panino caldo un prodotto locale	due panini caldi due prodotti locali
weiblich	una cioccolata calda una birra grande	due cioccolate calde due birre grandi

7 ❗ Ein Adjektiv, das sich auf mehrere Substantive verschiedenen Geschlechts bezieht, steht in der männlichen Pluralform: Ho visitato città e Paesi molto belli.

1

Die Nationalitätsadjektive
Um die Nationalität zu bezeichnen, wird immer ein Adjektiv verwendet.

Lui è italiano.	Er ist Italiener.	Lei è italiana.	Sie ist Italienerin.
Lui è inglese.	Er ist Engländer.	Lei è inglese.	Sie ist Engländerin.

3, 7

Die Adjektive auf *-co/-ca, -go/-ga*

Adjektive auf **-ca/-ga** bilden den Plural immer auf **-che/-ghe**.	fragola fresca passeggiata lunga	fragole fresche passeggiate lunghe
Adjektive auf **-co** bilden den Plural auf **-chi**, wenn die Betonung auf der vorletzten Silbe liegt, und auf **-ci**, wenn die Betonung auf der drittletzten Silbe liegt.	formaggio fresco aperitivo analcolico Wichtige Ausnahme: greco un ragazzo greco	formaggi freschi aperitivi analcolici due ragazzi greci
Adjektive auf **-go** bilden den Plural immer auf **-ghi**.	caffè lungo risultato analogo	caffè lunghi risultati analoghi

L 7

4.2 Die Farbadjektive

Farbadjektive verhalten sich in der Regel wie normale Adjektive.	il pomodor**o** ross**o** il peperon**e** verd**e** la fragol**a** ross**a** la mel**a** verd**e**	i pomodor**i** ross**i** i peperon**i** verd**i** le fragol**e** ross**e** le mel**e** verd**i**
Einige Farbadjektive sind jedoch unveränderlich. Dazu gehören **blu, rosa, viola, beige.**	Il mirtillo è **blu**. La susina è **blu**.	I mirtilli sono **blu**. Le susine sono **blu**.

4.3 Die Stellung des Adjektivs

- Im Italienischen steht das Adjektiv normalerweise nach dem Substantiv.
  Mario è un tipo **sportivo**. Mario ist ein sportlicher Typ.
- Das gilt ausnahmslos bei Nationalitäten, Farben, bei mehreren aufeinander folgenden Adjektiven sowie in der Verbindung *molto* (sehr) + Adjektiv.

  Conosco una ragazza **spagnola**.
  Preferisce i peperoni **gialli**, **verdi** o **rossi**?
  Ferrara è una città **carina** e **tranquilla**.
  Le mele sono **molto buone**.
- Einige Adjektive werden immer vorangestellt. Dazu gehören **molto** (viel), **tanto** (viel) und **poco** (wenig).

  Molti giovani hanno seguito i concerti.
  Tanti auguri!
  Ho **poco** tempo libero.
- Einige Adjektive – wie **piccolo, grande** – können vor oder nach dem Adjektiv stehen.
  Nach dem Substantiv stehen sie, wenn sie eine unterscheidende Funktion haben.

  I negozi **piccoli** sono pochi. Kleine Geschäfte sind rar. (Große dagegen nicht.)

L 2, 5, 6, 10

4.4 Der absolute Superlativ

Der absolute Superlativ drückt einen sehr hohen Grad einer Eigenschaft aus:
Tantissimi auguri! Felicitazioni vivissime! Il giro è molto bello.
Im Deutschen wird er meist mit einem Adverb wie *sehr, wirklich, äußerst* wiedergegeben.

Der absolute Superlativ wird gebildet, indem man	**männlich**	
• das Adverb **molto** (unveränderlich) vor das Adjektiv setzt.	**molto** bello **molto** grande	bell**issimo** grand**issimo**
• an den Stamm des Adjektivs **-issimo/-issima** anhängt. Die Adjektive auf **-e** erhalten dabei die Endung **-o/-a**.	**weiblich** **molto** bella **molto** grande	 bell**issima** grand**issima**

! Um die «harte» Aussprache des **c** bzw **g** beizubehalten, wird bei den Adjektiven auf **-co/-ca**, **-go/-ga** ein **-h-** eingeschoben:
Ho dei mirtilli fresc**h**issimi.
Faccio passeggiate lung**h**issime.

! Das Adjektiv **molto** bildet den absoluten Superlativ nur auf **-issimo/-issima**:
Ci sono **moltissime** occasioni di svago.

5 Das Personalpronomen

1, 2, 4, 10

5.1 Die Subjektpronomen (Nominativ: wer?)

	Singular		Plural	
Im Italienischen wird das Verb meist ohne Subjektpronomen verwendet. Die Subjektpronomen gebraucht man nur zur Hervorhebung einer oder mehrerer Personen, zur Verdeutlichung eines Gegensatzes, zur Vermeidung von Missverständnissen, wenn der Bezug nicht eindeutig ist, und wenn das Verb fehlt. Zur Betonung kann das Pronomen auch am Ende stehen.	**io**	ich	**noi**	wir
	tu	du	**voi**	ihr/Sie
	lui	er	**loro**	sie
	lei	sie	**Loro**	Sie (Pl.)
	Lei	Sie (Sg.)		

Di dove sei? – Sono di Torino.	Woher kommst du? – Ich komme aus Turin.
Io sono di Torino. E **tu** di dove sei?	**Ich** komme aus Turin. Und wo kommst **du** her?
Che lavoro fa? – Sono medico. E **Lei**?	Was sind Sie von Beruf? – Ich bin Arzt. Und **Sie**?
Che cosa prendi? Offro **io**!	Was nimmst du? **Ich** lade dich ein!

- ▸ Die höfliche Anrede für eine einzelne Person ist die 3. Person Singular *Lei*, für mehrere Personen die 3. Person Plural *Loro*. Da aber die Anredeform *Loro* sehr formell ist, wird sie im Allgemeinen durch die 2. Person Plural *voi* ersetzt. In formellen Schreiben werden die Personalpronomen der Höflichkeitsform groß geschrieben.
- ▸ Für das deutsche Subjektpronomen *es* gibt es im Italienischen keine Entsprechung. Es wird meist nicht übersetzt.
  Che ore sono? Wie spät ist es? (Non) è vero. Es ist (nicht) wahr. Piove. Es regnet.

5

5.2 Die indirekten Objektpronomen (Dativ: wem?)

Die Formen

Im Italienischen gibt es unbetonte und betonte indirekte Objektpronomen.	unbetont	betont		unbetont	betont	
	mi	a **me**	mir	**Le**	a **Lei**	Ihnen (Sg.)
	ti	a **te**	dir	**ci**	a **noi**	uns
	gli	a **lui**	ihm	**vi**	a **voi**	euch
	le	a **lei**	ihr	**gli**	a **loro**	ihnen

Der Gebrauch

Die indirekten Objektpronomen ersetzen ein bereits erwähntes indirektes Objekt (Dativ).	La discoteca non **mi** piace. Die Disco gefällt **mir** nicht.
• Das **unbetonte** Objektpronomen wird immer in Verbindung mit einem Verb verwendet.	A **me** la discoteca non piace. E a **te**? **Mir** gefällt die Disco nicht. Und **dir**?
• Das **betonte** Objektpronomen kann auch ohne Verb stehen; es wird gebraucht, wenn das Pronomen hervorgehoben werden soll und nach einer Präposition.	Vieni con **noi**? Kommst du mit (uns)?

4, 5

Die Stellung der Pronomen und der Verneinung

Die unbetonten Pronomen stehen immer unmittelbar vor dem Verb, die betonten können sowohl vor dem Verb als auch vor dem Subjekt stehen.	Ferrara **mi** piace. A **me** Ferrara piace. Ferrara a **me** piace.	Ferrara gefällt **mir**. **Mir** gefällt Ferrara. **Mir** gefällt Ferrara.
Die Verneinung steht vor den unbetonten, aber nach den betonten Pronomen.	Ferrara **non** gli piace. A lui Ferrara **non** piace.	Ferrara gefällt ihm nicht. Ihm gefällt Ferrara nicht.

L 7 5.3 Die direkten Objektpronomen (Akkusativ: wen? was?)

Die Formen

Im Italienischen gibt es unbetonte und betonte direkte Objektpronomen.	**unbetont**	**betont**		**unbetont**	**betont**	
	mi	**me**	mich	**ci**	**noi**	uns
	ti	**te**	dich	**vi**	**voi**	euch
	lo	**lui**	ihn	**li**	**loro**	sie (m.)
	la	**lei**	sie	**le**	**loro**	sie (w.)
	La	**Lei**	Sie (Sg.)			

Der Gebrauch und die Stellung der Pronomen

Die direkten Objektpronomen ersetzen ein bereits erwähntes direktes Objekt (Akkusativ).

Die Pronomen **lo**, **la**, **li**, **le** richten sich in Geschlecht und Zahl nach der Person/Sache, die sie ersetzen. Für gemischte Gruppen (Männer und Frauen) wird die männliche Form verwendet.

Prende **il radicchio**? – Sì, **lo** prendo. — Nehmen Sie den Radicchio? – Ja, ich nehme **ihn**.
Prende **la frutta**? – Sì, **la** prendo. — Nehmen Sie das Obst? – Ja, ich nehme **es**.
Prende **i pomodori**? – Sì, **li** prendo. — Nehmen Sie die Tomaten? – Ja, ich nehme **sie**.
Prende **le fragole**? – Sì, **le** prendo. — Nehmen Sie die Erdbeeren? – Ja, ich nehme **sie**.

Lo kann sich auch auf einen Sachverhalt beziehen.
Che ore sono? – Non **lo** so. — Wie spät ist es? – Ich weiß **es** nicht.

- Das **unbetonte** Objektpronomen wird immer in Verbindung mit einem Verb verwendet und steht unmittelbar davor.
- Das **betonte** Objektpronomen steht nach dem Verb, kann aber auch ohne Verb stehen. Es wird zur Hervorhebung des Objekts gebraucht.

  Chi porta il vino? – **Lo** porto io! — Wer bringt den Wein? – Ich bringe **ihn**.
  Chi vuole? **Me** o **te**? – Vuole **te**! — Wen will er/sie? **Mich** oder **dich**? – Er / Sie will **dich**.

5.4 Die Pronominaladverbien *ne* (davon) und *ci* (dort, dorthin)

L 7
- **Ne** steht für eine Teilmenge einer bereits erwähnten Sache. Es entspricht in etwa dem deutschen *davon*, wird aber oft nicht übersetzt.

  Vorrei dell'insalata. – Quanta **ne** vuole? — Ich möchte (etwas) Salat. – Wie viel möchten Sie (davon)?
  Prendo le mele. **Ne** vorrei un chilo. — Ich nehme die Äpfel. Ich möchte ein Kilo (davon).

L 10
- **Ci** ersetzt eine vorher genannte Ortsangabe und steht vor dem Verb. Es bedeutet *dort(hin)*.

  Vai spesso **in Italia**? — Fährst du oft nach Italien?
  Sì, **ci** vado spesso. — Ja, ich fahre oft dorthin.
  Non **ci** sono mai stato. — Ich bin noch nie dort gewesen.

L 9 6 Der Possessivbegleiter

Die Formen
Die Possessivbegleiter richten sich in Geschlecht und Zahl nach dem Besitzobjekt.

	männlich				weiblich			
	Singular		Plural		Singular		Plural	
(io)	il mio		i miei		la mia		le mie	
(tu)	il tuo		i tuoi		la tua		le tue	
(lui, lei)	il suo		i suoi		la sua		le sue	
(Lei)	il Suo	vicino	i Suoi	vicini	la Sua	vicina	le Sue	vicine
(noi)	il nostro		i nostri		la nostra		le nostre	
(voi)	il vostro		i vostri		la vostra		le vostre	
(loro)	il loro		i loro		la loro		le loro	

! Im Italienischen unterscheidet man nicht zwischen einem männlichen und einem weiblichen Besitzer. **Suo** steht deshalb sowohl für ***sein*** als auch für ***ihr***. Es bezieht sich nur auf das Besitzobjekt, nicht auf den Besitzer.

Luisa incontra **la sua vicina** di casa. — Luisa trifft **ihre** Nachbarin.
Luigi incontra **la sua vicina** di casa. — Luigi trifft **seine** Nachbarin.

- **Suo** wird außerdem in der höflichen Anrede für eine Person (*Ihr*) verwendet. In offiziellen Schreiben wird es groß geschrieben.
- **Loro** ist als einziger Possessivbegleiter unveränderlich und bezieht sich – wie das deutsche *ihr* (Pl.) – auf mehrere Besitzer.

I Verlasco parlano con **il loro vicino**. — Herr und Frau Verlasco sprechen mit ihrem Nachbar.
I Verlasco parlano con **i loro vicini**. — Herr und Frau Verlasco sprechen mit ihren Nachbarn.

Der Gebrauch des Artikels

- Vor Possessivbegleitern steht grundsätzlich der bestimmte Artikel. Er kann aber auch durch den unbestimmten Artikel ersetzt werden. Die Bedeutung ändert sich dabei entsprechend.

Lui è Sergio, **il** mio vicino di casa. — Das ist Sergio, mein Nachbar. (= der Einzige)
Lui è Sergio, **un** mio vicino di casa. — Das ist Sergio, ein Nachbar von mir. (= einer von vielen)

!

• Der bestimmte Artikel entfällt bei Verwandtschaftsbezeichnungen im Singular.	Questo è **mio** zio.
• Er entfällt jedoch nicht vor **loro**.	Ecco Chiara e Francesco con **il loro** zio.
• Bei Verwandschaftsbezeichnungen im Plural bleibt der Artikel immer erhalten.	Questi sono **i miei** zii.

8 ▸ In einigen Wendungen, z. B. mit *casa*, wird der Possessivbegleiter nachgestellt, der bestimmte Artikel entfällt.

Vicino a casa **mia** c'è un castello. — In der Nähe von meiner Wohnung gibt es ein Schloss.

9 7 Die Demonstrativa

Die Demonstrativa **questo** und **quello** richten sich in Geschlecht und Zahl nach dem Substantiv, auf das sie sich beziehen.

- **Questo/questa/questi/queste** (der, die, das ... hier; dieser, -e, -es) verweist auf etwas, das sich nahe beim Sprecher befindet.
- **Quello/quella/quelli/quelle** (der, die, das ... dort; jener, -e, -es) verweist auf etwas, das sich vom Sprecher weiter entfernt befindet.

E **questo** ragazzo biondo chi è? — Und dieser blonde junge Mann hier, wer ist das?
Anita è **quella** signora lì a destra. — Anita ist die Dame dort rechts.

8 Die Indefinita

Molto, tanto und *poco*

Molto / tanto (viel) und **poco** (wenig) können als Adjektive und als Adverbien gebraucht werden.

L 8 ▸ Als Adjektiv sind sie veränderlich, d. h. sie richten sich in Geschlecht und Zahl nach dem Substantiv, auf das sie sich beziehen.

Ho poco tempo.	Ich habe wenig Zeit.
Ci sono molte persone.	Es sind viele Leute da.
Ci sono tante cose da fare.	Es gibt viel zu tun.
Ci sono pochi negozi piccoli.	Es gibt wenige kleine Geschäfte.

L 4, 5, 8 ▸ Als Adverb sind sie unveränderlich:

Questa città è **molto** tranquilla.	Diese Stadt ist sehr ruhig.
Non sto **tanto** bene.	Ich fühle mich nicht sehr gut.
Abbiamo dormito **poco**.	Wir haben wenig geschlafen.

L 7 ### *Ogni*

Ogni (jeder, -e, -es) steht vor Substantiven im Singular und ist unveränderlich.

Il cameriere calcola il conto per **ogni** cliente.	Der Kellner macht die Rechnung für jeden Gast.
Ogni mattina faccio una passeggiata.	Jeden Morgen mache ich einen Spaziergang.

L 4, 6, 8, 9 ### *Tutto*

Tutto bedeutet im Singular *ganz* bzw. *alles*. Im Plural bedeutet es *alle*.
Anders als im Deutschen steht der Artikel zwischen **tutto** und dem Substantiv.

Lunedì Le racconto **tutto**.	Montag erzähle ich Ihnen alles.
La domenica **tutta la famiglia** pranza insieme.	Sonntags isst die ganze Familie gemeinsam zu Mittag.
Ci sono **tutte le cose** che mi servono.	Es ist alles da, was ich brauche.
La casa di Anita è sempre aperta a **tutti**.	Anitas Wohnung steht immer für alle offen.

9 Das Verb

Nach ihrer Infinitivendung werden die italienischen Verben in drei Gruppen eingeteilt:
Verben auf **-are** (1. Konjugation), auf **-ere** (2. Konjugation) und auf **-ire** (3. Konjugation).

9.1 Das Präsens

L 1, 2, 3 #### 9.1.1 Regelmäßige Verben

- Bei allen regelmäßigen Verben einer Gruppe werden an den Wortstamm dieselben Endungen für die Personen angehängt.
- Aus den Endungen wird ersichtlich, wer handelt. Deshalb wird das Subjektpronomen meist weggelassen.
- Für die Höflichkeitsform wird im Singular die 3. Person (*Lei*) verwendet. Im Plural kommt die 3. Person (*Loro*) heutzutage nur noch in sehr formellen Situationen vor, sonst wird die 2. Person (*Voi*) verwendet.

	abitare	prendere	offrire
(io)	abito	prendo	offro
(tu)	abiti	prendi	offri
(lui, lei, Lei)	abita	prende	offre
(noi)	abitiamo	prendiamo	offriamo
(voi)	abitate	prendete	offrite
(loro)	abitano	prendono	offrono

▸ Die Betonung liegt bei der 1. und 2. Person Plural auf der vorletzten Silbe. In den anderen Fällen richtet sie sich nach der 1. Person Singular.

3 ### 9.1.2 Verben mit Stammerweiterung

Bei einem Teil der Verben auf **-ire** wird im Singular sowie in der 3. Person Plural der Stamm durch **-isc-** erweitert. Die 1. und die 2. Person Plural haben dagegen keine Stammerweiterung. Es gelten auch für diese Verben die regelmäßigen Endungen der 3. Konjugation.
Die Formen mit Stammerweiterung werden auf **-isc-** betont.

	preferire		
(io)	prefer**isco**	(noi)	prefer**iamo**
(tu)	prefer**isci**	(voi)	prefer**ite**
(lui, lei, Lei)	prefer**isce**	(loro)	prefer**iscono**

Wie **preferire** (Lektion 3) werden z. B. auch **finire** (Lektion 4) und **capire** (Lektion 1) konjugiert.

4 ### 9.1.3 Verben auf *-care/-gare, -ciare/-giare, -gere/-scere*

Bei einer Reihe regelmäßiger Verben sind einige Besonderheiten in der Schreibung bzw. in der Aussprache zu beachten.

- Bei den Verben auf **-care** und **-gare** wird zur Erhaltung der ‹harten› Aussprache in der 2. Person Singular und in der 1. Person Plural ein **-h-** eingeschoben: gioc**h**i / gioc**h**iamo; pag**h**i / pag**h**iamo.
- Bei den Verben auf **-ciare** und **-giare** verschmilzt das **-i-** des Stammes mit dem **-i** der Endung, so dass die Formen der 2. Person Singular und der 1. Person Plural nur ein **-i** aufweisen: cominc**i**, mang**i**.
- Bei den Verben auf **-gere** und **-scere** ändert sich die Aussprache von **g** und **sc**, je nachdem, ob der nachfolgende Vokal ein **-o** oder ein **-e/-i** ist (siehe auch Kapitel Aussprache):

  leggo [-**go**], leggi [-**dʒi**]; conosco [-**sko**], conosci [-**ʃi**].

Die komplette Konjugation von **giocare**, **pagare**, **cominciare**, **mangiare**, **leggere** und **conoscere** finden Sie in der Verbtabelle im Umschlag.

9.1.4 Unregelmäßige Verben

Es gibt einige Verben, die im Präsens unregelmäßige Formen aufweisen.
Folgende unregelmäßige Verben kommen in ***Chiaro! A1*** vor:

avere	haben	(Lektion 1)	**andare**	gehen, fahren	(Lektion 4)
essere	sein	(Lektion 1)	**uscire**	ausgehen	(Lektion 4)
dire	sagen	(Lektion 1)	**sapere**	wissen/können	(Lektion 5)
stare	*wörtlich:* stehen (+ andere Bedeutungen)	(Lektion 2)	**potere**	können/dürfen	(Lektion 5)
			venire	kommen	(Lektion 8)
fare	machen, tun	(Lektion 2)	**volere**	wollen	(Lektion 8)
bere	trinken	(Lektion 3)	**dovere**	müssen, sollen	(Lektion 10)

Die Konjugation dieser Verben finden Sie in der Tabelle im Umschlag.

4, 5 ### 9.1.5 Das Verb *piacere*

Das Verb **piacere** bedeutet *gefallen* (vgl. Lektion 4) und *schmecken / mögen* (vgl. Lektion 5).

- Folgt auf *piacere* ein Verb, dann steht es im Infinitiv.
- Folgt auf *piacere* ein Substantiv, so richtet sich die Verbform nach dem Substantiv (Singular oder Plural). Dabei kann das Substantiv vor oder nach dem Verb stehen.

Mi piace **uscire** con gli amici. (Infinitiv)
Es gefällt mir, mit Freunden auszugehen.
Ferrara mi **piace**. (Singular)
Ferrara gefällt mir.
Ti **piace** il pesce? (Singular)
Magst du Fisch?
I funghi non gli **piacciono**. (Plural)
Pilze mag er nicht.

L 5, 7, 8, 10

9.1.6 Die Modalverben *dovere, potere, sapere, volere*

Dovere, **potere**, **sapere** und **volere** haben unregelmäßige Formen (für die Konjugation vgl. Verbtabelle im Umschlag). Sie werden als Hauptverben und als Modalverben gebraucht. Als Modalverben werden sie von einem Verb im Infinitiv begleitet.

- **Potere** bedeutet je nach Zusammenhang *können* oder *dürfen*.

Può prendere l'autobus numero 3.	Sie können den Bus Nummer 3 nehmen.
Si **possono** portare animali?	Darf man Haustiere mitnehmen?

- **Sapere** bedeutet je nach Zusammenhang *wissen* oder *können*.

Sa dov'è la fermata del tram?	Wissen Sie, wo die Tramhaltestelle ist?
Maria **sa** suonare il piano.	Maria kann Klavier spielen.

! **Die Wiedergabe von *können***

In der Bedeutung von *können* drückt **potere** eine Möglichkeit aus, **sapere** dagegen eine (erworbene) Fähigkeit.

Adesso ho tempo e **posso** suonare un po' il piano.	Jetzt habe ich Zeit und kann ein wenig Klavier spielen.
So suonare bene il piano.	Ich kann gut Klavier spielen.

L 3

- **Vorrei** bedeutet *ich möchte* und verhält sich wie ein Modalverb.

L 8

9.1.7 Das Verb *esserci*

Dem deutschen *es gibt* entspricht im Italienischen **c'è** bzw. **ci sono**. Aber anders als im Deutschen richtet sich das italienische Verb nach dem Bezugswort, d. h. **c'è** wird mit einem Substantiv im Singular, **ci sono** mit einem Substantiv im Plural verwendet.

C'è una farmacia qui vicino?	Gibt es in der Nähe eine Apotheke?
Nel mio quartiere **ci sono** molti negozi.	In meinem Viertel gibt es viele Geschäfte.

Essere* und *esserci

- Mit **esserci** gibt man Auskunft bzw. erkundigt man sich über das **Vorhandensein** einer Sache oder einer Person.
- Will man sich sich über den **Standort** einer bestimmten Sache oder einer Person erkundigen oder Auskunft geben, so verwendet man **essere**.

C'è anche Roberto.	Roberto ist auch da.
In centro **c'è** lo stadio.	In der Stadtmitte gibt es das Stadion.
Lo stadio **è** in centro.	Das Stadion befindet sich in der Stadtmitte.
Dov'**è** lo stadio?	Wo ist das Stadion?

L 4

9.2 Die reflexiven Verben

Die reflexiven Verben werden wie normale Verben konjugiert. Anders als im Deutschen steht das Reflexivpronomen unmittelbar **vor** dem Verb. Die Verneinung **non** steht unmittelbar **vor** dem Reflexivpronomen.

	rilassar**si**	
(io)	**mi** rilasso	ich entspanne **mich**
(tu)	**ti** rilassi	du entspannst **dich**
(lui, lei, Lei)	**si** rilassa	er/sie entspannt **sich**
(noi)	**ci** rilassiamo	wir entspannen **uns**
(voi)	**vi** rilassate	ihr entspannt **euch**
(loro)	**si** rilassano	sie entspannen **sich**

In discoteca **mi** diverto.	In der Disco amüsiere ich **mich**.
In discoteca **non mi** diverto.	In der Disco amüsiere ich **mich nicht**.

4 ❗ ▸ Die meisten italienischen reflexiven Verben sind auch im Deutschen reflexiv, z. B.:

divertirsi	sich amüsieren	rilassarsi	sich entspannen
lamentarsi	sich beklagen	trovarsi	sich befinden

▸ Es gib jedoch Abweichungen. Im Gegensatz zum Deutschen werden im Italienischen reflexiv gebraucht z. B.:

alzarsi	aufstehen	**svegliarsi**	aufwachen	**chiamarsi**	heißen

▸ Wie reflexive Verben verhalten sich auch Verben, die eine wechselseitige Handlung zwischen zwei oder mehr Personen ausdrücken.

Molte persone **si incontrano** in piazza.	Viele Leute treffen sich auf dem Platz.
Ci vediamo venerdì?	Sehen wir uns am Freitag?

10

9.3 Die *si*- Konstruktion

Si entspricht dem deutschen *man*. Im Gegensatz zum Deutschen wird aber das darauf folgende Verb im Italienischen in der Pluralform verwendet, wenn es sich auf ein Substantiv im Plural bezieht.

Come si pronunci**a** quest**a** parol**a**?	Wie spricht man dieses Wort aus?
Come si pronunci**ano** quest**e** parol**e**?	Wie spricht man diese Wörter aus?

6

9.4 Das *passato prossimo*

Das *passato prossimo* drückt abgeschlossene Handlungen und Ereignisse in der Vergangenheit aus.

Die Formen

Wie das deutsche Perfekt wird das *passato prossimo* mit dem Präsens von **essere** (*sein*) oder **avere** (*haben*) und dem Partizip Perfekt des Hauptverbs gebildet.

Das **Partizip Perfekt** wird aus dem Infinitiv des Verbs abgeleitet, indem man die Infinitivendungen *-are, -ere, -ire* durch die Endungen **-ato**, **-uto**, **-ito** ersetzt.

lavor**are**	→	lavor**ato**	gearbeitet
ricev**ere**	→	ricev**uto**	erhalten
sent**ire**	→	sent**ito**	gehört

Viele Verben (überwiegend auf **-ere**) weisen eine unregelmäßige Partizipbildung auf.
In der Lektion 6 von ***Chiaro! A1*** kommen folgende unregelmäßige Partizipien vor:

conoscere	→	**conosciuto**	kennengelernt	piacere	→	**piaciuto**	gefallen
dire	→	**detto**	gesagt	prendere	→	**preso**	genommen
essere	→	**stato**	gewesen	scrivere	→	**scritto**	geschrieben
fare	→	**fatto**	gemacht / getan	sorridere	→	**sorriso**	gelächelt
leggere	→	**letto**	gelesen	vedere	→	**visto**	gesehen

Weitere Formen finden Sie in der Verbtabelle im Umschlag.

Passato prossimo mit *avere*

Wenn das *passato prossimo* mit **avere** gebildet wird, bleibt das Partizip Perfekt unverändert (auf -o).

	avere	**Partizip Perfekt**
(io)	ho	lavorat**o**
(tu)	hai	lavorat**o**
(lui, lei, Lei)	ha	lavorat**o**
(noi)	abbiamo	lavorat**o**
(voi)	avete	lavorat**o**
(loro)	hanno	lavorat**o**

Ieri Claudia **ha lavorato** molto.	Claudia hat gestern viel gearbeitet.
Anche Paolo e Clara **hanno lavorato** molto.	Paolo und Clara haben auch viel gearbeitet.

Passato prossimo* mit *essere

Wird das *passato prossimo* mit **essere** gebildet, so richtet sich das Partizip Perfekt in Geschlecht und Zahl nach dem Subjekt.		**essere**	**Partizip Perfekt**
	(io)	sono	andato/andata
	(tu)	sei	andato/andata
	(lui, lei, Lei)	è	andato/andata
	(noi)	siamo	andati/andate
	(voi)	siete	andati/andate
	(loro)	sono	andati/andate

Paolo è andato al cinema. — Paolo ist ins Kino gegangen.
Lucia è andata al cinema. — Lucia ist ins Kino gegangen.
Paolo e Lucia sono andati al cinema. — Paolo und Lucia sind ins Kino gegangen.
Sara e Clara sono andate al lavoro. — Sara und Clara sind zur Arbeit gegangen.

Der Gebrauch von *avere* und *essere*

- Der Gebrauch von **avere** und **essere** entspricht grundsätzlich dem Gebrauch von *haben* und *sein* im Deutschen.
- Es gibt jedoch auch Abweichungen. Beispielsweise wird das *passato prossimo* von **piacere** mit **essere** gebildet.

Abbiamo visitato la città.
Wir **haben** die Stadt besichtigt.
Siamo andati al cinema.
Wir **sind** ins Kino gegangen

Ti **è** piaciuta la festa?
Hat dir das Fest gefallen?

! Anders als im Deutschen stehen Hilfsverb und Partizip im Italienischen in der Regel nebeneinander. Die Verneinung **non** steht vor dem Hilfsverb.

Sara **non ha visto** il film. — Sara hat den Film nicht gesehen.

L 3, 4, 5, 7

9.5 Infinitivsätze

Nach einer Reihe von Verben und Ausdrücken wird der Infinitiv ohne Präposition angeschlossen. Dazu gehören neben den Modalverben (vgl. S. 202) auch **preferire** (vorziehen), **piacere** (gefallen), **amare** (lieben), **adorare** (sehr mögen) sowie Ausdrücke mit **essere** + Adjektiv.

Vorrei pagare subito.
Preferisco fare colazione a casa.
D'inverno non **mi piace uscire** la sera.
Adoro cucinare per gli amici.
È possibile prenotare un tavolo per martedì sera?

Nach bestimmten Verben wird der Infinitiv dagegen mit einer Präposition angeschlossen.

andare a (gehen, fahren) — Lucia va **a** dormire verso mezzanotte.
cominciare a (beginnen) — Lucia comincia **a** lavorare alle 8.30.
esserci da (es gibt) — Ci sono molte cose **da** fare.
finire di (aufhören) — Lucia finisce **di** lavorare alle 17.

10 Die Verneinung

L 2

10.1 Die einfache Verneinung

Die einfache Verneinung wird durch **no** und **non** ausgedrückt.

No bedeutet normalerweise ***nein***. Es kann aber auch ***nicht*** bedeuten, insbesondere am Ende eines Satzes.	Abita a Genova? – **No**, a Savona. Lui va in vacanza, ma io **no**. Beviamo un aperitivo? – Perché **no**?	Wohnen Sie in Genua? – **Nein**, in Savona. Er fährt in Urlaub, ich aber **nicht**. Trinken wir ein Aperitif? – Warum **nicht**?

Non bedeutet ***nicht*** und steht in der Regel unmittelbar vor dem Verb. Enthält der Satz ein Objekt- oder Reflexivpronomen, so steht **non** vor dem Pronomen.	Andrea **non fa** colazione. Domani **non mi alzo** presto. **Non lo** so.	Andrea frühstückt nicht. Morgen stehe ich nicht früh auf. Ich weiß es nicht.

! **Non** kann auch ***kein*** bedeuten.

Maria **non** è italiana.	Maria ist **keine** Italienerin.
Non ho tempo.	Ich habe **keine** Zeit.

3, 4, 10

10.2 Die mehrteilige Verneinung

Im Italienischen gibt es auch mehrteilige Verneinungsformen. Wenn ein Satz einen Negationsausdruck enthält, z. B. **niente**, wird zusätzlich **non** verwendet. Dabei wird die Verneinung nicht zur Bejahung. Folgende mehrteilige Verneinungsformen kommen in ***Chiaro! A1*** vor:

non … niente	nichts	La mattina **non** mangio **niente**.	Morgens esse ich **nichts**.
non … mai	nie	**Non** fai **mai** sport?	Treibst du **nie** Sport?

Non steht immer vor dem Verb; der zweite Negationsausdruck steht im Präsens nach dem Verb, im *passato prossimo* zwischen Hilfsverb und Partizip Perfekt.

Non sono **mai** stato in Italia.	Ich bin noch nie in Italien gewesen.

7, 10

! **Non … mai** bedeutet **nie** bzw. **noch nie**.
Ohne die Verneinung **non** übernimmt **mai** die Bedeutung von *jemals*.

Non ho **mai** giocato a tennis.	Ich habe **(noch) nie** Tennis gespielt.
Hai **mai** giocato a tennis?	Hast Du **jemals** Tennis gespielt?

11 Das Adverb

Adverbien sind Wörter, die ganze Sätze, Verben, Adjektive oder andere Adverbien näher bestimmen. Sie sind unveränderlich.

2,4,5,6,10

Gruppen von Adverbien

Nach ihrer Bedeutung kann man die Adverbien in verschiedene Gruppen einteilen.
- Art und Weise: **bene**, **male**.
- Menge: **molto**, **poco**, **un po'**.
- Ort: **qui/qua**, **lì/là**, **a destra**, **a sinistra**, **dritto**, **vicino**, **lontano**.
- Zeit: **ieri**, **oggi**, **prima**, **dopo**, **subito**, **fa.**
- Häufigkeitsangaben: **sempre**, **spesso**, **di solito**, **qualche volta**, **mai** (nie / jemals).

Die Steigerung

Die Steigerung der Adverbien wird wie bei den Adjektiven gebildet:	
• **molto** + Adverb	Sto **molto** bene, grazie.
• Stamm des Adverbs + **-issimo**. Die neue Endung ist unveränderlich.	Sto ben**issimo**, grazie.

L 1, 2, 4, 6, 7

12 Die Fragewörter

Chi?	**Wer?**	Chi sei?	Wer bist du?
Chi?	**Wen?**	Chi hai incontrato?	Wen hast du getroffen?
Chi?	**Wem?**	Con chi vai al cinema?	Mit wem gehst du ins Kino?
Che cosa?	**Was?**	Che cosa significa?	Was bedeutet es?
Che? + Substantiv	**Welcher, -e, -s?**	Che lingue parli?	Welche Sprachen sprichst du?
Come?	**Wie?**	Come ti chiami?	Wie heißt du?
Dove?	**Wo?**	Dove abiti?	Wo wohnst du?
Di dove?	**Woher?**	Di dove sei?	Woher kommst du?
Perché?	**Warum?**	Perché studi l'italiano?	Warum lernst du Italienisch?
Quando?	**Wann?**	Quando hai visto il film?	Wann hast du den Film gesehen?
Quanto?	**Wie viel?**	Quanto viene la frutta?	Wie viel kostet das Obst?
Quanto? + Substantiv	**Wie viel?**	Quanto formaggio vuole?	Wie viel Käse möchten Sie?
Quanto? + Substantiv	**Wie viel?**	Quanta insalata vuole?	Wie viel Salat möchten Sie?
Quanto? + Substantiv	**Wie viel?**	Quanti limoni vuole?	Wie viele Zitronen möchten Sie?
Quanto? + Substantiv	**Wie viel?**	Quante fragole vuole?	Wie viele Erdbeeren möchten Sie?

Quale? hat die Form **quale** für den Singular (männlich und weiblich) und **quali** für den Plural (männlich und weiblich).

Quale pacchetto / offerta preferisci?	Welches Paket/Angebot gefällt dir besser?
Quali pacchetti / offerte preferisci?	Welche Pakete/Angebote gefallen dir besser?

13 Die Konjunktionen

Konjunktionen verbinden zwei Satzglieder innerhalb eines Satzes oder zwei Sätze miteinander. Folgende Konjunktionen sind in ***Chiaro! A1*** erschienen:

anche	auch	**ma**	aber / sondern	**perché**	weil	**se**	wenn
dunque	also	**mentre**	während	**però**	aber	**se**	ob
e	und	**o**	oder	**quando**	wenn/als		

14 Die Präpositionen

L 2, 3, 4, 5, 8

Präpositionen verbinden verschiedene Elemente eines Satzes.
Im Italienischen gibt es folgende einfache Präpositionen: **di**, **a**, **da**, **in**, **con**, **su**, **per**, **tra / fra**.
Wie im Deutschen können Präpositionen auch im Italienischen mit einem bestimmten Artikel verwendet werden; **di**, **a**, **da**, **in**, **su** verschmelzen dabei mit dem Artikel.

+	il	lo	l'	la	i	gli	le
di	del	dello	dell'	della	dei	degli	delle
a	al	allo	all'	alla	ai	agli	alle
da	dal	dallo	dall'	dalla	dai	dagli	dalle
in	nel	nello	nell'	nella	nei	negli	nelle
su	sul	sullo	sull'	sulla	sui	sugli	sulle

Jede Präposition kann in verschiedenen Zusammenhängen verschiedene Funktionen übernehmen. Ihre deutsche Bedeutung ist ebenfalls vom Kontext abhängig. Es empfiehlt sich daher, sie gleich in Wendungen zu lernen. Im Folgenden erhalten Sie einen Überblick über die Präpositionen in den Funktionen, die in ***Chiaro! A1*** vorkommen.

Die Präposition *di*

• Angabe der **Herkunft**	Di dove sei? – Sono di Monaco.	Woher kommst du? – Ich komme aus München.
• Angabe der **Zeit**	di giorno / di notte di mattina / di sera d'inverno / d'estate	tagsüber / nachts morgens / abends im Winter / im Sommer
• Angabe des **Inhalts**	una lattina di birra un pacco di spaghetti	eine Dose Bier eine Packung Spaghetti
• Angabe von **Mengen**	un po' di formaggio un litro di latte un chilo di mele	etwas Käse ein Liter Milch ein Kilo Äpfel
• Angabe der **Zugehörigkeit** (Wiedergabe des deutschen Genitivs)	i figli di mia sorella il gatto dei vicini	die Kinder meiner Schwester die Katze der Nachbarn
• Angabe des **Themas**	il corso d'italiano	der Italienischkurs
• als **Teilungsartikel**	Vorrei della frutta. Ho comprato dei mirtilli.	Ich möchte Obst. Ich habe Heidelbeeren gekauft.
• in Verbindung **mit einigen Verben**	Lucia finisce di lavorare alle 17.	Lucia hört um 17.00 Uhr zu arbeiten auf.

Die Präposition *a*

• **Orts- und Richtungsangabe** (wo / wohin?)	Sono / Vado	a	casa. Roma. una festa.	... zu / nach Hause. ... in / nach Rom. ... auf / zu einer Party.
	Sono / Vado	al	bar. cinema. ristorante. mare.	... in der / in die Bar. ... im / ins Kino. ... im / ins Restaurant. ... am / ans Meer.

• Angabe der **Zeit**	alle nove / a mezzanotte A presto! / A venerdì! a metà ottobre	um neun Uhr / um Mitternacht Bis bald! / Bis Freitag! Mitte Oktober
• Angabe der **Häufigkeit**	due volte al mese una volta alla settimana	zweimal pro Monat einmal pro Woche
• Wiedergabe von ***bis*** in der Wendung «von ... bis»	da venerdì a domenica dal lunedì al venerdì dalle 9 alle 17 dal 19 al 21 settembre	von Freitag bis Sonntag (bestimmt) von Montag bis Freitag (Gewohnheit) von 9.00 bis 17.00 Uhr vom 19. bis zum 21. September
• Angabe der **Art und Weise**	andare a piedi andare a cavallo	zu Fuß gehen reiten
• Wiedergabe des **Dativs**	Rita ha scritto a un'amica.	Rita hat einer Freundin geschrieben.
• **distributive Funktion**	70 euro a persona	70 Euro pro Person
• in Verbindung **mit einigen Verben**	Lucia va a dormire verso mezzanotte. Adesso comincio a studiare. Mi piace giocare a calcio.	Lucia geht gegen Mitternacht schlafen. Jetzt fange ich an zu lernen. Ich spiele gern Fußball.

G

Die Präposition *da*

• Wiedergabe von **von** in der Wendung «von ... bis»	da venerdì a domenica dal lunedì al venerdì dalle 9 alle 17 dal 10 al 15 luglio	von Freitag bis Sonntag (bestimmt) von Montag bis Freitag (Gewohnheit) von 9.00 bis 17.00 Uhr vom 10. bis zum 15. Juli
• Wiedergabe von **seit**	dal 2002	seit 2002
• Wiedergabe von **ab**	da fine novembre a partire da 100 euro	ab Ende November ab 100 Euro

Die Präposition *in*

• **Orts- und Richtungsangabe** (wo / wohin?)	Sono / Vado	in	Svizzera. ufficio. discoteca. un pub. montagna.	... in der / die Schweiz. ... im / ins Büro. ... in der / die Disco. ... in einer / eine Kneipe. ... in den / die Berge(n).

• Angabe der **Zeit**	in maggio in primavera	im Mai im Frühling
• Angabe des **Jahres**	nel 2008	(im Jahr) 2008
• Angabe der **Art und Weise** (Verkehrsmittel)	andare in bicicletta o in macchina	mit dem Fahrrad oder mit dem Auto fahren

Die Präposition *con*

Angabe der **Begleitung**	Esco spesso con gli amici.	Ich gehe oft mit Freunden aus.
Angabe einer **Eigenschaft**	Prendo un gelato con la panna.	Ich nehme ein Eis mit Sahne.
Angabe eines **Mittels**	Si può pagare con la carta di credito?	Kann man mit Kreditkarte zahlen?

Die Präposition *su*

Ortsangabe	navigare su Internet un ponte sul Po	im Internet surfen eine Brücke über dem Po

Die Präposition *per*

Angabe des **Grundes**	Studio l'italiano per amore.	Ich lerne Italienisch aus Liebe.
Angabe des **Zwecks** (um ... zu)	Studio l'Italiano per parlare con i miei parenti.	Ich lerne Italienisch, um mit meinen Verwandten zu sprechen.
Angabe der **Zeit**	Vorrei prenotare una camera per un fine settimana.	Ich möchte ein Zimmer für ein Wochenende reservieren.
Wiedergabe von **für**	Per me una birra, per favore.	Für mich bitte ein Bier.

Die Präposition *fra / tra*

Ortsangabe (zwischen)	Il museo è fra / tra il bar e la banca.	Das Museum ist zwischen der Bar und der Bank.

Weitere Präpositionen

dietro = hinter	Il distributore è dietro la stazione.	Die Tankstelle ist hinter dem Bahnhof.
senza = ohne	Bevo il caffè senza zucchero.	Ich Trinke meinen Kaffee ohne Zucker.
sotto = unter / unten	il bar sotto casa	die Bar gleich da unten (auch i. S. v. in der Nähe der Wohnung)
verso = gegen	Vengo verso le undici.	Ich komme gegen elf Uhr.

Präpositionale Ausdrücke

accanto a = neben	Abitiamo accanto alla chiesa.	Wir wohnen neben der Kirche.
a destra / **a sinistra** = rechts / links	Deve girare a destra / a sinistra.	Sie müssen rechts / links abbiegen.
davanti a = vor	Davanti al teatro c'è un'edicola.	Vor dem Theater ist ein Kiosk.
di fronte a = gegenüber	Il bar è di fronte alla stazione.	Die Bar ist gegenüber dem Bahnhof.
fino a = bis	Vai dritto fino al semaforo.	Du gehst geradeaus bis zur Ampel.
lontano da = (weit) entfernt	Abito lontano dalla stazione.	Ich wohne vom Bahnhof weit entfernt.
vicino a = bei / in der Nähe	Abito vicino alla scuola.	Ich wohne in der Nähe der Schule.

15 Zahlen, Zeit- und Mengenangaben

1, 2

15.1 Die Grundzahlen

0	zero	10	dieci	20	venti	30	trenta	40	quaranta
1	uno	11	undici	21	**ventuno**	31	**trentuno**	50	cinquanta
2	due	12	dodici	22	ventidue	32	trentadue	60	sessanta
3	tre	13	tredici	23	ventitr**é**	33	trentatr**é**	70	settanta
4	quattro	14	quattordici	24	ventiquattro	34	trentaquattro	80	ottanta
5	cinque	15	quindici	25	venticinque	35	trentacinque	90	novanta
6	sei	16	sedici	26	ventisei	36	trentasei		
7	sette	17	diciassette	27	ventisette	37	trentasette		
8	otto	18	diciotto	28	**ventotto**	38	**trentotto**		
9	nove	19	diciannove	29	ventinove	39	trentanove		

Zehnerzahlen

Die Zehner werden zuerst genannt.
Vor **-uno** und **-otto** verliert die Zehnerzahl den Endvokal: **quarantuno**, **cinquantotto**.
Zahlen mit **-tre** erhalten auf dem Endvokal einen Akzent: **sessantatré.**

10

100	cento	108	cent**o**otto / cento e otto
101	cent**o**uno / cento e uno	109	centonove / cento e nove
102	centodue / cento e due	110	centodieci / cento e dieci
103	centotr**é** / cento e tre	182	cent**o**ttantadue / cent**oo**ttantadue
104	centoquattro / cento e quattro	200	duecento
105	centocinque / cento e cinque	300	trecento
106	centosei / cento e sei	400	quattrocento
107	centosette / cento e sette	500	cinquecento

600	seicento	10.000	diecimila
700	settecento	1.000.000	un milione
800	ottocento	2.000.000	due milioni
900	novecento	1.000.000.000	un miliardo
1.000	mille	2.000.000.000	due miliardi
2.000	duemila		

15.2 Die Ordnungszahlen

Wie im Deutschen sind die Ordnungszahlen Adjektive. Sie stehen vor dem Substantiv und richten sich in Geschlecht und Zahl nach dem Bezugswort.

il **primo** piano	das erste Stockwerk
la **terza** casa	das dritte Haus

1° primo	6° sesto
2° secondo	7° settimo
3° terzo	8° ottavo
4° quarto	9° nono
5° quinto	10° decimo

L 6

15.3 Das Datum

- Das Datum wird mit Grundzahlen angegeben. Deshalb wird beim Schreiben kein Punkt gesetzt. Nur für den ersten eines Monats wird die Ordnungszahl verwendet.

  22 marzo 2009 = ventidue marzo duemila(e)nove
  1° maggio 2010 = primo maggio duemila(e)dieci

- Ein bestimmtes Datum wird mit dem bestimmten Artikel (ohne Präposition) angegeben.

La prima Notte bianca è stata **il** 27 settembre 2003.	Die erste «Weiße Nacht» hat am 27. September 2003 stattgefunden.

- In Briefen wird das Datum folgendermaßen angegeben:
  Firenze, 25 ottobre 2009 oder Firenze, 25/10/2009 oder Firenze, 25.10.2009
- Für einen Zeitraum wird **da ... a** verwendet:
  dal 19 al 21 settembre = dal diciannove al ventuno settembre

L 3,7

15.4 Preisangaben

Preise werden mit **euro** und **centesimi** angegeben. Das Wort **euro** hat keine Pluralform.

1,00 € = un euro
2,01 € = due euro e un centesimo
2,50 € = due euro e cinquanta centesimi / due euro e cinquanta

L 7

15.5 Wichtige Mengenangaben

1 g	un grammo	150 g	un etto e mezzo	1 kg	un chilo	1 l	un litro
50 g	mezzo etto	200 g	due etti	2 kg	due chili	2 l	due litri
100 g	un etto						

Paesi, nazionalità e lingue

Paese	nazionalità	lingua
Albania (Albanien)	albanese	l'albanese
Argentina (Argentinien)	argentino, -a	lo spagnolo
Austria (Österreich)	austriaco, -a	il tedesco
Belgio (Belgien)	belga *(m./f.)*	il francese, il fiammingo, il tedesco
Brasile, il (Brasilien)	brasiliano, -a	il portoghese
Bulgaria (Bulgarien)	bulgaro, -a	il bulgaro
Canada, il (Kanada)	canadese	l'inglese / il francese
Cile, il (Chile)	cileno, -a	lo spagnolo
Cina (China)	cinese	il cinese
Cipro (Zypern)	cipriota *(m./f.)*	il greco, il turco
Croazia (Kroatien)	croato, -a	il croato
Danimarca (Dänemark)	danese	il danese
Estonia (Estland)	estone	l'estone
Finlandia (Finnland)	finlandese	il finlandese
Francia (Frankreich)	francese	il francese
Germania (Deutschland)	tedesco, -a	il tedesco
Giappone, il (Japan)	giapponese	il giapponese
Grecia (Griechenland)	greco, -a	il greco
Inghilterra (England)	inglese	l'inglese
Irlanda (Irland)	irlandese	l'inglese
Italia (Italien)	italiano, -a	l'italiano
Lettonia (Lettland)	lettone	il lettone
Lituania (Litauen)	lituano, -a	il lituano
Lussemburgo (Luxemburg)	lussemburghese	il francese, il lussemburghese, il tedesco
Malta (Malta)	maltese	l'inglese, il maltese
Messico (Mexico)	messicano, -a	lo spagnolo
Norvegia (Norwegen)	norvegese	il norvegese
Olanda (Holland)	olandese	l'olandese
Perù (Peru)	peruviano, -a	lo spagnolo
Polonia (Polen)	polacco, -a	il polacco
Portogallo (Portugal)	portoghese	il portoghese
Repubblica Ceca / Cechia (Tschechische Republik / Tschechien)	ceco, -a	il ceco
Romania (Rumänien)	romeno, -a	il romeno
Russia (Russland)	russo, -a	il russo
Repubblica Slovacca / Slovacchia (Slowakische Republik / Slowakei)	slovacco, -a	lo slovacco
Slovenia (Slowenien)	sloveno, -a	lo sloveno
Spagna (Spanien)	spagnolo, -a	lo spagnolo
Stati Uniti, gli (USA)	statunitense, americano	l'inglese
Svezia (Schweden)	svedese	lo svedese
Svizzera (Schweiz)	svizzero, -a	il francese, l'italiano, il tedesco
Turchia (Türkei)	turco, -a	il turco
Ungheria (Ungarn)	ungherese	l'ungherese
Unione Europea (Europäische Union)	europeo, -a	

Lektionswortschatz

In dieser Liste finden Sie die Wörter und Wendungen jeder Lektion in der Reihenfolge ihres Vorkommens. Die deutsche Übersetzung gibt die Bedeutung des Begriffs im jeweiligen Kontext wieder. Die Vokabeln früherer Lektionen werden als bekannt vorausgesetzt.
Über das alphabetische Wörterverzeichnis im Anschluss an den Lektionswortschatz können Sie jederzeit feststellen, in welcher Lektion das jeweilige Wort zum ersten Mal erschienen ist.
Die mit Stern gekennzeichneten Verben haben entweder eine unregelmäßige Präsensform oder ein unregelmäßiges Partizip Perfekt. Verben mit Stammerweiterung sind mit *(-isc-)* gekennzeichnet.
Unterstrichene Buchstaben geben die Betonung bei Wörtern an, die nicht – wie in den meisten Fällen – auf der vorletzten Silbe betont werden.

Verwendete Abkürzungen im Lektionswortschatz und im alphabetischen Wortschatz:

agg.	aggettivo	Adjektiv
avv.	avverbio	Adverb
f.	femminile	weiblich
m.	maschile	männlich
pl.	plurale	Plural

APC	Ancora più chiaro
Cac	Culture a confronto
E	Esercizi
P	Portfolio

Lezione 1

	Studio l'italiano!	Ich lerne Italienisch!
1	studiare	lernen
	Per iniziare	Als Anfang (*wörtl.* Um anzufangen)
	iniziare	anfangen, beginnen
	L'Italia per me è...	Italien ist für mich ...
	per me	für mich
	è (essere*)	er, sie, es ist (sein)
2	Cose d'Italia	Italienische Dinge (*wörtl.* Dinge aus Italien)
	la cosa	Ding, Sache
	Lavorare con il lessico	Wortschatzarbeit
	lavorare	arbeiten
	con	mit
	il lessico	Wortschatz
2a	abbinare	zuordnen
	la parola	Wort
	l'immagine *(f.)*	Bild
	la pasta	*hier:* Nudeln
	il gelato	Eis
	il vino	Wein
	il museo	Museum
	la stazione	Bahnhof
	la piazza	Platz
	il mercato	Markt
	la macchina	Auto
	il treno	Zug
	il mare	Meer
	l'opera	Oper
	l'albergo	Hotel
2b	classificare	sortieren, einordnen
	il cibo	Essen
	e	und
	la bevanda	Getränk
	i trasporti *(pl.)*	Verkehrsmittel
	il tempo libero	Freizeit
	il tempo	Zeit
	libero	frei
	le vacanze *(pl.)*	Urlaub
2c	che	*hier:* welche
	conoscere*	*hier:* kennen
3	Io sono... (essere*)	Ich bin... (sein)
	ascoltare	hören
	leggere*	lesen
3a	associare	*hier:* zuordnen
	il dialogo	Dialog
	la foto	Foto
3b	riordinare	in die richtige Reihenfolge bringen
	io	ich
	sono	ich bin
	ciao	*hier:* hallo
	tu	du
	come?	wie?
	ti chiami	du heißt
	chiamarsi	heißen

	sì	ja
	prego	bitte
	grazie	danke
	mi chiamo	ich heiße
	buongiorno	guten Tag
	È libero qui?	Ist (der Platz) hier frei?
	qui	hier
	piacere	angenehm, es freut mich
	anch'io	ich auch
	anche	auch
	buonasera	guten Abend
	la vostra insegnante	Ihre/eure Lehrerin
	vostro	Ihr/euer
	l'insegnante *(m./f.)*	Lehrer(in)
	Lei come si chiama?	Wie heißen Sie?
	Lei	Sie
3c	verificare	überprüfen
3d	analizzare	analysieren
	evidenziare	markieren
	l'espressione *(f.)*	*hier:* Formulierung
	voi	Sie/ihr
	essere*	sein
4	parlare	sprechen
	Presentatevi al vostro vicino.	Stellen Sie sich Ihrem Nachbar vor.
	presentarsi	sich vorstellen
	il vicino	Nachbar
5	i saluti *(pl.)*	*hier:* Grußformeln
5b	altri saluti	andere Grußformeln
5c	Fate conoscenza in classe.	Lernen Sie sich im Klassenzimmer kennen.
	fare* conoscenza	kennenlernen
	la classe	*hier:* Klassenzimmer
6a	sottolineare	unterstreichen
	che	*hier:* die
	capire *(-isc-)*	verstehen
	il Festival Internazionale della Musica	Internationales Musikfestival
	il festival	Festival
	internazionale	international
	la musica	Musik
	la seconda edizione	zweite Veranstaltung
	l'edizione *(f.)*	*hier:* Veranstaltung
	settembre	September
	i colori dell'olio	Farben des Öls
	il colore	Farbe
	l'olio	Öl
	l'incontro	Treffen
	tra	zwischen
	la gastronomia	Gastronomie
	la cultura	Kultur
	Voglia di mare?	Lust aufs Meer?
	la voglia	Lust
	la tariffa	Tarif
	a partire da	ab
	la prenotazione	Reservierung
	presso	bei
	l'agenzia di viaggio	Reisebüro
	l'agenzia	Büro, Agentur
	il viaggio	Reise
	oppure	oder
	su	*hier:* auf
	tutto incluso	alles inklusive
	tutto	alles
6b	confrontare	vergleichen
7	di dove?	woher?
7a	quale	welcher, -e, -es
	formale	formell
	informale	informell
7b	il/la collega	Kollege/-in
	di	*hier:* aus
	lui	er
	allora	*hier:* also
	invece	hingegen, dagegen
	il signore	Herr
	la signora	Frau
	molto lieto	sehr erfreut
	molto *(avv.)*	*hier:* sehr
	lieto	froh, erfreut
7c	trovare	*hier:* finden
	adatto	passend
8	la presentazione	*hier:* Vorstellung
	Fate le presentazioni.	Machen Sie sich untereinander bekannt.
9	la nazionalità	Nationalität
9a	lei	sie
9b	l'esempio	Beispiel
	no	nein
	non	nicht
10	l'alfabeto	Alphabet
10a	ripetere	wiederholen, *hier:* nachsprechen
	la lettera	*hier:* Buchstabe
	straniero	ausländisch, fremd
10b	Come si scrive ...?	Wie schreibt man ...?
	scrivere*	schreiben

10c	Fate lo spelling.	Buchstabieren Sie.
	i puntini *(pl.)*	Pünktchen, *hier:* Umlaut
11	Per comunicare in classe.	Um sich im Unterricht zu verständigen.
	comunicare	sich verständigen, kommunizieren
11a	Che cosa?	Was?
	dire*	sagen
	significare	bedeuten
	scusi	entschuldigen Sie
	pronunciare	aussprechen
	questo, questa	dieser, -e, -es
	potere*	*hier:* können
	per favore	bitte
	la pagina	Seite
11b	Fate domande.	Stellen Sie Fragen.
	la domanda	Frage
12	il numero	Zahl
12b	Completate.	Ergänzen Sie.
	completare	ergänzen, vervollständigen
13	Che numero è?	Was für eine Zahl ist es?
	Indovinate i numeri.	Erraten Sie die Zahlen.
	indovinare	(er)raten
14	la conoscenza	Bekanntschaft
	per errore	aus Versehen
	l'errore *(m.)*	Fehler
14a	telefonare (a)	anrufen
	secondo voi	Ihrer Meinung nach
	rispondere*	antworten
	Pronto!	Hallo!
14b	poi	dann
	altro, altra	anderer, -e, -es
	volere	wollen
	il telefono	Telefon
	la casa	Haus
	il cellulare	Mobiltelefon, Handy
	Che numero ha Martina?	Welche Nummer hat Martina?
	ha	er, sie, es hat
	avere*	haben
14c	Qual è il problema?	Welches Problem liegt vor?
	qual(e)	welcher, -e, -es, was für ein
	il problema	Problem
	riconoscere*	erkennen
	la voce	Stimme
14e	di nuovo	*hier:* noch einmal
15	la rubrica del corso	Telefonverzeichnis des Kurses
	la rubrica	Verzeichnis
	il corso	Kurs
	preparare	*hier:* erstellen
16	Scoprire la grammatica	Grammatik entdecken
	scoprire	entdecken
	Ricapitoliamo	Wir fassen zusammen
	ricapitolare	zusammenfassen
16a	maschile	männlich
	o	oder
	femminile	weiblich
Cac	Culture a confronto	Kulturen im Vergleich
	il confronto	Vergleich
	le montagne *(pl.)*	Berge
	il fiore	Blume
	la moda	Mode
	il carnevale	Fasching, Karneval
	il presepe	Krippe
	l'automobile *(f.)*	Auto
	il vulcano	Vulkan
	il panettone	Weihnachtshefekuchen
	gli Etruschi *(pl.)*	Etrusker *(antikes Volk im nördlichen Mittelitalien)*
	il mio, la mia	meiner, -e, -es
	il nostro, la nostra	unserer, -e, -es
	la fotografia	Foto(grafie)
P	l'espresso	Espresso
	bravo *(agg.)*	gut
	il sole	Sonne
	Esercizi	
	l'esercizio	Übung, Aufgabe
1	l'isola	Insel
	viaggiare	reisen
2	arrivederci	auf Wiedersehen
	buonanotte	gute Nacht
14	la chiesa	Kirche
	l'albero	Baum
19	il caffè	Kaffee
	il direttore	Direktor, Leiter, Chef
20	il cuore	Herz
	la pronuncia	Aussprache
	perché	weil / warum
	il cinema	Kino
	il flamenco	Flamenco

Lezione 2

1a	dove?	wo?
	la persona	Person
1b	corrispondere*	*hier:* passen
1c	inserire	*hier:* ergänzen
	il dottore	Doktor (Titel)
	Come sta?	Wie geht es Ihnen?
	bene *(avv.)*	gut
	non c'è male	es geht
	Come stai?	Wie geht es dir?
	Tutto bene.	Alles in Ordnung.
	così, così	so lala
	Come va?	Wie geht's?
	benissimo *(avv.)*	sehr gut
1d	adesso	jetzt
	controllare	überprüfen
1f	la risposta	Antwort
2	formare	bilden
	la coppia	Paar
	giocare	spielen
	contro	gegen
3	la professione	Beruf
3a	il disegno	Zeichnung
	la commessa	Verkäuferin
	il/la farmacista	Apotheker/in
	il/la rappresentante	Vertreter/in
	l'impiegato	Angestellter
	il/la giornalista	Journalist/in
	la segretaria	Sekretärin
	l'operaio	Arbeiter
	il medico	Arzt
3b	il segretario	Sekretär
	il commesso	Verkäufer
	l'impiegata	Angestellte
	l'operaia	Arbeiterin
4	Che lavoro fai / fa?	Was bist du / sind Sie von Beruf?
	il lavoro	Arbeit
	fare*	machen
	chi?	wer?
	la lingua	Sprache
	la casalinga	Hausfrau
	studiare	*hier:* studieren
	il pensionato	Rentner
	la pensionata	Rentnerin
5	il viaggio organizzato	*hier:* Gruppenreise
5a	indicare	*hier:* ankreuzen
	la situazione	Situation
	fra	zwischen
	il turista	Tourist
5b	la scheda	*hier:* Formular
	il nome	Vorname
	il cognome	Familienname
	la città	Stadt
5c	abitare	wohnen
	a	*hier:* in
	allora	*hier:* dann
	molto *(avv.)*	*hier:* viel
	per lavoro	beruflich
	in	*hier:* in
	un po'	ein wenig
	interessante	interessant
	ma	aber
	usare	benutzen
	Non ci siamo ancora presentati.	Wir haben uns noch nicht vorgestellt.
	ancora	noch
5d	la lista	Liste
5e	il punto	Punkt
7	il Paese	Land
7a	la frase	Satz
7b	la serie	*hier:* Reihe
10	l'annuncio	Anzeige
	l'abbinamento	Verbindung
	Ho 27 anni.	Ich bin 27 Jahre alt.
	avere* ... anni	... Jahre alt sein
	l'anno	Jahr
	cercare	suchen
	la ragazza	Mädchen, junge Frau
	lo scambio	Austausch
	piccolo	klein
	l'ingegnere *(m./f.)*	Ingenieur/in
	desiderare	wünschen
	perfezionare	verbessern
	Sono di origine italiana.	Ich bin italienischer Herkunft.
	l'origine	Herkunft
	Ciao a tutti!	Hallo zusammen!
	tutti *(pl.)*	alle
	di 33 anni	33-jährig
	la persona madrelingua	Muttersprachler
	la madrelingua	Muttersprache
	conversare	sich unterhalten
	in cambio di	*hier:* gegen
	il cambio	*hier:* Austausch
	la conversazione	Unterhaltung
	il ragazzo	Junge, junger Mann

11	imparare	lernen
	in due	zu zweit
11b	il partner	Partner
12a	la cifra	Zahl, Ziffer
13	l'intervista	Interview
	per amore	aus Liebe
	l'amore *(m.)*	Liebe
	amare	lieben
	l'amico	Freund
	l'amica	Freundin
	per motivi familiari	aus familiären Gründen
	il motivo	Grund
	familiare	familiär, Familien-
14a	intervistare	interviewen
	il compagno	*hier:* Kursteilnehmer
14b	raccontare	erzählen
16	nuovo	neu
	l'identità	Identität
	compilare	ausfüllen
Cac	osservare	anschauen, betrachten
	commentare	kommentieren
	salutarsi	sich begrüßen
	la fortuna	Glück
	portare fortuna	Glück bringen
	portare sfortuna	Unglück bringen
	la sfortuna	Unglück

Esercizi

4	vero	wahr
6	il supermercato	Supermarkt
8	bravissimo	sehr gut
14	un poco	ein bisschen
17	l'amica di penna	Brieffreundin
	la penna	*hier:* der Füller (zum Schreiben)
18	mi piace	es gefällt mir
	piacere	*hier:* gefallen
19	lo yogurt	Joghurt

Lezione 3

1	il bar	Bar, Café, Lokal
2	lo spuntino	Imbiss
2a	sotto	unten
	il cornetto	Hörnchen, Croissant
	il panino	Brötchen
	il tè	Tee
	la piadina	dünnes Fladenbrot
	la spremuta d'arancia	Orangensaft (frisch gepresst)
	la spremuta	frisch gepresster Fruchtsaft
	l'aranciata	Orangenlimonade
	la birra	Bier
	l'aperitivo	Aperitiv
	l'amaro	(Magen-)Bitter
	l'acqua minerale	Mineralwasser
	l'acqua	Wasser
	il tramezzino	ital. Sandwich (dreieckig)
	il latte	Milch
2b	la tabella	Tabelle
	la caffetteria	*hier:* warme Getränke
	la bibita	Getränk
	gli alcolici *(pl.)*	alkoholische Getränke
	la pasticceria	Gebäck
3b	il macchiato	Espresso mit einem Schuss Milch
	Ecco a Lei.	Hier bitte.
	ecco	hier, da
	caldo	warm
	prendere*	nehmen
	oggi	heute
	offrire*	*hier:* einladen
	vorrei	ich möchte
	pagare	zahlen
	subito	sofort, gleich
	Quant'è?	Was kostet es?
	quanto	wie viel
	la prossima volta	das nächste Mal
	la volta	*hier:* Mal
	però	aber
	va bene	in Ordnung
	freddo	kalt
	lo scontrino	Kassenbon
	il totale	Gesamtbetrag, Summe
	i contanti *(pl.)*	Bargeld
	il resto	*hier:* Restgeld
4	l'invito	Einladung
5	decaffeinato	entkoffeiniert
	normale	normal
	grande	groß
5b	il contrario	Gegenteil
	alcolico	alkoholisch
	amaro	bitter
	analcolico	alkoholfrei
	frizzante	*hier:* mit Kohlensäure

	dolce	süß
	naturale	*hier:* still
5c	la pizzetta	kleine Pizza
	la cioccolata	*hier:* heiße Schokolade
6	ordinare	bestellen
7	il locale	Lokal
7a	il caffè letterario	Literaturcafé
	il piano bar	Piano-Bar
	la gelateria	Eisdiele
	l'enoteca	Weinprobierstube
	la birreria	Bierstube
7b	segnare	*hier:* ankreuzen
	l'affermazione *(f.)*	Behauptung
	giusto	richtig
	possibile	möglich
	il giornale	Zeitung
	il libro	Buch
	partecipare	teilnehmen
	la presentazione	Vorstellung
	il massaggio	Massage
	comprare	kaufen
	la tazza	Tasse
	la musica dal vivo	Livemusik
8	la cassa	Kasse
8a	mettere* in ordine	*hier:* in die richtige Reihenfolge bringen
	mettere*	stellen, setzen, legen
	l'ordine *(m.)*	Ordnung
	Mi dica.	*hier:* Was kann ich für Sie tun?
	il cono	Eistüte
	la panna	Sahne
	senza	ohne
8c	la colazione	Frühstück
8d	il listino prezzi	Preisliste
	il caffè corretto	Kaffee mit einem Schuss Grappa oder Cognac
	la tisana	Kräutertee
	il succo di frutta	Fruchtsaft
	il bicchiere	Glas
	la coppa	Kelch
	lo spumante	Schaumwein, Sekt
	medio, media	mittlerer, -e, -es
	il liquore	Likör
	nazionale	*hier:* einheimisch
	estero	*hier:* ausländisch
	la pasta	*hier:* Gebäck
	la tartina	belegtes Brot
	la focaccia	Fladenbrot
9a	gli alimenti *(pl.)*	Lebensmittel
	seguente	folgend
	il biscotto	Keks
	la fetta biscottata	Zwieback
	la marmellata	Marmelade
	il miele	Honig
	il burro	Butter
	i cereali *(pl.)*	*hier:* Cornflakes
	l'uovo (*pl.* le uova)	Ei
	la pancetta	(Bauch-)Speck
	il pane	Brot
9b	preparare	vorbereiten
	l'ospite *(m./f.)*	Gast
9c	lo specchio	Spiegel
	mediterraneo	mediterran
	inglobare	einverleiben
	l'uso	Brauch, Gepflogenheit
	alimentare	*hier:* Nahrungs-
	tipico	typisch
	all'italiana	nach italienischer Art
	se	*hier:* wenn
	consumato	*hier:* zu sich genommen
	basarsi (su)	basieren (auf)
	insieme	zusammen
	classico	klassisch
	il caffelatte	Milchkaffee
	alcuni	einige
	specialmente	besonders
	fra / tra	*hier:* unter
	i giovani *(pl.)*	Jugendliche
	preferire *(-isc-)*	vorziehen
	tanto	viel
	che	*hier:* die
	fare* colazione	frühstücken
	il caso	Fall
	la brioche	Gebäck
	di altro tipo	von einer anderen Sorte
	non pochi	nicht wenige
	infine	schließlich
	la mattina	Morgen, am Morgen
	mangiare	essen
	niente	nichts
	solo	*hier:* nur
10b	il gioco	Spiel
11	l'abitudine *(f.)*	Gewohnheit
11c	bere*	trinken
Cac	ristretto	*hier:* klein und sehr stark (Kaffee)
	lungo	*hier:* dünn (Kaffee)

	il testo	Text
	sotto	*hier:* unter
	ogni	jeder, jede, jedes
	corrispondente	*hier:* entsprechend
	venire*	kommen
	da me	zu mir, bei mir
	shakerato	geschüttelt
	il moka classico	Mokka
	alla napoletana	nach neapolitanischer Art
	americano	dünner Filterkaffee
	il rito	Ritus
	il momento d'incontro	*hier:* Moment sozialer Zusammenkunft
	il momento	Moment, Augenblick
	l' incontro	Zusammenkunft
	intorno	um
	la tazzina	Kaffeetasse
	esistere	*hier:* geben
	che	*hier:* das

Esercizi

5	Non ho un soldo.	Ich habe kein Geld.
	certo	sicher
16	la famiglia	Familie
	essere* a dieta	auf Diät sein
	la dieta	Diät
	lo zucchero	Zucker
18	il formaggio	Käse

Lezione 4

	Tutti i santi giorni	Alle Tage wieder
	il giorno	Tag
	santo	heilig
1	cominciare	beginnen, anfangen
	la giornata	Tag (Verlauf)
	la radio	Radio
	la doccia	Dusche
2	Che ore sono?	Wie spät ist es?
	l' ora	Uhrzeit, Stunde
2a	il segnale orario	Zeitansage
2b	l' orologio	Uhr
	il quarto	Viertelstunde
	il mezzogiorno	Mittag
	la mezzanotte	Mitternacht
	mezzo/mezza	halb
	meno	*hier:* vor
3	il mondo	Welt
	guardare	anschauen
	lo schema	Schema, Tabelle
	chiedere*	fragen
	il fuso orario	Zeitzone
4a	portare a scuola	zur Schule bringen
	portare	bringen
	la scuola	Schule
	il bambino	Kind
	di solito	gewöhnlich
	svegliarsi	aufwachen
	all'ora di pranzo	um die Mittagszeit
	il pranzo	Mittagessen
	fare* una pausa	Pause machen
	la pausa	Pause
	qualcosa	etwas
	il pomeriggio	Nachmittag, nachmittags
	tornare in ufficio	ins Büro zurückgehen
	tornare	zurückkehren
	l' ufficio	Büro
	finire *(-isc-)* (di)	aufhören
	la sera	Abend, abends
	andare* a dormire	schlafen gehen
	andare*	gehen, fahren
	dormire	schlafen
	verso	gegen
	preparare la cena	Abendessen machen
	la cena	Abendessen
	guardare la TV	fernsehen
	la TV (televisione)	Fernsehen
4b	alzarsi	aufstehen
5	A che ora?	Um wie viel Uhr?
6	la vita quotidiana	Alltag
	la vita	Leben
	quotidiano	täglich
6a	dal lunedì al venerdì	von Montag bis Freitag
	da ... a	von ... bis
	il lunedì	Montag, montags
	il venerdì	Freitag, freitags
	il fine settimana	Wochenende
	la settimana	Woche
	il martedì	Dienstag, dienstags
	il mercoledì	Mittwoch, mittwochs
	il giovedì	Donnerstag, donnerstags
	il sabato	Samstag, samstags
	la domenica	Sonntag, sonntags
6b	parlatene	sprechen Sie darüber
6c	esatto	richtig
	presto	früh
	sempre	immer

	a volte	manchmal
	di notte	nachts
	la notte	Nacht
6d	Avete indovinato?	Haben Sie es erraten?
7	Chi lo fa?	*hier:* Wer hat diese Gewohnheit?
	da solo	allein
8	ti piace	es gefällt dir
8a	la passeggiata	Spaziergang
	andare* a cena fuori	auswärts essen gehen
	la festa	Fest
	uscire*	ausgehen
	al cinema	*hier:* ins Kino
	il concerto	Konzert
	ballare	tanzen
8b	mi piace molto	es gefällt mir sehr
	non mi piace per niente	es gefällt mir überhaupt nicht
	per niente	überhaupt nicht
	Le	*hier:* Ihnen
9a	il messaggio	*hier:* Beitrag
	stare* bene (con)	*hier:* passen (zu)
	inviato	geschickt
	inviare	(zu)schicken
	stasera	heute Abend
	restare a casa	zu Hause bleiben
	d'inverno	im Winter
	l'inverno	Winter
	tanto *(avv.)*	*hier:* sehr
	d'estate	im Sommer
	l'estate *(f.)*	Sommer
	stare*	*hier:* bleiben
	mai	nie
	divertirsi	sich amüsieren
	rilassarsi	sich entspannen
	soprattutto	vor allem
	tardi	spät
	nel (in + il)	*hier:* am
	il venerdì sera	am Freitag Abend
	andare* in discoteca	in die Disco gehen
	la discoteca	Disco
	la serata	Abend (Verlauf)
	naturalmente	natürlich, selbstverständlich
	qualche volta	manchmal
	carino	*hier:* toll
	comunque	*hier:* auf jeden Fall
	passare	*hier:* verbringen
	vario	verschieden
	altre volte	andere Male
	tantissimo	*hier:* sehr
	dopo	*hier:* nach
	quando	*hier:* wenn
	avere* esami	Prüfungen haben
	l'esame *(m.)*	Prüfung
	tranquillo	ruhig
	dunque	also
	dal mio ragazzo	bei meinem Freund
	il ragazzo	*hier:* Freund
	da soli	allein
	spesso	oft
	guardare un film	einen Film anschauen
	per ore e ore	stundenlang
10a	il verbo	Verb
	il sostantivo	Substantiv
11	il forum	Forum
11c	Con chi?	Mit wem?
Cac	venire*	kommen
	succedere*	geschehen, passieren
	scopritelo	finden Sie es heraus
	il ritmo	Rhythmus
	la danza	Tanz
	interculturale	interkulturell
	pranzare	zu Mittag essen
	proprio	*hier:* eigen
	di altri	von anderen
	incontrarsi	sich treffen
	condividere*	teilen
	il sapore	Geschmack
	raccontarsi	sich erzählen
	la storia	Geschichte
	i migranti	Migranten
	concludersi	enden
	a tavola	zu Tisch, beim Essen
	scambiarsi	(aus)tauschen
	a pranzo	zum Mittagessen
	davanti a	vor
	il piatto	Teller
	gli spaghetti al sugo	Spaghetti mit Soße
	conoscersi	sich kennenlernen
	l'esperienza	Erfahrung
	l'emozione *(f.)*	*hier:* Erlebnis
	multietnico	Vielvölker-
	da sempre	seit immer
	nella nostra tradizione	in unserer Tradition
	la tradizione	Tradition
	in cui	*hier:* in dem
	tutta la famiglia	die ganze Familie
	riunirsi *(-isc-)*	sich versammeln
	attorno a	um ... herum
	il tavolo	Tisch
	l'occasione *(f.)*	Gelegenheit
	scherzare	scherzen

	la tranquillità	Ruhe
	per questo	*hier:* aus diesem Grund
	ha scelto	er, sie, es hat ausgewählt
	scegliere*	auswählen
	diverso	verschieden
	nella nostra zona	in unserem (Stadt-)Viertel
	la zona	*hier:* (Stadt-)Viertel
	in quale giorno	an welchem Tag

Esercizi

8	il titolo	*hier:* Schlagzeile
	le lezioni *(pl.)*	Unterricht
	fare* i compiti	Hausaufgaben machen
	il compito	Hausaufgabe
	la banca	Bank
	l' orario	*hier:* Arbeitszeit
10	ad esempio	zum Beispiel
	vedere*	sehen
	la cucina	Küche
	cucinare	kochen
11	in centro	in der Stadtmitte
14	andare* a teatro	ins Theater gehen
	il teatro	das Theater
15	volentieri	gerne
17b	rosa	rosa
	rosso	rot

Ancora più chiaro 1

ancora più chiaro	noch klarer
chiaro	klar
aprire*	(er)öffnen
dividersi*	sich teilen
l' indagine *(f.)* di mercato	Marktanalyse
eventuale	*hier:* möglich
il cliente	Kunde
sottoporre*	unterbreiten
il tema	Thema
il gusto	Geschmack, Vorliebe
il risultato	Ergebnis
decidere*	entscheiden
che tipo di ...?	was für eine Art ...?
presentare	vorstellen
ora	jetzt, nun
votare	wählen
la partenza	*hier:* Start
passare	*hier:* vorrücken
la casella	*hier:* (Spiel-)Feld
stare* fermo	*hier:* stehen bleiben
il giro	*hier:* (Spiel-)Runde
l' arrivo	*hier:* Ziel
lo stuzzichino	Häppchen
l' offerta speciale	Sonderangebot
l' evento	*hier:* Veranstaltung
l' orario di apertura	Öffnungszeiten
al pubblico	*hier:* für die Allgemeinheit

Lezione 5

1	il ristorante	Restaurant
	semplice	einfach
	elegante	elegant
	caro	teuer
	economico	preiswert
	etnico	ethnisch
	particolare	besonderer, -e, -es
	originale	originell
2a	il tipo	*hier:* Art
	offrire*	(an)bieten
2b	la telefonata	Telefongespräch
2c	prossimo, prossima	nächster, -e, -es
	se c'è posto	wenn noch Plätze frei sind
	il posto	Platz
	perfetto	perfekt
	Senta, ...	Hören Sie, ...
	prenotare	reservieren
	Grazie a Lei.	Ich danke Ihnen.
	Per quando?	Für wann?
	Per quante persone?	Für wie viele Personen?
	la prenotazione	Reservierung, Vorbestellung
3	qualcosa in più	etwas mehr
	Siete aperti?	Haben Sie geöffnet?
	aperto	offen, geöffnet
	fuori	draußen
	È tutto prenotato.	Es ist alles reserviert.
	dentro	drinnen
	Mi dispiace.	Es tut mir leid.
	Siamo chiusi.	Wir haben geschlossen.
	chiuso	geschlossen
4	Per che ora?	Für wie viel Uhr?
	Per le otto.	Für acht Uhr.
5	l' indicazione stradale	Wegbeschreibung
5a	riascoltare	erneut anhören
	la parte	Teil
	da dove	*hier:* (von) wo
	partire	abfahren

5b	la piantina	Stadtplan
	Caro ...	*hier:* Lieber ...
	tutto a posto	alles in Ordnung
	ho prenotato	ich habe reserviert
	il tour	Tour
	da	*hier:* von
	il giro	Tour, Rundfahrt
	bello	schön
	purtroppo	leider
	non posso venire a prenderti	ich kann dich nicht abholen (kommen)
	venire* a prendere	abholen (kommen)
	essere* fuori per lavoro	geschäftlich unterwegs sein
	fino a	bis
	sapere*	wissen
	a sinistra	links, nach links
	girare	*hier:* abbiegen
	a destra	rechts, nach rechts
	continuare	*hier:* weitergehen
	dritto	geradeaus
	attraversare	überqueren
	la via	Straße
	arrivare	ankommen
	l'incrocio	Kreuzung
	il semaforo	Ampel
	la fermata del tram	Tramhaltestelle
	la fermata	Haltestelle
	A venerdì!	Bis Freitag!
5c	l'e-mail *(f.)*	E-Mail
6	l'appuntamento	Verabredung, Termin
	l'SMS (esse emme esse) *(m.)*	SMS
	il viale	Allee
7	Senta, scusi!	Entschuldigen Sie, bitte!
	numerare	nummerieren
	grazie lo stesso	trotzdem vielen Dank
	Le posso chiedere...	Darf ich Sie fragen...
	potere*	*hier:* dürfen
	l'informazione *(f.)*	Auskunft
	Di niente.	Keine Ursache.
	Non lo so.	Ich weiß es nicht.
	l'autobus	Bus
	grazie mille	tausend Dank
	a piedi	zu Fuß
	lontano	weit
	là	dort
	Non c'è di che.	Keine Ursache.
8	per la strada	auf der Straße
	la strada	Straße
	dare*	geben
9a	il piatto	*hier:* Gericht
	inserire *(-isc-)*	*hier:* einordnen
	l'antipasto	Vorspeise
	il primo	*hier:* erster Gang
	il secondo	*hier:* zweiter Gang
	il contorno	Beilage
	il dolce	Nachspeise
9b	il menu	Speisekarte
	il salamino	kleine Salami
	il pecorino	Schafskäse
	stagionato	reif
	l'oliva	Olive
	l'antipasto misto di pesce	gemischter Fischvorspeisenteller
	misto	gemischt
	il pesce	Fisch
	le mezze maniche *(pl.)*	ital. Nudelsorte
	all'amatriciana	*typische Soße aus dem Latium*
	il risotto	Reisgericht
	ai frutti di mare	mit Meeresfrüchten
	la porchetta	Spanferkel
	la tagliata	*hier:* Filet
	il fungo	Pilz
	i funghi trifolati	*Pilze mit Öl, Knoblauch und Petersilie zubereitet*
	le verdure di stagione	Saisongemüse
	la verdura	Gemüse
	la stagione	Jahreszeit
	il tortino al cioccolato	Schokotörtchen
	la torta	Kuchen, Torte
	il cioccolato	Schokolade
	il dolce millefoglie	Blätterteigkuchen
9c	segnare	*hier:* eintragen
	il cameriere	Kellner
	da bere	zum Trinken
	gasato	mit Kohlensäure
	il quarto	*hier:* Viertelliter
	di contorno	als Beilage
10	il conto	Rechnung
11	la questione di gusti	Geschmacksfrage
	si usa	man verwendet
	si	man
	Cosa dici?	Was sagst du?
	a me	mir
12	moltissimo	sehr
	abbastanza	ziemlich
	la carne	Fleisch
	gli spinaci *(pl.)*	Spinat

	le tagliatelle *(pl.)*	dünne Bandnudeln
	a te	dir
	a Lei	Ihnen
	neanche	auch nicht
13a	Che cosa conta...?	*hier:* Was ist Ihnen wichtig...?
	contare	zählen, wichtig sein
	il servizio	*hier:* Bedienung
	rapido	schnell
	vicino	nah
	il prezzo	Preis
	conveniente	*hier:* günstig
	il personale	Personal
	cortese	freundlich
13b	andare* bene	*hier:* passen
Cac	funzionare	funktionieren, laufen
	sedersi*	sich setzen
	già	schon
	occupato	besetzt
	automaticamente	automatisch
	il coperto	Gedeck
	indicare	zeigen
	servire	nötig sein
	il denaro	Geld
	si paga	*hier:* es wird bezahlt
	calcolare	*hier:* ausrechnen
	solo	*hier:* einzig
	per tutti	für alle
	si divide	man teilt
	dividere*	teilen
	in parti uguali	*hier:* zu gleichen Anteilen
	uguale	gleich
	la mancia	Trinkgeld
	obbligatorio	verbindlich
	lasciare	lassen
	sul tavolo	auf dem Tisch
	esattamente	genau
	la dà	er, sie, es gibt sie
P	l'osteria	Wirtschaft
	il giardino	Garten
	privato	privat
	più di	mehr als
	la specialità	Spezialität
	alla griglia	vom Grill
	la sfiziosità	besonderer Leckerbissen
	la possibilità	Möglichkeit
	il maxischermo	Großbildschirm
	la partita di calcio	Fußballspiel

Esercizi

2	l'attimo	Augenblick
3	la biblioteca	Bibliothek
	il corso	(Pracht-)Straße
7	la zuppa	Suppe
8	la bistecca	Steak
	le patatine fritte	Pommes frites
	l'insalata	Salat
	la minestra	Suppe
	la bruschetta	geröstete Brotscheibe
	il pollo	Hühnchen
10	la penna	Stift
11	la bottiglia	Flasche
	bianco	weiß
	ottimo	sehr gut
	altrimenti	sonst
	provare	probieren
	Avete già scelto?	Haben Sie schon gewählt?
	passare a	*hier:* übergehen zu
	i ravioli alle erbette	Teigklößchen mit Kräuterfüllung
	il pesce spada	Schwertfisch
	grigliato	gegrillt
12	la giostra	Karussell
	il prosciutto	Schinken
	il melone	Melone
	le penne	ital. Nudelart
	all'arrabbiata	mit scharfer Soße
	gli gnocchi	ital. Kartoffelklößchen
	al pesto	mit Basilikumsoße
	la sogliola	Seezunge
13	proprio	*hier:* wirklich
15	l'aglio	Knoblauch
	il peperoncino	Chili

Lezione 6

	E tu, cosa hai fatto?	Und was hast du gemacht?
2	il messaggio	*hier:* E-Mail
2a	A chi ...?	An wen ...?
	Cordiali saluti	Mit freundlichen Grüßen
	gentile	*hier:* sehr geehrter, -e
	il seminario	Seminar
	in questi tre giorni	in diesen drei Tagen

	sentire	hören
	la discussione	Debatte, Diskussion
	l' idea	Idee
	utile	nützlich
	la presentazione	*hier:* Präsentation
	ritornare	zurückkehren
	noioso	langweilig
	per fortuna	zum Glück
	conoscere*	kennenlernen
	del posto	einheimisch
	così	so
	andare* in giro	umherlaufen
	il ristorantino	kleines, nettes Restaurant
	delizioso	entzückend, köstlich
	visitare	besichtigen
	ricevere	bekommen
	il successo	Erfolg
	l' aiuto	Hilfe
3d	Attenzione!	Achtung!
4	la differenza	Unterschied
5	ieri	gestern
6	la bugia	Lüge
	la settimana scorsa	letzte Woche
	scorso	letzt, vergangen
7a	l' uomo (*pl.* gli uomini)	Mann
	la donna	Frau
	solito	üblich
	ormai	nun, schon
	collaudato	*hier:* erprobt
	il gruppo	Gruppe
	l' Università della terza età	Universität für Senioren
	la mostra	Ausstellung
	la pittura	Malerei
	bellissimo	sehr schön
	che	*hier:* die
	il quadro	Gemälde
	il pittore	Maler
	ancora di più	noch mehr
	il racconto	Erzählung
	su	*hier:* über
	gli indiani *(pl.)*	Indianer
	la sala	Saal
	dedicare	widmen
	la sua	*hier:* seinen
	famoso	berühmt
	il fucile	Gewehr
	al termine	am Ende
	il giro	*hier:* Rundgang
	ripartire	wieder abfahren
	la Francia Corta	*Weinbauregion in der Lombardei*
	la terra	Land
	la vite	Rebe
	l' ulivo	Ölbaum
	un mese fa	vor einem Monat
	il mese	Monat
	fa	*hier:* vor
	detto (dire*)	gesagt
	domani	morgen
	il biglietto	Eintrittskarte
	il fatidico giorno	schicksalhafter Tag
	finalmente	endlich
	com'è andata	wie es gelaufen ist
	puntuale	pünktlich
	strano	komisch
	intorno	*hier:* ungefähr
	parcheggiare	parken
	entrare	eintreten
	l' area concerto	Konzertgelände
	dopo una mezz'oretta	nach einer knappen halben Stunde
	il primo	erster
	un'ora dopo	eine Stunde später
	cantare	singen
	breve	kurz
	l' intervallo	Pause
	quasi	fast
	per tutta la sera	den ganzen Abend lang
	l' unico	einzig
	negativo	negativ
	l' acustica	Akustik
	sicuramente	sicherlich
	buono	gut
	in ogni caso	auf jeden Fall
7b	quando?	wann?
8	la verità	Wahrheit
8a	la moglie	Ehefrau
8c	veramente	wirklich
8d	il vicino di casa	Hausnachbar
	dimenticare	vergessen
	il compleanno	Geburtstag
	l' anniversario di matrimonio	Hochzeitstag
	il matrimonio	Hochzeit
	l' onomastico	Namenstag
9	il detective	Detektiv
	prima	zuerst

10	la decorazione	Dekoration
	i pasticcini	Feingebäck
	il regalo	Geschenk
	la sorpresa	Überraschung
	la maschera	Maske
	la canzone	Lied
11	Tanti auguri a te!	Herzlichen Glückwunsch!
	l'augurio	Glückwunsch
11a	la laurea	Hochschulabschluss
	la nascita	Geburt
	come al solito	wie üblich
	in ritardo	zu spät
	Scusa!	Entschuldige!
	benvenuto	willkommen
	vive felicitazioni	herzliche Glückwünsche
	la mamma	Mama
	il papà	Papa
	felicitazioni vivissime	herzliche Glückwünsche
	affettuoso	*hier:* herzlich
	il futuro	Zukunft
	giugno	Juni
	la congratulazione	Glückwunsch
	il neodottore	*Akademiker, der gerade seinen Abschluss gemacht hat*
11b	la data	Datum
	ottobre	Oktober
	maggio	Mai
12	fare* gli auguri	Glück wünschen, gratulieren
	in modo originale	auf originelle Art und Weise
	il modo	Art, Weise
	il biglietto	*hier:* Glückwunschkarte
	la cartolina elettronica	E-Card
	la cartolina	Postkarte
	di persona	persönlich
	la dedica alla radio	*hier:* Radiobotschaft
	la dedica	Widmung
13	gennaio	Januar
	febbraio	Februar
	marzo	März
	aprile	April
	luglio	Juli
	agosto	August
	novembre	November
	dicembre	Dezember
Cac	la festa della donna	Weltfrauentag
	San Valentino	Valentinstag
	la befana	*Sagengestalt, die am Dreikönigstag die Kinder beschenkt*
	il galateo	Knigge
	la regola	Regel
	nel Vostro Paese	in Ihrem Land
	aggiungere*	hinzufügen, ergänzen
	regalare	schenken
	riciclare	recyceln
	gli oggetti a punta	spitze Gegenstände
	il fazzoletto	Taschentuch
	i crisantemi	Chrysanthemen
	ringraziare	sich bedanken
	con enfasi	mit Nachdruck
	anche se	auch wenn
	il portafoglio	Geldbeutel
	vuoto	leer

Esercizi

4	sperare	hoffen
	il congresso	Kongress
	napoletano	neapolitanisch
	il lungomare	Strandpromenade
	divertente	lustig
	a presto	bis bald
5	normalmente	normalerweise
7	simpatico	sympathisch
9	prima di	(be)vor
10	mandare	schicken
	la galleria di arte moderna	Museum für moderne Kunst
	moderno	modern
	riposare	ausruhen
12	la commedia	Komödie
	preferito	*hier:* Lieblings-
14	Pasqua	Ostern
	Buon Natale!	Frohe Weihnachten!
	Buone feste!	Frohes Fest!
	gli sposi	Brautpaar
15	vecchio	alt

Lezione 7

lo sci estivo	Sommerski
la buca	*hier:* Loch
l'alpinismo	Bergsteigen
l'equitazione *(f.)*	Reitsport

	il parapendio	Gleitschirmfliegen
	la pesca sportiva	Sportangeln
1	l'attività	Tätigkeit
	elencare	aufzählen, auflisten
	il dépliant	Prospekt
	interessare	interessieren
2a	giocare a calcio	Fußball spielen
	nuotare	schwimmen
	andare* in palestra	ins Fitnessstudio gehen
	la palestra	Turnhalle
	correre*	laufen
	dipingere*	malen
	giocare a carte	Karten spielen
	andare* in bicicletta	Rad fahren
	la bicicletta	Fahrrad
	suonare	*hier:* spielen
	la chitarra	Gitarre
	navigare su Internet	im Internet surfen
2b	la categoria	Kategorie
	più	*hier:* mehrere
	pensare	denken
	all'aperto	im Freien
	al chiuso	in der Halle
	individuale	*hier:* Einzel-
3	sportivo	sportlich
4a	l'ipotesi *(f.)*	*hier:* Vermutung
4b	fare* la spesa	einkaufen
	la spesa	Einkauf
	la corsa	*hier:* Laufen, Joggen
	poco	wenig
	il cane	Hund
	la piscina	Schwimmbad
	rilassante	entspannend
	il perfezionista	Perfektionist
	stare in compagnia	in Gesellschaft sein
5	tratto da	*hier:* entnommen aus
	Oddio!	Oh Gott!
	la capacità	Fähigkeit
6	il piano(forte)	Klavier
7	Quante volte?	Wie oft?
7a	la frequenza	Häufigkeit
	il corso di ballo	Tanzkurs
	andare* a cavallo	reiten
	il cavallo	Pferd
7b	la combinazione	*hier:* Verbindung
	una volta	einmal
7c	svolgere*	ausüben
	regolarmente	regelmäßig
	il perché	*hier:* Grund
	in comune	gemeinsam
8a	di quale	*hier:* von welchem
	di sotto	unten stehend
	su	*hier:* von
	per cento	Prozent
	il giardinaggio	Gartenarbeit
	la cura	Pflege
	l'orto	Gemüse-/Obstgarten
	raccogliere*	ernten
	la frutta	Obst
	gli ortaggi	Gemüse
	la pianta aromatica	Gewürzpflanze
	la pianta	Pflanze
	la tavola	(gedeckter) Tisch, Tafel
	come	*hier:* als
	la misura antistress	Maßnahme gegen Stress
	per passione	aus Leidenschaft
	la passione	Leidenschaft
	la gratificazione	*hier:* Zufriedenheit
	personale	persönlich
	risparmiare	sparen
	è quanto emerge da	*hier:* das ist, was hervorgeht aus
	l'analisi *(f.)*	Analyse
	Coldiretti	*Organisation selbstständiger Landwirte*
	sulla base di	auf (der) Grundlage von
	il dato	Angabe
	Istat	*Statistisches Bundesamt Italiens*
	pubblicato	veröffentlicht
	trattarsi di	sich handeln um
	coinvolgere*	einbeziehen
	allo stesso modo	gleichermaßen
	il maschio	*hier:* Mann
	la femmina	*hier:* Frau
	considerato che	in Anbetracht dessen, dass
	praticare	ausüben
	l'età	Alter
	compreso	inbegriffen
	l'interesse *(m.)*	Interesse
	aumentare	steigen
	raggiungere*	erreichen
	la metà	Hälfte
	il fenomeno	Phänomen
	diffuso	verbreitet
	al nord	im Norden

	oltre	über
	la popolazione	Bevölkerung
	meno	*hier:* weniger
	il mezzogiorno	*hier:* Süden
	la ricerca	*hier:* Suche
	il legame	*hier:* Verhältnis
	diretto	*hier:* eng
	la natura	Natur
	la volontà	Wille
	garantire	gewährleisten, sichern
	la sicurezza	*hier:* Unbedenklichkeit
	principale	hauptsächlich
	la tendenza	*hier:* Trend
	il terrazzo	Terrasse
	grazie a	dank
	l'offerta	Angebot
	adatto	geeignet
	la coltivazione	Anbau
	il vaso	*hier:* Topf
	la regione	Region
8b	riferire *(-isc-)*	berichten
9a	il pomodoro	Tomate
	la patata	Kartoffel
	l'arancia	Orange
	la cipolla	Zwiebel
	il limone	Zitrone
	la fragola	Erdbeere
	la ciliegia	Kirsche
	l'anguria	Wassermelone
	la pera	Birne
	la mela	Apfel
	il peperone	Paprika
	il mirtillo	Heidelbeere
	il fico	Feige
	il sale	Salz
	il pepe	Pfeffer
	la pesca	Pfirsich
	la melanzana	Aubergine
9b	Di che colore ...?	Welche Farbe ...?
	in base a	aufgrund
	la colonna	*hier:* Spalte
	alla fine	zum Schluss
	verde	grün
	blu	blau
	nero	schwarz
	giallo	gelb
	arancione	orange
10	vincere*	gewinnen
	lungo	lang
11a	la macelleria	Metzgerei
	il negozio di alimentari	Lebensmittelgeschäft
	il negozio	Geschäft
	la panetteria	Bäckerei
11b	il pacco	Packung
	il chilo	Kilo
	il mezzo chilo	Pfund
	la scatoletta	Dose
	il tonno	Thunfisch
	il litro	Liter
	l'etto	100 Gramm
	la lattina	Dose
	il filone	*hier:* länglicher Brotlaib
	il vasetto	kleines (Glas-)Gefäß
12a	la reazione	Reaktion
	Qualcos'altro?	Noch etwas?
	fresco	frisch
	Quanto viene / vengono?	Wie viel kostet es / kosten sie?
	Quanti ne vuole?	Wie viele wollen Sie (davon)?
	ne	*hier:* davon
12b	il prodotto	Produkt
	il prezzo totale	Gesamtpreis
13	affittare	mieten
	l'appartamento	Wohnung
	trascorrere*	verbringen
	all'insegna di	im Zeichen von/des
	inoltre	außerdem
	l'acquisto	Kauf
	il negoziante	Händler
14	bucato	durchlöchert
14a	uno solo	*hier:* nur eines
	tutti e due	alle beide
	Altro?	*hier:* Noch ein Wunsch?
16	stabilire *(-isc-)*	festlegen, bestimmen
	avere* luogo	stattfinden
Cac	soltanto	*hier:* erst
	da	*hier:* seit
	l'iniziativa	*hier:* Veranstaltung
	la visita	Besichtigung, Besuch
	lo spettacolo	Aufführung
	il centro	*hier:* Ort
	i romani *(pl.)*	Römer
	la loro	*hier:* ihrer
	il finanziamento	Finanzierung
	il Comune	Gemeinde
	Cinecittà	Filmstudios in Rom

	il centro commerciale	Einkaufszentrum
	mentre	während
	trasformarsi	sich verwandeln
	la sala da ballo	Tanzsaal
	guidare	*hier:* führen
	la gente	Leute
	lo studio	(Film-)Studio
	accompagnato	begleitet
	seguire	folgen
	la maratona	Marathon
	la notte fonda	tiefe Nacht
	la circonvallazione	Ringstraße
	l'atmosfera	Atmosphäre
	ebraico	jüdisch
	organizzare	organisieren
	l'associazione *(f.)*	Verein
	il musicista	Musiker
	rom	Roma (Volk)
	il ballerino	Tänzer
	la manifestazione	Veranstaltung
	sponsorizzato	gefördert
	simile	ähnlich

Esercizi

2	lo strumento	Musikinstrument
	Peccato!	Schade!
	la batteria	Schlagzeug
	il doppio	Doppel
5	attuale	aktuell
8	la susina	Pflaume
9	assolutamente	*hier:* keineswegs
	l'ingrediente *(m.)*	Zutat
	la ricetta	Rezept
11	penso di sì	ich denke schon
	la macedonia	Obstsalat
	la ragazza	*hier:* Freundin
	la calma	Ruhe
	forse	vielleicht
14	la ricotta	ital. Frischkäse
	il parmigiano	Parmesan
17	la vaniglia	Vanille

Ancora più chiaro 2

l'animazione *(f.)*	Animation, Unterhaltung
il premio	Preis
occuparsi di	sich kümmern um
la proposta	Vorschlag

Lezione 8

1	il posto	Ort
	accanto a	neben
	l'ufficio postale	Postamt
	il municipio	Rathaus
	il parco	Park
	lo stadio	Stadion
	la cattedrale	Kathedrale
	il parcheggio	Parkplatz
2a	occupato	beschäftigt
	ci sono	es gibt
	esserci*	da sein, vorhanden sein
	mille cose da fare	tausend Sachen zu tun
	piano piano	allmählich
	andare* a posto	in Ordnung gehen
	per ora	bis jetzt
	contento	zufrieden
	carino	hübsch
	c'è	es gibt
	il traffico	Verkehr
	essere* a portata di mano	in Reichweite sein
	il centro storico	Altstadt
	di fronte (a)	gegenüber (von)
	girare	herumfahren
	vicino a	bei, in der Nähe von
	mi servono	ich brauche
	la posta	Post
	eccetera	und so weiter
	in pieno centro	*hier:* mitten im Zentrum
	il clima	Klima
	la zanzara	Mücke
	enorme	riesig
	la nebbia	Nebel
	venire* a trovare	besuchen kommen
	anzi	*hier:* besser noch
	Dai!	Los!
3a	il quartiere residenziale	vornehmes Wohnviertel
	il quartiere	Stadtviertel
	industriale	Industrie-
	la periferia	Stadtrand
3b	vivace	lebhaft
	brutto	hässlich
	antico	alt, antik
	rumoroso	laut
	silenzioso	still
5	almeno	mindestens
	il ponte	Brücke
	l'edicola	Kiosk

	il distributore (di benzina)	Tankstelle
	la farmacia	Apotheke
	l'ospedale *(m.)*	Krankenhaus
	il servizio di base	Grunddienstleistung
	l'infrastruttura	Infrastruktur
	sociale	sozial
6	l'edificio	Gebäude
7a	all'angolo	an der Ecke
	l'angolo	Ecke
	dietro	hinter
	il lampione	Straßenlaterne
	lontano (da)	entfernt
	la fontana	Brunnen
7b	sbagliato	fehlerhaft, falsch
	correggere*	korrigieren
9b	invitare	einladen
	descrivere*	beschreiben
	aiutarsi	sich helfen
10a	rileggere*	nochmals lesen
	essere* d'accordo	einverstanden sein
10b	nominato	genannt
10c	le mura *(pl.)*	Stadtmauer
	la gita	Ausflug
	i dintorni *(pl.)*	Umgebung
	noleggiare	mieten
11	muoversi*	sich bewegen
	il mezzo di trasporto	Verkehrsmittel
	comodo	bequem
	sano	gesund
	veloce	schnell
	lento	langsam
12	la metropolitana	U-Bahn
13	l'itinerario	Rundfahrt, Rundgang
13a	il titolo	*hier:* Überschrift
	la barca	Boot
	l'escursione *(f.)*	Ausflug
	perdere*	*hier:* verpassen
	il castello	Schloss, Burg
	il palazzo	Palast
	detto	*hier:* auch bekannt als
	la sede	Sitz
	archeologico	archäologisch
	nazionale	*hier:* Landes-
	il monastero	Kloster
	il vicolo	Gasse
	trovarsi	sich befinden
	la porta	*hier:* Tor
	romano	römisch
	voltare	*hier:* abbiegen
	oltrepassare	überschreiten
	il piazzale	(großer) Platz
13b	la guida turistica	Reiseführer
	il pullman	Reisebus
14	la soluzione	Lösung
15	la visita guidata	Führung
Cac	lo studente	Student
	innanzitutto	zunächst
	il luogo di passaggio	Durchgangsort
	il luogo	Ort
	il passaggio	Durchgang, -fahrt
	frequentissimo	sehr häufig
	ripetuto	wiederholt
	il punto di ritrovo	Treffpunkt
	frequentato	gut besucht
	il simbolo	Symbol
P	pedalare	in die Pedale treten
	la novità	Neuheit
	il centesimo	*hier:* Cent
	la mezz'ora	halbe Stunde
	a metà ottobre	Mitte Oktober
	nascere	geboren werden
	l'obiettivo	Ziel
	mettere* a disposizione	zur Verfügung stellen
	il cittadino	Bürger
	lo spostamento	*hier:* Wegstrecke
	il centinaio	etwa Hundert
	di recente	vor Kurzem
	attivarsi	*hier:* mitmachen
	la rete	Netz
	esistente	bestehend
	c'entro	*hier: Wortspiel* «Ich fahre in die Stadtmitte»
	il servizio gratuito	kostenlose Dienstleistung
	la tariffa oraria	Stundentarif
	in genere	allgemein
	utilizzare	benutzen
	il pendolare	Pendler
	apprezzare	schätzen
	celebrare	feiern
	la primavera	Frühling
	decine	*hier:* Dutzende

Esercizi

2	la trattoria	Gastwirtschaft
3	la coda	*hier:* Schlange

4	lo stile neoclassico	klassizistischer Stil
	il lago	See
	il duomo	Dom
	la facciata	Fassade
	stupendo	herrlich
	ricco	reich
	l'animale *(m.)*	Tier
	il negozio di antiquariato	Antiquitätengeschäft
5	la basilica	Basilika
	consigliare	raten
	centrale	*hier:* des Zentrums
	caratteristico	charakteristisch
	il balcone	Balkon
	la provincia	Provinz
	le terme *(pl.)*	Thermen
	la grotta	Grotte
	gustare	kosten
	locale	*hier:* örtlich
	il soggiorno	Aufenthalt
8	spedire *(-isc-)*	schicken
	la lettera	*hier:* Brief
	l'aspirina®	Aspirin®
13	scusare	entschuldigen
	inaugurare	einweihen
	salutare	(be)grüßen
	rimanere*	bleiben
	aspettare	*hier:* erwarten
	l'abbraccio	Umarmung
14	la commedia musicale	Musical
16	il movimento	Bewegung
	quindi	also, daher
	i mezzi pubblici	öffentliche Verkehrsmittel
	la corriera	Überlandbus
19	il Lazio	Latium

Lezione 9

2a	la festa dei vicini	Nachbarschaftsfest
	il cortile	Hof
	l'ingresso	Eingang
	l'immobile	*hier:* Haus
	la villetta	Einfamilienhaus
3a	appena	gerade
	cambiare casa	umziehen
	cambiare	wechseln
	il tempo	*hier:* Wetter
	i loro	ihre
	l'animale domestico	Haustier
3c	positivo	positiv
4a	antipatico	unsympathisch
	anziano	alt, betagt
	giovane	jung
	piacevole	angenehm
4c	cercare di	versuchen zu
5a	il vicino di piano	Etagennachbar
	il piano	*hier:* Stockwerk, Etage
	quello, quella	jener, -e, -es
	il dirimpettaio	Nachbar, der gegenüber wohnt
	lamentarsi	sich beschweren
	abbaiare	bellen
	il mito	*hier:* Traum
5b	cancellare	*hier:* durchstreichen
5c	finora	bis jetzt
5d	notare	bemerken
6	il giocatore	Spieler
	elencato	*hier:* aufgelistet
	corretto	richtig
	a sua scelta	*hier:* seiner Wahl
	toccare	*hier:* an der Reihe sein
	occupare	besetzen
	il turno passa a ...	*hier:* ... ist an der Reihe
	passare	*hier:* übergehen
	l'avversario	*hier:* Gegenspieler
	orizzontale	waagerecht
	verticale	senkrecht
	diagonale	diagonal
	il gatto	Katze
7	la finestra	Fenster
7b	la tenda	Vorhang
	guardare fuori	(aus dem Fenster) schauen
7c	essere* fortunato	Glück haben
	dall'altro lato	auf der anderen Seite
	lo stesso	der-, die-, dasselbe
	circa	ungefähr
	alto	groß
	la faccia	Gesicht
	l'artista *(m./f.)*	Künstler(in)
	l'orario da ufficio	Bürozeit
	notarsi	aufeinander aufmerksam werden
	la luce	Licht
	acceso	*hier:* eingeschaltet
	chiacchierare	plaudern
	fare* la doccia	duschen

	fare* il bucato	Wäsche waschen
	il bucato	Wäsche
	sentirsi voyeuse	sich wie eine Voyeurin fühlen
	sentirsi	sich fühlen
	voler* dire	bedeuten
	le mutande *(pl.)*	Unterhose
	all'improvviso	plötzlich
	sorridere*	lächeln
	l'abitante *(m./f.)*	Einwohner(in)
	detestare	verabscheuen
8	dare* del Lei	siezen
	dare* del tu	duzen
	il contatto	Kontakt
9	l'aspetto	Aussehen
9b	biondo	blond
	portare gli occhiali	Brille tragen
	gli occhiali *(pl.)*	Brille
	basso	klein
	magro	dünn
	moro	dunkelhaarig
	grasso	dick
	i capelli *(pl.)*	Haare
	corto	kurz
	snello	schlank
	castano	braun
9c	la statura	Größe
	la corporatura	Körperbau
10	lo sconosciuto	Unbekannter
	da tempo	seit langem
	comunicare	*hier:* in Verbindung stehen
	nessuno	niemand
	reale	real
	ognuno	jeder
	formulare	*hier:* schreiben
	la descrizione	Beschreibung
	se stesso	sich selbst
	il foglietto	Zettel
	raccogliere*	*hier:* sammeln
	distribuire *(-isc-)*	verteilen
	a caso	auf gut Glück
11a	la parentela	Verwandtschaft
	la madre	Mutter
	la figlia	Tochter
	il fratello	Bruder
	il nonno	Großvater
	il nipote	Enkelsohn, Neffe
	il marito	Ehemann
	la zia	Tante
	il cugino	Cousin
	i nonni *(pl.)*	Großeltern
	la nonna	Großmutter
	il padre	Vater
	i genitori *(pl.)*	Eltern
	i coniugi *(pl.)*	Ehepaar
	il figlio	Sohn
	i figli *(pl.)*	Kinder
	la sorella	Schwester
	i fratelli *(pl.)*	Geschwister
	lo zio	Onkel
	gli zii *(pl.)*	Tante und Onkel
	la cugina	Cousine
	i cugini *(pl.)*	Cousins
	la nipote	Enkeltochter, Nichte
12	i parenti *(pl.)*	Verwandte
12a	il ragazzino	kleiner Junge
	appunto	genau
	orgoglioso	stolz
	assomigliare	ähnlich sein
	il cognato	Schwager
	affezionato	zugetan
	sposato	verheiratet
	vivere*	leben
12b	l'attenzione *(f.)*	Aufmerksamkeit
	la crocetta	Kreuzchen
13	disegnare	zeichnen
	l'albero genealogico	Stammbaum
	inventato	erfunden
	solo	*hier:* allein
14	la pagina web	Webseite
14a	fisico	*hier:* körperlich
	il carattere	Charakter
14b	ideare	planen
	il cartellone	Plakat
Cac	il gesto	Geste
	costare	kosten
	matto	verrückt
	Buona fortuna!	Viel Glück!
	dopo	*hier:* nachher
	è ora di ...	es ist (an der) Zeit zu ...

Esercizi

1	le scale *(pl.)*	Treppe
	la porta	Tür
2	saporito	schmackhaft
5	l'indirizzo	Adresse
7	limitarsi	sich beschränken
	multifamiliare	Mehrfamilien-

	il palazzo	*hier:* Wohnhaus
	affacciarsi su	*hier:* blicken auf
	convivere*	zusammenwohnen
	lo spazio	Raum
	la vicinanza	Nähe
	geografico	geographisch
	la solidarietà	Solidarität
	la comprensione	Verständnis
	l'amicizia	Freundschaft
	persino	sogar
	ogni tanto	hin und wieder
	ritrovarsi	sich treffen
	la terrazza	Terrasse
	qualcuno	jemand
	la chiave	Schlüssel
	andare* via	weggehen
	estivo	Sommer-
	diventare	werden
	innaffiare	gießen
12	essere* uniti	*hier:* ein enges Verhältnis haben
	frequentare	besuchen
	il liceo	Gymnasium
	la psicologia	Psychologie
	l'università	Universität
	la scuola elementare	Grundschule
	insegnare	lehren
	la chimica	Chemie
	fare* piacere	*hier:* jdm eine Freude machen
13	il capo	*hier:* Chef
14	il rumore	Lärm

Lezione 10

1	la località	Ortschaft, Gegend
	alloggiare	*(im Hotel u.ä.)* wohnen
	la pensione	*hier:* Pension
	l'agriturismo	Agrotourismus
	la carta	*hier:* Landkarte
2	il pacchetto week-end	*hier:* Angebot für ein Wochenende
	il pacchetto	Paket
2a	lo svago	Vergnügen
	intelligente	intelligent
	il monte	Berg
	sperimentare	ausprobieren
	la legge della natura	Naturgesetz
	la legge	Gesetz
	emozionarsi	*hier:* sich beeindrucken lassen
	la letteratura	Literatur
	la scienza	Wissenschaft
	la stella	Stern
	l'astronomo	Astronom
	la flora	Pflanzenwelt
	la fauna	Tierreich
	a persona	pro Person
	la camera doppia	Doppelzimmer
	la camera	Zimmer
	speciale	*hier:* Sonder-
	lo sconto	Preisnachlass
	il meglio	das Beste
	l'enogastronomia	Weingastronomie
	il capoluogo	*hier:* Provinzhauptstadt
	la valle	Tal
	la produzione	Herstellung
	la Strada del vino	Weinstraße
	il suono	Klang
	l'autunno	Herbst
	la quota	*hier:* Betrag
	intendersi*	sich verstehen
	lo sci	Ski
	il relax	Entspannung
	comprendere*	enthalten
	godere	genießen
	sia ... che	sowohl ... als auch
	la neve	Schnee
	il periodo	Zeitraum
	la scoperta	Entdeckung
	tridentino	aus Trento
	le scienze naturali	Naturwissenschaften
2b	regionale	regional
	spendere*	ausgeben
3b	associare a	assoziieren mit
	la somiglianza	Ähnlichkeit
4	le centinaia *(pl.)*	*hier:* Hunderterzahlen
4b	sommare	addieren
	sottrarre*	subtrahieren
	meno	*hier:* minus
	più	*hier:* plus
5a	importante	wichtig
	l'esigenza	Anspruch
	la vasca	Badewanne
	la camera singola	Einzelzimmer
	la mezza pensione	Halbpension
	la pensione completa	Vollpension
	il collegamento	Verbindung
	il centro benessere	Wellnesscenter
	la carta di credito	Kreditkarte
5d	lo skibus	Bus zum Lift
	il pernottamento	Übernachtung

	l'ingresso	*hier:* Eintritt
	giornaliero	Tages-
	la degustazione	Verkostung
	trentino	aus dem Trient
6a	concentrarsi	sich konzentrieren
7a	dovere*	müssen, sollen
8a	il ruolo	Rolle
	la pista da sci	Skipiste
	ideale	ideal
	la piscina coperta	Hallenschwimmbad
	panoramico	Panorama-
	il caminetto	Kamin
	l'idromassaggio	Unterwassermassage
	il biliardo	Billard
	il campo di pattinaggio	Eislauffläche
	il supplemento	*hier:* Preisaufschlag
	minimo	mindestens
	la riduzione	Ermäßigung
	il letto	Bett
	la culla	Wiege
	il pasto al consumo	Mahlzeit je nach Verzehr
8b	il modulo	Formular
	la richiesta	Anfrage
	l'adulto	Erwachsener
	l'informativa	Informationsschreiben
	la privacy	Privatsphäre
	acconsentire	einwilligen
	il trattamento	*hier:* Bearbeitung
	i dati personali *(pl.)*	Personalien
9a	Che tempo fa?	Wie ist das Wetter?
	brutto	*hier:* schlecht
	nevicare	schneien
	il vento	Wind
	fare* caldo	heiß sein
	il grado	Grad
9b	mancare	fehlen
	ci	*hier:* hierher
	splendido	prächtig
	la montagna	Gebirge
	l'aquila reale	Steinadler
	piovere	regnen
	fare* freddo	kalt sein
	etnografico	Völkerkunde-
9c	il commento	Kommentar
	generale	allgemein
9d	il bacio	Kuss
	Cari saluti	Liebe Grüße
	ci sentiamo	wir hören uns
10	il foglio	Blatt (Papier)
	l'inizio	Anfang
	piegare	*hier:* falten
	continuare	weiter machen
	l'autore	Autor
	firmare	unterschreiben
	a voce alta	laut
11	Quando ci vai?	Wann gehst du dorthin?
11a	riferirsi *(-isc-)* a	sich beziehen auf
11b	valere*	*hier:* zählen
	totalizzare	insgesamt erreichen
12a	il sito Internet	Internetseite
	la rubrica	*hier:* Rubrik
	il diario	Tagebuch
	il consiglio	Rat
	il Dottore Commercialista	Steuerberater
	lavorativo	Arbeits-
	in mezzo a	inmitten
	incantato	verzaubert
	la foresta	Wald
	l'arcipelago	Archipel
	il fiume	Fluss
	arrabbiato	*hier:* tosend
	mitico	*hier:* sagenhaft
	indimenticabile	unvergesslich
	la duna	Düne
	il deserto	Wüste
	la cima	Gipfel
	scomparso	verschwunden
	le Torri Gemelle	Zwillingstürme des World Trade Center in New York
	la torre	Turm
	gemello	Zwillings-
	provare la sensazione	empfinden
	la sensazione	Gefühl
	mai	*hier:* jemals
	passeggiare	*hier:* wandern
	l'alba	Morgengrauen
	la collina	Hügel
	fedele	treu
	ovviamente	natürlich
	il pescatore	Fischer
	lungo	*hier:* entlang
	il torrente	Wildbach
	gelido	eiskalt
	la mattinata	Vormittag
	il tramonto	Sonnenuntergang
	necessario	nötig

	chissà dove	wer weiß wo
	meraviglioso	wunderbar
	bastare	genügen
	fermarsi	stehen bleiben
	l'occhio	Auge
13b	a piacere	nach Belieben
	a turno	abwechselnd
	il campeggio	Campingplatz
	la valigia	Koffer
	salire*	hinaufsteigen
15a	progettare	planen
	la destinazione	Ziel
	l'alloggio	Unterkunft
	la motivazione	Begründung
	il progetto	Plan, Vorhaben
Cac	il biglietto	*hier:* Fahrkarte
	l'aereo	Flugzeug
	il vaporetto	Dampfboot
	la microvacanza	Kurzurlaub
	tradizionale	traditionell
	lo studio	Studie
	consolidarsi	sich festigen
	il chilometro	Kilometer
	il viaggiatore	Reisender
	confermare	bestätigen
	fuori porta	außerhalb der Stadt
	il mezzo di spostamento	Fortbewegungsmittel
	il traghetto	Fähre
	magari	*hier:* vielleicht
	diffondersi*	sich verbreiten
	la preferenza	Vorliebe
P	lo scuolabus	Schulbus
	la polizia	Polizei
	i vigili del fuoco	Feuerwehr
	ferroviario	Eisenbahn-
	riservato	reserviert
	il/la disabile	Mensch mit Behinderung

Esercizi

1	gli asparagi *(pl.)*	Spargel
3	il pagamento	Bezahlung
4	continentale	kontinental
	a buffet	mit Büfett
	attrezzato	ausgestattet
5	la conferma	Bestätigung
	Spettabile	*hier:* An (Firma)
	valido	gültig
	con servizio di mezza pensione	mit Halbpension
	rimanere* in attesa	erwarten
	Distinti saluti	Mit freundlichen Grüßen
6	situato	gelegen
	il punto di partenza	Ausgangspunkt
	ampio	geräumig
	la sala da pranzo	Speisesaal
	la sala lettura	Lesesaal
	la sala giochi	Spielzimmer
	disporre*	verfügen
	la presa	*hier:* Anschluss
	la stanza	Zimmer
7	la castagna	Kastanie
8	l'aria	*hier:* Arie
9	la ditta	Firma
	fare* shopping	shoppen
	l'ombrello	Regenschirm
	la ginnastica	Gymnastik
	perdere*	verlieren
15	il finestrino	Fenster (Zug, Auto)
	invernale	Winter-
16	la barca a vela	Segelboot

Ancora più chiaro 3

finale	letzter, -e, -es
il conduttore	Leiter
il portavoce	Sprecher, Wortführer
consultarsi	sich beraten

Alphabetischer Wortschatz

A

a **2** 5c	in
a buffet **10** E 4	mit Büfett
a caso **9** 10	auf gut Glück
A che ora? **4** 5	Um wie viel Uhr?
A chi ...? **6** 2a	An wen ... ?
a destra **5** 5b	rechts, nach rechts
a Lei **5** 12	Ihnen
a me **5** 11	mir
a metà ottobre **8** P	Mitte Oktober
a partire da **1** 6a	ab
a persona **10** 2a	pro Person
a piacere **10** 13b	nach Belieben
a piedi **5** 7	zu Fuß
a pranzo **4** Cac	zum Mittagessen
a presto **6** E 4	bis bald
a sinistra **5** 5b	links, nach links
a sua scelta **9** 6	seiner Wahl
a tavola **4** Cac	zu Tisch, beim Essen
a te **5** 12	dir
a turno **10** 13b	abwechselnd
a voce alta **10** 10	laut
a volte **4** 6c	manchmal
abbaiare **9** 5a	bellen
abbastanza **5** 12	ziemlich
abbinamento **2** 10	Verbindung
abbinare **1** 2a	zuordnen
abbraccio **8** E 13	Umarmung
abitante **9** 7c	Einwohner(in)
abitare **2** 5c	wohnen
abitudine **3** 11	Gewohnheit
accanto a **8** 1	neben
acceso **9** 7c	eingeschaltet
accompagnato **7** Cac	begleitet
acconsentire **10** 8b	einwilligen
acqua **3** 2a	Wasser
acqua minerale **3** 2a	Mineralwasser
acquisto **7** 13	Kauf
acustica **6** 7a	Akustik
ad esempio **4** E 10	zum Beispiel
adatto **1** 7c **7** 8a	passend, geeignet
adesso **2** 1d	jetzt
adulto **10** 8b	Erwachsener
aereo **10** Cac	Flugzeug
affacciarsi su **9** E 7	blicken auf
affermazione **3** 7b	Behauptung
affettuoso **6** 11a	herzlich
affezionato **9** 12a	zugetan
affittare **7** 13	mieten
agenzia **1** 6a	Büro, Agentur
agenzia di viaggio **1** 6a	Reisebüro
aggiungere* **6** Cac	hinzufügen, ergänzen
aglio **5** E 15	Knoblauch
agosto **6** 13	August
agriturismo **10** 1	Agrotourismus
ai frutti di mare **5** 9b	mit Meeresfrüchten
aiutarsi **8** 9b	sich helfen
aiuto **6** 2a	Hilfe
al chiuso **7** 2b	in der Halle
al cinema **4** 8a	ins Kino
al nord **7** 8a	im Norden
al pesto **5** E 12	mit Basilikumsoße
al pubblico **APC 1**	für die Allgemeinheit
al termine **6** 7a	am Ende
alba **10** 12a	Morgengrauen
albergo **1** 2a	Hotel
albero **1** E 14	Baum
albero genealogico **9** 13	Stammbaum
alcolici **3** 2b	alkoholische Getränke
alcolico **3** 5b	alkoholisch
alcuni **3** 9c	einige
alfabeto **1** 10	Alphabet
alimentare **3** 9c	Nahrungs-
alimenti **3** 9a	Lebensmittel
alla fine **7** 9b	zum Schluss
alla griglia **5** P	vom Grill
alla napoletana **3** Cac	nach neapolitanischer Art
all'amatriciana **5** 9b	typische Soße aus dem Latium
all'angolo **8** 7a	an der Ecke
all'aperto **7** 2b	im Freien
all'arrabbiata **5** E 12	mit scharfer Soße
all'improvviso **9** 7c	plötzlich
all'insegna di **7** 13	im Zeichen von/des
all'italiana **3** 9c	nach italienischer Art
allo stesso modo **7** 8a	gleichermaßen
alloggiare **10** 1	(im Hotel u.ä.) wohnen
alloggio **10** 15a	Unterkunft
allora **1** 7b **2** 5c	also, dann
all'ora di pranzo **4** 4a	um die Mittagszeit
almeno **8** 5	mindestens
alpinismo **7**	Bergsteigen
alto **9** 7c	groß
altrimenti **5** E 11	sonst
altro **1** 14b	anderer
Altro? **7** 14a	Noch ein Wunsch?
alzarsi **4** 4b	aufstehen
amare **2** 13	lieben
amaro **3** 2a **3** 5b	(Magen-)Bitter, bitter
americano **3** Cac	dünner Filterkaffee
amica **2** 13	Freundin
amica di penna **2** E 17	Brieffreundin
amicizia **9** E 7	Freundschaft
amico **2** 13	Freund
amore **2** 13	Liebe
ampio **10** E 6	geräumig
analcolico **3** 5b	alkoholfrei
analisi **7** 8a	Analyse
analizzare **1** 3d	analysieren
anche **1** 3b	auch
anche se **6** Cac	auch wenn
anch'io **1** 3b	ich auch
ancora **2** 5c	noch
ancora di più **6** 7a	noch mehr

andare* **4** 4a	gehen, fahren
andare* a cavallo **7** 7a	reiten
andare* a cena fuori **4** 8a	auswärts essen gehen
andare* a dormire **4** 4a	schlafen gehen
andare* a posto **8** 2a	in Ordnung gehen
andare* a teatro **4** E 14	ins Theater gehen
andare* bene **5** 13b	passen
andare* in bicicletta **7** 2a	Rad fahren
andare* in discoteca **4** 9a	in die Disco gehen
andare* in giro **6** 2a	umherlaufen
andare* in palestra **7** 2a	ins Fitnessstudio gehen
andare* via **9** E 7	weggehen
angolo **8** 7a	Ecke
anguria **7** 9a	Wassermelone
animale **8** E 4	Tier
animale domestico **9** 3a	Haustier
animazione **APC 2**	Animation, Unterhaltung
anniversario di matrimonio **6** 8d	Hochzeitstag
anno **2** 10	Jahr
annuncio **2** 10	Anzeige
antico **8** 3b	alt, antik
antipasto **5** 9a	Vorspeise
antipasto misto di pesce **5** 9b	gemischter Fischvorspeisen-teller
antipatico **9** 4a	unsympathisch
anzi **8** 2a	besser noch
anziano **9** 4a	alt, betagt
aperitivo **3** 2a	Aperitiv
aperto **5** 3	offen, geöffnet
appartamento **7** 13	Wohnung
appena **9** 3a	gerade
apprezzare **8** P	schätzen
appuntamento **5** 6	Verabredung, Termin
appunto **9** 12a	genau
aprile **6** 13	April
aprire* **APC 1**	(er)öffnen
aquila reale **10** 9b	Steinadler
arancia **7** 9a	Orange
aranciata **3** 2a	Orangenlimonade
arancione **7** 9b	orange
archeologico **8** 13a	archäologisch
arcipelago **10** 12a	Archipel
area concerto **6** 7a	Konzertgelände
aria **10** E 8	Arie
arrabbiato **10** 12a	tosend
arrivare **5** 5b	ankommen
arrivederci **1** E 2	auf Wiedersehen
arrivo **APC 1**	Ziel
artista **9** 7c	Künstler(in)
ascoltare **1** 3	hören
asparagi **10** E 1	Spargel
aspettare **8** E 13	erwarten
aspetto **9** 9	Aussehen
aspirina® **8** E 8	Aspirin®
associare **1** 3a	zuordnen
associare a **10** 3b	assoziieren mit
associazione **7** Cac	Verein
assolutamente **7** E 9	keineswegs
assomigliare **9** 12a	ähnlich sein
astronomo **10** 2a	Astronom
atmosfera **7** Cac	Atmosphäre
attenzione **9** 12b	Aufmerksamkeit
Attenzione! **6** 3d	Achtung!
attimo **5** E 2	Augenblick
attivarsi **8** P	mitmachen
attività **7** 1	Tätigkeit
attorno a **4** Cac	um ... herum
attraversare **5** 5b	überqueren
attrezzato **10** E 4	ausgestattet
attuale **7** E 5	aktuell
augurio **6** 11	Glückwunsch
aumentare **7** 8a	steigen
autobus **5** 7	Bus
automaticamente **5** Cac	automatisch
automobile **1** Cac	Auto
autore **10** 10	Autor
autunno **10** 2a	Herbst
avere* **1** 14b	haben
avere* ... anni **2** 10	... Jahre alt sein
avere* esami **4** 9a	Prüfungen haben
avere* luogo **7** 16	stattfinden
avversario **9** 6	Gegenspieler

B

bacio **10** 9d	Kuss
balcone **8** E 5	Balkon
ballare **4** 8a	tanzen
ballerino **7** Cac	Tänzer
bambino **4** 4a	Kind
banca **4** E 8	Bank
bar **3** 1	Bar, Café, Lokal
barca **8** 13a	Boot
barca a vela **10** E 16	Segelboot
basarsi (su) **3** 9c	basieren (auf)
basilica **8** E 5	Basilika
basso **9** 9b	klein
bastare **10** 12a	genügen
batteria **7** E 2	Schlagzeug
befana **6** Cac	Sagengestalt, die am Dreikönigstag die Kinder beschenkt
bellissimo **6** 7a	sehr schön
bello **5** 5b	schön
bene **2** 1c	gut
benissimo **2** 1c	sehr gut
benvenuto **6** 11a	willkommen
bere* **3** 11c	trinken
bevanda **1** 2b	Getränk
bianco **5** E 11	weiß
bibita **3** 2b	Getränk
biblioteca **5** E 3	Bibliothek
bicchiere **3** 8d	Glas
bicicletta **7** 2a	Fahrrad

biglietto **6** 7a **6** 12 **10** Cac	Eintrittskarte, Glückwunschkarte, Fahrkarte
biliardo **10** 8a	Billard
biondo **9** 9b	blond
birra **3** 2a	Bier
birreria **3** 7a	Bierstube
biscotto **3** 9a	Keks
bistecca **5** E 8	Steak
blu **7** 9b	blau
bottiglia **5** E 11	Flasche
bravissimo **2** E 8	sehr gut
bravo **1** P	gut
breve **6** 7a	kurz
brioche **3** 9c	Gebäck
bruschetta **5** E 8	geröstete Brotscheibe
brutto **8** 3b **10** 9a	hässlich, schlecht
buca **7**	Loch
bucato **7** 14	durchlöchert
bucato **9** 7c	Wäsche
bugia **6** 6	Lüge
Buona fortuna! **9** Cac	Viel Glück!
buonanotte **1** E 2	gute Nacht
buonasera **1** 3b	guten Abend
Buone feste! **6** E 14	Frohes Fest!
buongiorno **1** 3b	guten Tag
Buon Natale! **6** E 14	Frohe Weihnachten!
buono **6** 7a	gut
burro **3** 9a	Butter

C

caffè **1** E 19	Kaffee
caffè corretto **3** 8d	Kaffee mit einem Schuss Grappa oder Cognac
caffè letterario **3** 7a	Literaturcafé
caffelatte **3** 9c	Milchkaffee
caffetteria **3** 2b	warme Getränke
calcolare **5** Cac	ausrechnen
caldo **3** 3b	warm
calma **7** E 11	Ruhe
cambiare **9** 3a	wechseln
cambiare casa **9** 3a	umziehen
cambio **2** 10	Austausch
camera **10** 2a	Zimmer
camera doppia **10** 2a	Doppelzimmer
camera singola **10** 5a	Einzelzimmer
cameriere **5** 9c	Kellner
caminetto **10** 8a	Kamin
campeggio **10** 13b	Campingplatz
campo di pattinaggio **10** 8a	Eislauffläche
cancellare **9** 5b	durchstreichen
cane **7** 4b	Hund
cantare **6** 7a	singen
canzone **6** 10	Lied
capacità **7** 5	Fähigkeit
capelli **9** 9b	Haare
capire **1** 6a	verstehen
capo **9** E 13	Chef
capoluogo **10** 2a	Provinzhauptstadt
carattere **9** 14a	Charakter
caratteristico **8** E 5	charakteristisch
carino **4** 9a **8** 2a	toll, hübsch
carne **5** 12	Fleisch
carnevale **1** Cac	Fasching, Karneval
caro **5** 1 **5** 5b	teuer, Lieber ...
carta **10** 1	Landkarte
carta di credito **10** 5a	Kreditkarte
cartellone **9** 14b	Plakat
cartolina **6** 12	Postkarte
cartolina elettronica **6** 12	E-Card
casa **1** 14b	Haus
casalinga **2** 4	Hausfrau
casella **APC 1**	(Spiel-)Feld
caso **3** 9c	Fall
cassa **3** 8	Kasse
castagna **10** E 7	Kastanie
castano **9** 9b	braun
castello **8** 13a	Schloss, Burg
categoria **7** 2b	Kategorie
cattedrale **8** 1	Kathedrale
cavallo **7** 7a	Pferd
c'è **8** 2a	es gibt
celebrare **8** P	feiern
cellulare **1** 14b	Mobiltelefon, Handy
cena **4** 4a	Abendessen
centesimo **8** P	Cent
centinaia **10** 4	Hunderterzahlen
centinaio **8** P	etwa Hundert
centrale **8** E 5	des Zentrums
centro **7** Cac	Ort
centro benessere **10** 5a	Wellnesscenter
centro commerciale **7** Cac	Einkaufszentrum
centro storico **8** 2a	Altstadt
cercare **2** 10	suchen
cercare di **9** 4c	versuchen zu
cereali **3** 9a	Cornflakes
certo **3** E 5	sicher
che **3** 9c **3** Cac **6** 7a **1** 2c **1** 6a	die, das, welche
Che cosa? **1** 11a	Was?
Che ore sono? **4** 2	Wie spät ist es?
Che tempo fa? **10** 9a	Wie ist das Wetter?
che tipo di ...? **APC 1**	was für eine Art ...?
chi? **2** 4	wer?
chiacchierare **9** 7c	plaudern
chiamarsi **1** 3b	heißen
chiaro **APC 1**	klar
chiave **9** E 7	Schlüssel
chiedere* **4** 3	fragen
chiesa **1** E 14	Kirche
chilo **7** 11b	Kilo
chilometro **10** Cac	Kilometer
chimica **9** E 12	Chemie
chissà dove **10** 12a	wer weiß wo

chitarra **7** 2a	Gitarre
chiuso **5** 3	geschlossen
ci **10** 9b	hierher
ci sono **8** 2a	es gibt
ciao **1** 3b	hallo
cibo **1** 2b	Essen
cifra **2** 12a	Zahl, Ziffer
ciliegia **7** 9a	Kirsche
cima **10** 12a	Gipfel
cinema **1** E 20	Kino
cioccolata **3** 5c	heiße Schokolade
cioccolato **5** 9b	Schokolade
cipolla **7** 9a	Zwiebel
circa **9** 7c	ungefähr
circonvallazione **7** Cac	Ringstraße
città **2** 5b	Stadt
cittadino **8** P	Bürger
classe **1** 5c	Klassenzimmer
classico **3** 9c	klassisch
classificare **1** 2b	sortieren, einordnen
cliente **APC 1**	Kunde
clima **8** 2a	Klima
coda **8** E 3	Schlange
cognato **9** 12a	Schwager
cognome **2** 5b	Familienname
coinvolgere* **7** 8a	einbeziehen
colazione **3** 8c	Frühstück
collaudato **6** 7a	erprobt
collega **1** 7b	Kollege/-in
collegamento **10** 5a	Verbindung
collina **10** 12a	Hügel
colonna **7** 9b	Spalte
colore **1** 6a	Farbe
colori dell'olio **1** 6a	Farben des Öls
coltivazione **7** 8a	Anbau
combinazione **7** 7b	Verbindung
come? **1** 3b	wie?
come **7** 8a	als
come al solito **6** 11a	wie üblich
Come stai / sta? **2** 1c	Wie geht es dir / Ihnen?
Come va? **2** 1c	Wie geht's?
cominciare **4** 1	beginnen, anfangen
commedia **6** E 12	Komödie
commedia musicale **8** E 14	Musical
commentare **2** Cac	kommentieren
commento **10** 9c	Kommentar
commessa **2** 3a	Verkäuferin
commesso **2** 3b	Verkäufer
comodo **8** 11	bequem
compagno **2** 14a	Kursteilnehmer
compilare **2** 16	ausfüllen
compito **4** E 8	Hausaufgabe
compleanno **6** 8d	Geburtstag
completare **1** 12b	ergänzen, vervollständigen
comprare **3** 7b	kaufen
comprendere* **10** 2a	enthalten
comprensione **9** E 7	Verständnis
compreso **7** 8a	inbegriffen
Comune **7** Cac	Gemeinde
comunicare **1** 11 **9** 10	sich verständigen, kommunizieren, in Verbindung stehen
comunque **4** 9a	auf jeden Fall
con **1** 2	mit
Con chi? **4** 11c	Mit wem?
con enfasi **6** Cac	mit Nachdruck
concentrarsi **10** 6a	sich konzentrieren
concerto **4** 8a	Konzert
concludersi **4** Cac	enden
condividere* **4** Cac	teilen
conduttore **APC 3**	Leiter
conferma **10** E 5	Bestätigung
confermare **10** Cac	bestätigen
confrontare **1** 6b	vergleichen
confronto **1** Cac	Vergleich
congratulazione **6** 11a	Glückwunsch
congresso **6** E 4	Kongress
coniugi **9** 11a	Ehepaar
cono **3** 8a	Eistüte
conoscenza **1** 14	Bekanntschaft
conoscere* **1** 2c **6** 2a	kennen, kennenlernen
conoscersi **4** Cac	sich kennenlernen
considerato che **7** 8a	in Anbetracht dessen, dass
consigliare **8** E 5	raten
consiglio **10** 12a	Rat
consolidarsi **10** Cac	sich festigen
consultarsi **APC 3**	sich beraten
consumato **3** 9c	zu sich genommen
contanti **3** 3b	Bargeld
contare **5** 13a	zählen, wichtig sein
contatto **9** 8	Kontakt
contento **8** 2a	zufrieden
continentale **10** E 4	kontinental
continuare **5** 5b **10** 10	weitergehen, weiter machen
conto **5** 10	Rechnung
contorno **5** 9a	Beilage
contrario **3** 5b	Gegenteil
contro **2** 2	gegen
controllare **2** 1d	überprüfen
conveniente **5** 13a	günstig
conversare **2** 10	sich unterhalten
conversazione **2** 10	Unterhaltung
convivere* **9** E 7	zusammenwohnen
coperto **5** Cac	Gedeck
coppa **3** 8d	Kelch
coppia **2** 2	Paar
cornetto **3** 2a	Hörnchen, Croissant
corporatura **9** 9c	Körperbau
correggere* **8** 7b	korrigieren
correre* **7** 2a	laufen
corretto **9** 6	richtig
corriera **8** E 16	Überlandbus
corrispondente **3** Cac	entsprechend

corrispondere* **2** 1b	passen
corsa **7** 4b	Laufen, Joggen
corso **1** 15 **5** E 3	Kurs, (Pracht-)Straße
corso di ballo **7** 7a	Tanzkurs
cortese **5** 13a	freundlich
cortile **9** 2a	Hof
corto **9** 9b	kurz
cosa **1** 2	Ding, Sache
così **6** 2a	so
così, così **2** 1c	so lala
costare **9** Cac	kosten
crisantemi **6** Cac	Chrysanthemen
crocetta **9** 12b	Kreuzchen
cucina **4** E 10	Küche
cucinare **4** E 10	kochen
cugina **9** 11a	Cousine
cugini **9** 11a	Cousins
cugino **9** 11a	Cousin
culla **10** 8a	Wiege
cultura **1** 6a	Kultur
cuore **1** E 20	Herz
cura **7** 8a	Pflege

D

da **5** 5b **7** Cac	von, seit
da ... a **4** 6a	von ... bis
da bere **5** 9c	zum Trinken
da dove **5** 5a	(von) wo
da sempre **4** Cac	seit immer
da soli **4** 9a	allein
da solo **4** 7	allein
da tempo **9** 10	seit langem
Dai! **8** 2a	Los!
dall'altro lato **9** 7c	auf der anderen Seite
danza **4** Cac	Tanz
dare* **5** 8	geben
dare* del Lei **9** 8	siezen
dare* del tu **9** 8	duzen
data **6** 11b	Datum
dati personali **10** 8b	Personalien
dato **7** 8a	Angabe
davanti a **4** Cac	vor
decaffeinato **3** 5	entkoffeiniert
decidere* **APC 1**	entscheiden
decine **8** P	Dutzende
decorazione **6** 10	Dekoration
dedica **6** 12	Widmung
dedicare **6** 7a	widmen
degustazione **10** 5d	Verkostung
del posto **6** 2a	einheimisch
delizioso **6** 2a	entzückend, köstlich
denaro **5** Cac	Geld
dentro **5** 3	drinnen
dépliant **7** 1	Prospekt
descrivere* **8** 9b	beschreiben
descrizione **9** 10	Beschreibung
deserto **10** 12a	Wüste
desiderare **2** 10	wünschen
d'estate **4** 9a	im Sommer
destinazione **10** 15a	Ziel
detective **6** 9	Detektiv
detestare **9** 7c	verabscheuen
di **1** 7b	aus
di 33 anni **2** 10	33-jährig
di altri **4** Cac	von anderen
di altro tipo **3** 9c	von einer anderen Sorte
Di che colore ...? **7** 9b	Welche Farbe ...?
di contorno **5** 9c	als Beilage
di dove? **1** 7	woher?
di fronte (a) **8** 2a	gegenüber (von)
Di niente. **5** 7	Keine Ursache.
di notte **4** 6c	nachts
di nuovo **1** 14e	noch einmal
di persona **6** 12	persönlich
di recente **8** P	vor Kurzem
di solito **4** 4a	gewöhnlich
di sotto **7** 8a	unten stehend
diagonale **9** 6	diagonal
dialogo **1** 3a	Dialog
diario **10** 12a	Tagebuch
dicembre **6** 13	Dezember
dieta **3** E 16	Diät
dietro **8** 7a	hinter
differenza **6** 4	Unterschied
diffondersi* **10** Cac	sich verbreiten
diffuso **7** 8a	verbreitet
dimenticare **6** 8d	vergessen
dintorni **8** 10c	Umgebung
d'inverno **4** 9a	im Winter
dipingere* **7** 2a	malen
dire* **1** 11a	sagen
diretto **7** 8a	eng
direttore **1** E 19	Direktor, Leiter, Chef
dirimpettaio **9** 5a	Nachbar, der gegenüber wohnt
disabile **10** P	Mensch mit Behinderung
discoteca **4** 9a	Disco
discussione **6** 2a	Debatte, Diskussion
disegnare **9** 13	zeichnen
disegno **2** 3a	Zeichnung
disporre* **10** E 6	verfügen
distribuire **9** 10	verteilen
distributore (di benzina) **8** 5	Tankstelle
ditta **10** E 9	Firma
diventare **9** E 7	werden
diverso **4** Cac	verschieden
divertente **6** E 4	lustig
divertirsi **4** 9a	sich amüsieren
dividere* **5** Cac	teilen
dividersi* **APC 1**	sich teilen
doccia **4** 1	Dusche
dolce **3** 5b	süß
dolce **5** 9a	Nachspeise

dolce millefoglie **5** 9b	Blätterteigkuchen
domanda **1** 11b	Frage
domani **6** 7a	morgen
domenica **4** 6a	Sonntag, sonntags
donna **6** 7a	Frau
dopo **4** 9a **9** Cac	nach, nachher
doppio **7** E 2	Doppel
dormire **4** 4a	schlafen
dottore **2** 1c	Doktor (Titel)
dove? **2** 1a	wo?
dovere* **10** 7a	müssen, sollen
dritto **5** 5b	geradeaus
duna **10** 12a	Düne
dunque **4** 9a	also
duomo **8** E 4	Dom

E

e **1** 2b	und
ebraico **7** Cac	jüdisch
eccetera **8** 2a	und so weiter
ecco **3** 3b	hier, da
economico **5** 1	preiswert
edicola **8** 5	Kiosk
edificio **8** 6	Gebäude
edizione **1** 6a	Veranstaltung
elegante **5** 1	elegant
elencare **7** 1	aufzählen, auflisten
elencato **9** 6	aufgelistet
e-mail **5** 5c	E-Mail
emozionarsi **10** 2a	sich beeindrucken lassen
emozione **4** Cac	Erlebnis
enogastronomia **10** 2a	Weingastronomie
enorme **8** 2a	riesig
enoteca **3** 7a	Weinprobierstube
entrare **6** 7a	eintreten
equitazione **7**	Reitsport
errore **1** 14	Fehler
esame **4** 9a	Prüfung
esattamente **5** Cac	genau
esatto **4** 6c	richtig
escursione **8** 13a	Ausflug
esempio **1** 9b	Beispiel
esercizio **1** E	Übung, Aufgabe
esigenza **10** 5a	Anspruch
esistente **8** P	bestehend
esistere **3** Cac	geben
esperienza **4** Cac	Erfahrung
espressione **1** 3d	Formulierung
espresso **1** P	Espresso
esserci* **8** 2a	da sein, vorhanden sein
essere* **1** 1 **1** 3d	sein
essere* a dieta **3** E 16	auf Diät sein
essere* a portata di mano **8** 2a	in Reichweite sein
essere* d'accordo **8** 10a	einverstanden sein
essere* fortunato **9** 7c	Glück haben
essere* fuori per lavoro **5** 5b	geschäftlich unterwegs sein
essere* uniti **9** E 12	ein enges Verhältnis haben
estate **4** 9a	Sommer
estero **3** 8d	ausländisch
estivo **9** E 7	Sommer-
età **7** 8a	Alter
etnico **5** 1	ethnisch
etnografico **10** 9b	Völkerkunde-
Etruschi **1** Cac	Etrusker (antikes Volk im nördlichen Mittelitalien)
etto **7** 11b	100 Gramm
evento **APC 1**	Veranstaltung
eventuale **APC 1**	möglich
evidenziare **1** 3d	markieren

F

fa **6** 7a	vor
faccia **9** 7c	Gesicht
facciata **8** E 4	Fassade
famiglia **3** E 16	Familie
familiare **2** 13	familiär, Familien-
famoso **6** 7a	berühmt
fare* **2** 4	machen
fare* caldo **10** 9a	heiß sein
fare* colazione **3** 9c	frühstücken
fare* conoscenza **1** 5c	kennenlernen
fare* freddo **10** 9b	kalt sein
fare* gli auguri **6** 12	Glück wünschen, gratulieren
fare* i compiti **4** E 8	Hausaufgaben machen
fare* il bucato **9** 7c	Wäsche waschen
fare* la doccia **9** 7c	duschen
fare* la spesa **7** 4b	einkaufen
fare* lo spelling **1** 10c	buchstabieren
fare* piacere **9** E 12	jdm eine Freude machen
fare* shopping **10** E 9	shoppen
fare* una pausa **4** 4a	Pause machen
farmacia **8** 5	Apotheke
farmacista **2** 3a	Apotheker/in
fatidico giorno **6** 7a	schicksalhafter Tag
fauna **10** 2a	Tierreich
fazzoletto **6** Cac	Taschentuch
febbraio **6** 13	Februar
fedele **10** 12a	treu
felicitazioni **6** 11a	Glückwünsche
femmina **7** 8a	Frau
femminile **1** 16a	weiblich
fenomeno **7** 8a	Phänomen
fermarsi **10** 12a	stehen bleiben
fermata **5** 5b	Haltestelle
fermata del tram **5** 5b	Tramhaltestelle
ferroviario **10** P	Eisenbahn-
festa **4** 8a	Fest
festa dei vicini **9** 2a	Nachbarschaftsfest
festa della donna **6** Cac	Weltfrauentag
festival **1** 6a	Festival

fetta biscottata **3** 9a	Zwieback
fico **7** 9a	Feige
figlia **9** 11a	Tochter
figlio **9** 11a	Sohn
filone **7** 11b	länglicher Brotlaib
finale **APC 3**	letzter
finalmente **6** 7a	endlich
finanziamento **7** Cac	Finanzierung
fine settimana **4** 6a	Wochenende
finestra **9** 7	Fenster
finestrino **10** E 15	Fenster (Zug, Auto)
finire (di) **4** 4a	aufhören
fino a **5** 5b	bis
finora **9** 5c	bis jetzt
fiore **1** Cac	Blume
firmare **10** 10	unterschreiben
fisico **9** 14a	körperlich
fiume **10** 12a	Fluss
flamenco **1** E 20	Flamenco
flora **10** 2a	Pflanzenwelt
focaccia **3** 8d	Fladenbrot
foglietto **9** 10	Zettel
foglio **10** 10	Blatt (Papier)
fontana **8** 7a	Brunnen
foresta **10** 12a	Wald
formaggio **3** E 18	Käse
formale **1** 7a	formell
formare **2** 2	bilden
formulare **9** 10	schreiben
forse **7** E 11	vielleicht
fortuna **2** Cac	Glück
forum **4** 11	Forum
foto **1** 3a	Foto
fotografia **1** Cac	Foto(grafie)
fra **2** 5a	zwischen
fra / tra **3** 9c	unter
fragola **7** 9a	Erdbeere
frase **2** 7a	Satz
fratello **9** 11a	Bruder
freddo **3** 3b	kalt
frequentare **9** E 12	besuchen
frequentato **8** Cac	gut besucht
frequentissimo **8** Cac	sehr häufig
frequenza **7** 7a	Häufigkeit
fresco **7** 12a	frisch
frizzante **3** 5b	mit Kohlensäure
frutta **7** 8a	Obst
fucile **6** 7a	Gewehr
funghi trifolati **5** 9b	Pilze mit Öl, Knoblauch und Petersilie zubereitet
fungo **5** 9b	Pilz
funzionare **5** Cac	funktionieren, laufen
fuori **5** 3	draußen
fuori porta **10** Cac	außerhalb der Stadt
fuso orario **4** 3	Zeitzone
futuro **6** 11a	Zukunft

G

galateo **6** Cac	Knigge
galleria di arte moderna **6** E 10	Museum für moderne Kunst
garantire **7** 8a	gewährleisten, sichern
gasato **5** 9c	mit Kohlensäure
gastronomia **1** 6a	Gastronomie
gatto **9** 6	Katze
gelateria **3** 7a	Eisdiele
gelato **1** 2a	Eis
gelido **10** 12a	eiskalt
gemello **10** 12a	Zwillings-
generale **10** 9c	allgemein
genitori **9** 11a	Eltern
gennaio **6** 13	Januar
gente **7** Cac	Leute
gentile **6** 2a	sehr geehrte(r)
geografico **9** E 7	geographisch
gesto **9** Cac	Geste
già **5** Cac	schon
giallo **7** 9b	gelb
giardinaggio **7** 8a	Gartenarbeit
giardino **5** P	Garten
ginnastica **10** E 9	Gymnastik
giocare **2** 2	spielen
giocare a calcio **7** 2a	Fußball spielen
giocare a carte **7** 2a	Karten spielen
giocatore **9** 6	Spieler
gioco **3** 10b	Spiel
giornale **3** 7b	Zeitung
giornaliero **10** 5d	Tages-
giornalista **2** 3a	Journalist/in
giornata **4** 1	Tag (Verlauf)
giorno **4**	Tag
giostra **5** E 12	Karussell
giovane **9** 4a	jung
giovani **3** 9c	Jugendliche
giovedì **4** 6a	Donnerstag, donnerstags
girare **5** 5b **8** 2a	abbiegen, herumfahren
giro **APC 1** **5** 5b **6** 7a	(Spiel-)Runde, Tour, Rundfahrt, Rundgang
gita **8** 10c	Ausflug
giugno **6** 11a	Juni
giusto **3** 7b	richtig
gnocchi **5** E 12	ital. Kartoffelklößchen
godere **10** 2a	genießen
grado **10** 9a	Grad
grande **3** 5	groß
grasso **9** 9b	dick
gratificazione **7** 8a	Zufriedenheit
grazie **1** 3b	danke
grazie a **7** 8a	dank
grigliato **5** E 11	gegrillt
grotta **8** E 5	Grotte
gruppo **6** 7a	Gruppe
guardare **4** 3	anschauen
guardare fuori **9** 7b	(aus dem Fenster) schauen

guardare la TV **4** 4a	fernsehen
guardare un film **4** 9a	einen Film anschauen
guida turistica **8** 13b	Reiseführer
guidare **7** Cac	führen
gustare **8** E 5	kosten
gusto **APC 1**	Geschmack, Vorliebe

H

ha **1** 14b	er, sie, es hat

I

idea **6** 2a	Idee
ideale **10** 8a	ideal
ideare **9** 14b	planen
identità **2** 16	Identität
idromassaggio **10** 8a	Unterwassermassage
ieri **6** 5	gestern
immagine **1** 2a	Bild
immobile **9** 2a	Haus
imparare **2** 11	lernen
impiegata **2** 3b	Angestellte
impiegato **2** 3a	Angestellter
importante **10** 5a	wichtig
in **2** 5c	in
in base a **7** 9b	aufgrund
in cambio di **2** 10	gegen
in centro **4** E 11	in der Stadtmitte
in comune **7** 7c	gemeinsam
in cui **4** Cac	in dem
in due **2** 11	zu zweit
in genere **8** P	allgemein
in mezzo a **10** 12a	inmitten
in modo originale **6** 12	auf originelle Art und Weise
in ogni caso **6** 7a	auf jeden Fall
in parti uguali **5** Cac	zu gleichen Anteilen
in pieno centro **8** 2a	mitten im Zentrum
in ritardo **6** 11a	zu spät
inaugurare **8** E 13	einweihen
incantato **10** 12a	verzaubert
incontrarsi **4** Cac	sich treffen
incontro **1** 6a **3** Cac	Treffen, Zusammenkunft
incrocio **5** 5b	Kreuzung
indagine di mercato **APC 1**	Marktanalyse
indiani **6** 7a	Indianer
indicare **2** 5a **5** Cac	ankreuzen, zeigen
indicazione stradale **5** 5	Wegbeschreibung
indimenticabile **10** 12a	unvergesslich
indirizzo **9** E 5	Adresse
individuale **7** 2b	Einzel-
indovinare **1** 13	(er)raten
industriale **8** 3a	Industrie-
infine **3** 9c	schließlich
informale **1** 7a	informell
informativa **10** 8b	Informationsschreiben
informazione **5** 7	Auskunft
infrastruttura **8** 5	Infrastruktur
ingegnere **2** 10	Ingenieur/in
inglobare **3** 9c	einverleiben
ingrediente **4** Cac	Zutat
ingresso **9** 2a **10** 5d	Eingang, Eintritt
iniziare **1** 1	anfangen, beginnen
iniziativa **7** Cac	Veranstaltung
inizio **10** 10	Anfang
innaffiare **9** E 7	gießen
innanzitutto **8** Cac	zunächst
inoltre **7** 13	außerdem
insalata **5** E 8	Salat
insegnante **1** 3b	Lehrer(in)
insegnare **9** E 12	lehren
inserire **2** 1c **5** 9a	ergänzen, einordnen
insieme **3** 9c	zusammen
intelligente **10** 2a	intelligent
intendersi* **10** 2a	sich verstehen
interculturale **4** Cac	interkulturell
interessante **2** 5c	interessant
interessare **7** 1	interessieren
interesse **7** 8a	Interesse
internazionale **1** 6a	international
intervallo **6** 7a	Pause
intervista **2** 13	Interview
intervistare **2** 14a	interviewen
intorno **3** Cac **6** 7a	um, ungefähr
invece **1** 7b	hingegen, dagegen
inventato **9** 13	erfunden
invernale **10** E 15	Winter-
inverno **4** 9a	Winter
inviare **4** 9a	(zu)schicken
inviato **4** 9a	geschickt
invitare **8** 9b	einladen
invito **3** 4	Einladung
io **1** 3b	ich
ipotesi **7** 4a	Vermutung
isola **1** E 1	Insel
itinerario **8** 13	Rundfahrt, Rundgang

L

là **5** 7	dort
lago **8** E 4	See
lamentarsi **9** 5a	sich beschweren
lampione **8** 7a	Straßenlaterne
lasciare **5** Cac	lassen
latte **3** 2a	Milch
lattina **7** 11b	Dose
laurea **6** 11a	Hochschulabschluss
lavorare **1** 2	arbeiten
lavorativo **10** 12a	Arbeits-
lavoro **2** 4	Arbeit
Le **4** 8b	Ihnen
legame **7** 8a	Verhältnis
legge **10** 2a	Gesetz
legge della natura **10** 2a	Naturgesetz
leggere* **1** 3	lesen
Lei **1** 3b	Sie

lei **1** 9a	sie
lento **8** 11	langsam
lessico **1** 2	Wortschatz
lettera **1** 10a **8** E 8	Buchstabe, Brief
letteratura **10** 2a	Literatur
letto **10** 8a	Bett
lezioni **4** E 8	Unterricht
libero **1** 2b	frei
libro **3** 7b	Buch
liceo **9** E 12	Gymnasium
lieto **1** 7b	froh, erfreut
limitarsi **9** E 7	sich beschränken
limone **7** 9a	Zitrone
lingua **2** 4	Sprache
liquore **3** 8d	Likör
lista **2** 5d	Liste
listino prezzi **3** 8d	Preisliste
litro **7** 11b	Liter
locale **3** 7	Lokal
locale **8** E 5	örtlich
località **10** 1	Ortschaft, Gegend
lontano (da) **5** 7 **8** 7a	weit, entfernt
luce **9** 7c	Licht
luglio **6** 13	Juli
lui **1** 7b	er
lunedì **4** 6a	Montag, montags
lungo **3** Cac **7** 10 **10** 12a	dünn (Kaffee), lang, entlang
lungomare **6** E 4	Strandpromenade
luogo **8** Cac	Ort
luogo di passaggio **8** Cac	Durchgangsort

M

ma **2** 5c	aber
macchiato **3** 3b	Espresso mit einem Schuss Milch
macchina **1** 2a	Auto
macedonia **7** E 11	Obstsalat
macelleria **7** 11a	Metzgerei
madre **9** 11a	Mutter
madrelingua **2** 10	Muttersprache
magari **10** Cac	vielleicht
maggio **6** 11b	Mai
magro **9** 9b	dünn
mai **4** 9a **10** 12a	nie, jemals
mamma **6** 11a	Mama
mancare **10** 9b	fehlen
mancia **5** Cac	Trinkgeld
mandare **6** E 10	schicken
mangiare **3** 9c	essen
manifestazione **7** Cac	Veranstaltung
maratona **7** Cac	Marathon
mare **1** 2a	Meer
marito **9** 11a	Ehemann
marmellata **3** 9a	Marmelade
martedì **4** 6a	Dienstag, dienstags
marzo **6** 13	März
maschera **6** 10	Maske
maschile **1** 16a	männlich
maschio **7** 8a	Mann
massaggio **3** 7b	Massage
matrimonio **6** 8d	Hochzeit
mattina **3** 9c	Morgen, am Morgen
mattinata **10** 12a	Vormittag
matto **9** Cac	verrückt
maxischermo **5** P	Großbildschirm
medico **2** 3a	Arzt
medio **3** 8d	mittlerer
mediterraneo **3** 9c	mediterran
mela **7** 9a	Apfel
melanzana **7** 9a	Aubergine
melone **5** E 12	Melone
meno **4** 2b **7** 8a **10** 4b	vor, weniger, minus
mentre **7** Cac	während
menu **5** 9b	Speisekarte
meraviglioso **10** 12a	wunderbar
mercato **1** 2a	Markt
mercoledì **4** 6a	Mittwoch, mittwochs
mese **6** 7a	Monat
messaggio **4** 9a **6** 2	Beitrag, E-Mail
metà **7** 8a	Hälfte
metropolitana **8** 12	U-Bahn
mettere* **3** 8a	stellen, setzen, legen
mettere* a disposizione **8** P	zur Verfügung stellen
mettere* in ordine **3** 8a	in die richtige Reihenfolge bringen
mezza pensione **10** 5a	Halbpension
mezzanotte **4** 2b	Mitternacht
mezze maniche **5** 9b	ital. Nudelsorte
mezzi pubblici **8** E 16	öffentliche Verkehrsmittel
mezzo / mezza **4** 2b	halb
mezzo chilo **7** 11b	Pfund
mezzo di spostamento **10** Cac	Fortbewegungsmittel
mezzo di trasporto **8** 11	Verkehrsmittel
mezzogiorno **4** 2b **7** 8a	Mittag, Süden
mezz'ora **8** P	halbe Stunde
microvacanza **10** Cac	Kurzurlaub
miele **3** 9a	Honig
migranti **4** Cac	Migranten
minestra **5** E 8	Suppe
minimo **10** 8a	mindestens
mirtillo **7** 9a	Heidelbeere
misto **5** 9b	gemischt
misura antistress **7** 8a	Maßnahme gegen Stress
mitico **10** 12a	sagenhaft
mito **9** 5a	Traum
moda **1** Cac	Mode
moderno **6** E 10	modern
modo **6** 12	Art, Weise
modulo **10** 8b	Formular
moglie **6** 8a	Ehefrau
moka classico **3** Cac	Mokka
moltissimo **5** 12	sehr

molto **1** 7b **2** 5c	sehr, viel
molto lieto **1** 7b	sehr erfreut
momento **3** Cac	Moment, Augenblick
monastero **8** 13a	Kloster
mondo **4** 3	Welt
montagna **1** Cac **10** 9b	Berg, Gebirge
monte **10** 2a	Berg
moro **9** 9b	dunkelhaarig
mostra **6** 7a	Ausstellung
motivazione **10** 15a	Begründung
motivo **2** 13	Grund
movimento **8** E 16	Bewegung
multietnico **4** Cac	Vielvölker-
multifamiliare **9** E 7	Mehrfamilien-
municipio **8** 1	Rathaus
muoversi* **8** 11	sich bewegen
mura **8** 10c	Stadtmauer
museo **1** 2a	Museum
musica **1** 6a	Musik
musica dal vivo **3** 7b	Livemusik
musicista **7** Cac	Musiker
mutande **9** 7c	Unterhose

N

napoletano **6** E 4	neapolitanisch
nascere **8** P	geboren werden
nascita **6** 11a	Geburt
natura **7** 8a	Natur
naturale **3** 5b	still
naturalmente **4** 9a	natürlich, selbstverständlich
navigare su Internet **7** 2a	im Internet surfen
nazionale **3** 8d **8** 13a	einheimisch, Landes-
nazionalità **1** 9	Nationalität
ne **7** 12a	davon
neanche **5** 12	auch nicht
nebbia **8** 2a	Nebel
necessario **10** 12a	nötig
negativo **6** 7a	negativ
negoziante **7** 13	Händler
negozio **7** 11a	Geschäft
negozio di alimentari **7** 11a	Lebensmittelgeschäft
negozio di antiquariato **8** E 4	Antiquitätengeschäft
neodottore **6** 11a	Akademiker, der gerade seinen Abschluss gemacht hat
nero **7** 9b	schwarz
nessuno **9** 10	niemand
neve **10** 2a	Schnee
nevicare **10** 9a	schneien
niente **3** 9c	nichts
nipote **9** 11a	Enkelsohn, Neffe, Enkeltochter, Nichte
no **1** 9b	nein
noioso **6** 2a	langweilig
noleggiare **8** 10c	mieten
nome **2** 5b	Vorname
nominato **8** 10b	genannt
non **1** 9b	nicht
Non c'è di che. **5** 7	Keine Ursache.
non c'è male **2** 1c	es geht
nonna **9** 11a	Großmutter
nonno **9** 11a	Großvater
normale **3** 5	normal
normalmente **6** E 5	normalerweise
nostro **1** Cac	unser
notare **9** 5d	bemerken
notarsi **9** 7c	aufeinander aufmerksam werden
notte **4** 6c	Nacht
notte fonda **7** Cac	tiefe Nacht
novembre **6** 13	November
novità **8** P	Neuheit
numerare **5** 7	nummerieren
numero **1** 12	Zahl
nuotare **7** 2a	schwimmen
nuovo **2** 16	neu

O

o **1** 16a	oder
obbligatorio **5** Cac	verbindlich
obiettivo **8** P	Ziel
occasione **4** Cac	Gelegenheit
occhiali **9** 9b	Brille
occhio **10** 12a	Auge
occupare **9** 6	besetzen
occuparsi di **APC 2**	sich kümmern um
occupato **5** Cac **8** 2a	besetzt, beschäftigt
Oddio! **7** 5	Oh Gott!
offerta **7** 8a	Angebot
offerta speciale **APC 1**	Sonderangebot
offrire* **3** 3b **5** 2a	einladen, (an)bieten
oggetti a punta **6** Cac	spitze Gegenstände
oggi **3** 3b	heute
ogni **3** Cac	jeder, jede, jedes
ogni tanto **9** E 7	hin und wieder
ognuno **9** 10	jeder
olio **1** 6a	Öl
oliva **5** 9b	Olive
oltre **7** 8a	über
oltrepassare **8** 13a	überschreiten
ombrello **10** E 9	Regenschirm
onomastico **6** 8d	Namenstag
opera **1** 2a	Oper
operaia **2** 3b	Arbeiterin
operaio **2** 3a	Arbeiter
oppure **1** 6a	oder
ora **4** 2	Uhrzeit, Stunde
ora **APC 1**	jetzt, nun
orario **4** E 8	Arbeitszeit
orario da ufficio **9** 7c	Bürozeit
orario di apertura **APC 1**	Öffnungszeiten
ordinare **3** 6	bestellen
ordine **3** 8a	Ordnung

organizzare **7** Cac	organisieren
orgoglioso **9** 12a	stolz
originale **5** 1	originell
origine **2** 10	Herkunft
orizzontale **9** 6	waagerecht
ormai **6** 7a	nun, schon
orologio **4** 2b	Uhr
ortaggi **7** 8a	Gemüse
orto **7** 8a	Gemüse-/Obstgarten
ospedale **8** 5	Krankenhaus
ospite **3** 9b	Gast
osservare **2** Cac	anschauen, betrachten
osteria **5** P	Wirtschaft
ottimo **5** E 11	sehr gut
ottobre **6** 11b	Oktober
ovviamente **10** 12a	natürlich

P

pacchetto **10** 2	Paket
pacco **7** 11b	Packung
padre **9** 11a	Vater
Paese **2** 7	Land
pagamento **10** E 3	Bezahlung
pagare **3** 3b	zahlen
pagina **1** 11a	Seite
pagina web **9** 14	Webseite
palazzo **8** 13a **9** E 7	Palast, Wohnhaus
palestra **7** 2a	Turnhalle
pancetta **3** 9a	(Bauch-)Speck
pane **3** 9a	Brot
panetteria **7** 11a	Bäckerei
panettone **1** Cac	Weihnachtshefekuchen
panino **3** 2a	Brötchen
panna **3** 8a	Sahne
panoramico **10** 8a	Panorama-
papà **6** 11a	Papa
parapendio **7**	Gleitschirmfliegen
parcheggiare **6** 7a	parken
parcheggio **8** 1	Parkplatz
parco **8** 1	Park
parentela **9** 11a	Verwandtschaft
parenti **9** 12	Verwandte
parlare **1** 4	sprechen
parmigiano **7** E 14	Parmesan
parola **1** 2a	Wort
parte **5** 5a	Teil
partecipare **3** 7b	teilnehmen
partenza **APC 1**	Start
particolare **5** 1	besonderer
partire **5** 5a	abfahren
partita di calcio **5** P	Fußballspiel
partner **2** 11b	Partner
Pasqua **6** E 14	Ostern
passaggio **8** Cac	Durchgang, -fahrt
passare **4** 9a **APC 1** **9** 6	verbringen, vorrücken, übergehen
passare a **5** E 11	übergehen zu
passeggiare **10** 12a	wandern
passeggiata **4** 8a	Spaziergang
passione **7** 8a	Leidenschaft
pasta **1** 2a **3** 8d	Nudeln, Gebäck
pasticceria **3** 2b	Gebäck
pasticcini **6** 10	Feingebäck
patata **7** 9a	Kartoffel
patatine fritte **5** E 8	Pommes frites
pausa **4** 4a	Pause
Peccato! **7** E 2	Schade!
pecorino **5** 9b	Schafskäse
pedalare **8** P	in die Pedale treten
pendolare **8** P	Pendler
penna **2** E 17 **5** E 10	Füller (zum Schreiben), Stift
penne **5** E 12	ital. Nudelart
pensare **7** 2b	denken
pensionata **2** 4	Rentnerin
pensionato **2** 4	Rentner
pensione **10** 1	Pension
pensione completa **10** 5a	Vollpension
pepe **7** 9a	Pfeffer
peperoncino **5** E 15	Chili
peperone **7** 9a	Paprika
per amore **2** 13	aus Liebe
per cento **7** 8a	Prozent
Per che ora? **5** 4	Für wie viel Uhr?
per errore **1** 14	aus Versehen
per favore **1** 11a	bitte
per fortuna **6** 2a	zum Glück
per la strada **5** 8	auf der Straße
per lavoro **2** 5c	beruflich
per motivi familiari **2** 13	aus familiären Gründen
per niente **4** 8b	überhaupt nicht
per ora **8** 2a	bis jetzt
per ore e ore **4** 9a	stundenlang
per passione **7** 8a	aus Leidenschaft
Per quando? **5** 2c	Für wann?
per questo **4** Cac	aus diesem Grund
per tutta la sera **6** 7a	den ganzen Abend lang
per tutti **5** Cac	für alle
pera **7** 9a	Birne
perché **1** E 20	weil / warum
perché **7** 7c	Grund
perdere* **8** 13a **10** E 9	verpassen, verlieren
perfetto **5** 2c	perfekt
perfezionare **2** 10	verbessern
perfezionista **7** 4b	Perfektionist
periferia **8** 3a	Stadtrand
periodo **10** 2a	Zeitraum
pernottamento **10** 5d	Übernachtung
però **3** 3b	aber
persino **9** E 7	sogar
persona **2** 1a	Person
persona madrelingua **2** 10	Muttersprachler
personale **5** 13a	Personal
personale **7** 8a	persönlich

pesca **7** 9a	Pfirsich
pesca sportiva **7**	Sportangeln
pescatore **10** 12a	Fischer
pesce **5** 9b	Fisch
pesce spada **5** E 11	Schwertfisch
piacere **1** 3b	angenehm, es freut mich
piacere **2** E 18	gefallen
piacevole **9** 4a	angenehm
piadina **3** 2a	dünnes Fladenbrot
piano **9** 5a	Stockwerk, Etage
piano bar **3** 7a	Piano-Bar
piano piano **8** 2a	allmählich
piano(forte) **7** 6	Klavier
pianta **7** 8a	Pflanze
pianta aromatica **7** 8a	Gewürzpflanze
piantina **5** 5b	Stadtplan
piatto **4** Cac **5** 9a	Teller, Gericht
piazza **1** 2a	Platz
piazzale **8** 13a	(großer) Platz
piccolo **2** 10	klein
piegare **10** 10	falten
piovere **10** 9b	regnen
piscina **7** 4b	Schwimmbad
piscina coperta **10** 8a	Hallenschwimmbad
pista da sci **10** 8a	Skipiste
pittore **6** 7a	Maler
pittura **6** 7a	Malerei
più **5** P **7** 2b **10** 4b	mehr, plus, mehrere
pizzetta **3** 5c	kleine Pizza
poco **7** 4b	wenig
poi **1** 14b	dann
polizia **10** P	Polizei
pollo **5** E 8	Hühnchen
pomeriggio **4** 4a	Nachmittag, nachmittags
pomodoro **7** 9a	Tomate
ponte **8** 5	Brücke
popolazione **7** 8a	Bevölkerung
porchetta **5** 9b	Spanferkel
porta **8** 13a **9** E 1	Tor, Tür
portafoglio **6** Cac	Geldbeutel
portare **4** 4a	bringen
portare a scuola **4** 4a	zur Schule bringen
portare fortuna **2** Cac	Glück bringen
portare gli occhiali **9** 9b	Brille tragen
portare sfortuna **2** Cac	Unglück bringen
portavoce **APC 3**	Sprecher, Wortführer
positivo **9** 3c	positiv
possibile **3** 7b	möglich
possibilità **5** P	Möglichkeit
posta **8** 2a	Post
posto **5** 2c **8** 1	Platz, Ort
potere* **1** 11a **5** 7	können, dürfen
pranzare **4** Cac	zu Mittag essen
pranzo **4** 4a	Mittagessen
praticare **7** 8a	ausüben
preferenza **10** Cac	Vorliebe
preferire **3** 9c	vorziehen

preferito **6** E 12	Lieblings-
prego **1** 3b	bitte
premio **APC 2**	Preis
prendere* **3** 3b	nehmen
prenotare **5** 2c	reservieren
prenotazione **1** 6a **5** 2c	Reservierung, Vorbestellung
preparare **1** 15 **3** 9b	erstellen, vorbereiten
presa **10** E 6	Anschluss
presentare **APC 1**	vorstellen
presentarsi **1** 4	sich vorstellen
presentazione **1** 8 **3** 7b **6** 2a	Vorstellung, Präsentation
presepe **1** Cac	Krippe
presso **1** 6a	bei
presto **4** 6c	früh
prezzo **5** 13a	Preis
prezzo totale **7** 12b	Gesamtpreis
prima (di) **6** 9 **6** E 9	zuerst, (be)vor
primavera **8** P	Frühling
primo **5** 9a	erster Gang
primo **6** 7a	erster
principale **7** 8a	hauptsächlich
privacy **10** 8b	Privatsphäre
privato **5** P	privat
problema **1** 14c	Problem
prodotto **7** 12b	Produkt
produzione **10** 2a	Herstellung
professione **2** 3	Beruf
progettare **10** 15a	planen
progetto **10** 15a	Plan, Vorhaben
Pronto! **1** 14a	Hallo!
pronuncia **1** E 20	Aussprache
pronunciare **1** 11a	aussprechen
proposta **APC 2**	Vorschlag
proprio **4** Cac **5** E 13	eigen, wirklich
prosciutto **5** E 12	Schinken
prossimo **5** 2c	nächster
provare **5** E 11	probieren
provare la sensazione **10** 12a	empfinden
provincia **8** E 5	Provinz
psicologia **9** E 12	Psychologie
pubblicato **7** 8a	veröffentlicht
pullman **8** 13b	Reisebus
puntino **1** 10c	Pünktchen, Umlaut
punto **2** 5e	Punkt
punto di partenza **10** E 6	Ausgangspunkt
punto di ritrovo **8** Cac	Treffpunkt
puntuale **6** 7a	pünktlich
purtroppo **5** 5b	leider

Q

quadro **6** 7a	Gemälde
qual(e) **1** 14c	welcher, was für einer
qualche volta **4** 9a	manchmal
qualcosa **4** 4a	etwas
qualcosa in più **5** 3	etwas mehr

Qualcos'altro? **7** 12a	Noch etwas?
qualcuno **9** E 7	jemand
quale **1** 7a	welcher
quando **4** 9a	wenn
quando? **6** 7b	wann?
Quant'è? **3** 3b	Was kostet es?
quanto **3** 3b	wie viel
Quanto viene / vengono? **7** 12a	Wie viel kostet es / kosten sie?
quartiere **8** 3a	Stadtviertel
quartiere residenziale **8** 3a	vornehmes Wohnviertel
quarto **4** 2b **5** 9c	Viertelstunde, Viertelliter
quasi **6** 7a	fast
quello **9** 5a	jener
questione di gusti **5** 11	Geschmacksfrage
questo **1** 11a	dieser
qui **1** 3b	hier
quindi **8** E 16	also, daher
quota **10** 2a	Betrag
quotidiano **4** 6	täglich

R

raccogliere* **7** 8a **9** 10	ernten, sammeln
raccontare **2** 14b	erzählen
raccontarsi **4** Cac	sich erzählen
racconto **6** 7a	Erzählung
radio **4** 1	Radio
ragazza **2** 10 **7** E 11	Mädchen, junge Frau, Freundin
ragazzino **9** 12a	kleiner Junge
ragazzo **2** 10 **4** 9a	Junge, junger Mann, Freund
raggiungere* **7** 8a	erreichen
rapido **5** 13a	schnell
rappresentante **2** 3a	Vertreter/in
reale **9** 10	real
reazione **7** 12a	Reaktion
regalare **6** Cac	schenken
regalo **6** 10	Geschenk
regionale **10** 2b	regional
regione **7** 8a	Region
regola **6** Cac	Regel
regolarmente **7** 7c	regelmäßig
relax **10** 2a	Entspannung
restare a casa **4** 9a	zu Hause bleiben
resto **3** 3b	Restgeld
rete **8** P	Netz
riascoltare **5** 5a	erneut anhören
ricapitolare **1** 16	zusammenfassen
ricco **8** E 4	reich
ricerca **7** 8a	Suche
ricetta **7** E 9	Rezept
ricevere **6** 2a	bekommen
richiesta **10** 8b	Anfrage
riciclare **6** Cac	recyceln
riconoscere* **1** 14c	erkennen
ricotta **7** E 14	ital. Frischkäse
riduzione **10** 8a	Ermäßigung
riferire **7** 8b	berichten
riferirsi a **10** 11a	sich beziehen auf
rilassante **7** 4b	entspannend
rilassarsi **4** 9a	sich entspannen
rileggere* **8** 10a	nochmals lesen
rimanere* **8** E 13	bleiben
rimanere* in attesa **10** E 5	erwarten
ringraziare **6** Cac	sich bedanken
riordinare **1** 3b	in die richtige Reihenfolge bringen
ripartire **6** 7a	wieder abfahren
ripetere **1** 10a	wiederholen, nachsprechen
ripetuto **8** Cac	wiederholt
riposare **6** E 10	ausruhen
riservato **10** P	reserviert
risotto **5** 9b	Reisgericht
risparmiare **7** 8a	sparen
rispondere* **1** 14a	antworten
risposta **2** 1f	Antwort
ristorante **5** 1	Restaurant
ristorantino **6** 2a	kleines, nettes Restaurant
ristretto **3** Cac	klein und sehr stark (Kaffee)
risultato **APC 1**	Ergebnis
ritmo **4** Cac	Rhythmus
rito **3** Cac	Ritus
ritornare **6** 2a	zurückkehren
ritrovarsi **9** E 7	sich treffen
riunirsi **4** Cac	sich versammeln
rom **7** Cac	Roma (Volk)
romani **7** Cac	Römer
romano **8** 13a	römisch
rosa **4** E 17b	rosa
rosso **4** E 17b	rot
rubrica **1** 15 **10** 12a	Verzeichnis, Rubrik
rumore **9** E 14	Lärm
rumoroso **8** 3b	laut
ruolo **10** 8a	Rolle

S

sabato **4** 6a	Samstag, samstags
sala **6** 7a	Saal
sala da ballo **7** Cac	Tanzsaal
sala da pranzo **10** E 6	Speisesaal
sala giochi **10** E 6	Spielzimmer
sala lettura **10** E 6	Lesesaal
salamino **5** 9b	kleine Salami
sale **7** 9a	Salz
salire* **10** 13b	hinaufsteigen
salutare **8** E 13	(be)grüßen
salutarsi **2** Cac	sich begrüßen
saluti **1** 5	Grußformeln
sano **8** 11	gesund
santo **4**	heilig
sapere* **5** 5b	wissen
sapore **4** Cac	Geschmack

saporito **9** E 2	schmackhaft
sbagliato **8** 7b	fehlerhaft, falsch
scale **9** E 1	Treppe
scambiarsi **4** Cac	(aus)tauschen
scambio **2** 10	Austausch
scatoletta **7** 11b	Dose
scegliere* **4** Cac	auswählen
scheda **2** 5b	Formular
schema **4** 3	Schema, Tabelle
scherzare **4** Cac	scherzen
sci **10** 2a	Ski
sci estivo **7**	Sommerski
scienza **10** 2a	Wissenschaft
scienze naturali **10** 2a	Naturwissenschaften
scomparso **10** 12a	verschwunden
sconosciuto **9** 10	Unbekannter
sconto **10** 2a	Preisnachlass
scontrino **3** 3b	Kassenbon
scoperta **10** 2a	Entdeckung
scoprire* **1** 16	entdecken
scorso **6** 6	letzt, vergangen
scrivere* **1** 10b	schreiben
scuola **4** 4a	Schule
scuola elementare **9** E 12	Grundschule
scuolabus **10** P	Schulbus
scusare **8** E 13	entschuldigen
se **3** 9c	wenn
se c'è posto **5** 2c	wenn noch Plätze frei sind
se stesso **9** 10	sich selbst
seconda edizione **1** 6a	zweite Veranstaltung
secondo **5** 9a	zweiter Gang
secondo voi **1** 14a	Ihrer Meinung nach
sede **8** 13a	Sitz
sedersi* **5** Cac	sich setzen
segnale orario **4** 2a	Zeitansage
segnare **3** 7b **5** 9c	ankreuzen, eintragen
segretaria **2** 3a	Sekretärin
segretario **2** 3b	Sekretär
seguente **3** 9a	folgend
seguire **7** Cac	folgen
semaforo **5** 5b	Ampel
seminario **6** 2a	Seminar
semplice **5** 1	einfach
sempre **4** 6c	immer
sensazione **10** 12a	Gefühl
sentire **6** 2a	hören
sentirsi **9** 7c	sich fühlen
senza **3** 8a	ohne
sera **4** 4a	Abend, abends
serata **4** 9a	Abend (Verlauf)
serie **2** 7b	Reihe
servire **5** Cac	nötig sein
servizio **5** 13a	Bedienung
servizio di base **8** 5	Grunddienstleistung
servizio gratuito **8** P	kostenlose Dienstleistung
settembre **1** 6a	September
settimana **4** 6a	Woche
sfiziosità **5** P	besonderer Leckerbissen
sfortuna **2** Cac	Unglück
si **5** 11	man
sì **1** 3b	ja
si divide **5** Cac	man teilt
si paga **5** Cac	es wird bezahlt
si usa **5** 11	man verwendet
sia ... che **10** 2a	sowohl ... als auch
sicuramente **6** 7a	sicherlich
sicurezza **7** 8a	Unbedenklichkeit
significare **1** 11a	bedeuten
signora **1** 7b	Frau
signore **1** 7b	Herr
silenzioso **8** 3b	still
simbolo **8** Cac	Symbol
simile **7** Cac	ähnlich
simpatico **6** E 7	sympathisch
sito Internet **10** 12a	Internetseite
situato **10** E 6	gelegen
situazione **2** 5a	Situation
skibus **10** 5d	Bus zum Lift
SMS (esse emme esse) **5** 6	SMS
snello **9** 9b	schlank
sociale **8** 5	sozial
soggiorno **8** E 5	Aufenthalt
sogliola **5** E 12	Seezunge
sole **1** P	Sonne
solidarietà **9** E 7	Solidarität
solito **6** 7a	üblich
solo **3** 9c **5** Cac **9** 13	nur, einzig, allein
soltanto **7** Cac	erst
soluzione **8** 14	Lösung
somiglianza **10** 3b	Ähnlichkeit
sommare **10** 4b	addieren
soprattutto **4** 9a	vor allem
sorella **9** 11a	Schwester
sorpresa **6** 10	Überraschung
sorridere* **9** 7c	lächeln
sostantivo **4** 10a	Substantiv
sotto **3** 2a **3** Cac	unten, unter
sottolineare **1** 6a	unterstreichen
sottoporre* **APC 1**	unterbreiten
sottrarre* **10** 4b	subtrahieren
spazio **9** E 7	Raum
specchio **3** 9c	Spiegel
speciale **10** 2a	Sonder-
specialità **5** P	Spezialität
specialmente **3** 9c	besonders
spedire **8** E 8	schicken
spendere* **10** 2b	ausgeben
sperare **6** E 4	hoffen
sperimentare **10** 2a	ausprobieren
spesa **7** 4b	Einkauf
spesso **4** 9a	oft
Spettabile **10** E 5	An (Firma)
spettacolo **7** Cac	Aufführung

spinaci 5 12	Spinat
splendido 10 9b	prächtig
sponsorizzato 7 Cac	gefördert
sportivo 7 3	sportlich
sposato 9 12a	verheiratet
sposi 6 E 14	Brautpaar
spostamento 8 P	Wegstrecke
spremuta 3 2a	frisch gepresster Fruchtsaft
spremuta d'arancia 3 2a	Orangensaft (frisch gepresst)
spumante 3 8d	Schaumwein, Sekt
spuntino 3 2	Imbiss
stabilire 7 16	festlegen, bestimmen
stadio 8 1	Stadion
stagionato 5 9b	reif
stagione 5 9b	Jahreszeit
stanza 10 E 6	Zimmer
stare* 4 9a	bleiben
stare* bene (con) 4 9a	passen (zu)
stare* in compagnia 7 4b	in Gesellschaft sein
stare* fermo APC 1	stehen bleiben
stasera 4 9a	heute Abend
statura 9 9c	Größe
stazione 1 2a	Bahnhof
stella 10 2a	Stern
stesso 9 7c	derselbe
stile neoclassico 8 E 4	klassizistischer Stil
storia 4 Cac	Geschichte
strada 5 8	Straße
straniero 1 10a	ausländisch, fremd
strano 6 7a	komisch
strumento 7 E 2	Musikinstrument
studente 8 Cac	Student
studiare 1 1 2 4	lernen, studieren
studio 7 Cac 10 Cac	(Film-)Studio, Studie
stupendo 8 E 4	herrlich
stuzzichino APC 1	Häppchen
su 1 6a 6 7a 7 8a	auf, über, von
subito 3 3b	sofort, gleich
succedere* 4 Cac	geschehen, passieren
successo 6 2a	Erfolg
succo di frutta 3 8d	Fruchtsaft
sulla base di 7 8a	auf (der) Grundlage von
suonare 7 2a	spielen
suono 10 2a	Klang
supermercato 2 E 6	Supermarkt
supplemento 10 8a	Preisaufschlag
susina 7 E 8	Pflaume
svago 10 2a	Vergnügen
svegliarsi 4 4a	aufwachen
svolgere* 7 7c	ausüben

T

tabella 3 2b	Tabelle
tagliata 5 9b	Filet
tantissimo 4 9a	sehr
tanto 3 9c	viel
tanto (avv.) 4 9a	sehr
tardi 4 9a	spät
tariffa 1 6a	Tarif
tariffa oraria 8 P	Stundentarif
tartina 3 8d	belegtes Brot
tavola 7 8a	(gedeckter) Tisch, Tafel
tavolo 4 Cac	Tisch
tazza 3 7b	Tasse
tazzina 3 Cac	Kaffeetasse
tè 3 2a	Tee
teatro 4 E 14	Theater
telefonare (a) 1 14a	anrufen
telefonata 5 2b	Telefongespräch
telefono 1 14b	Telefon
tema APC 1	Thema
tempo 1 2b 9 3a	Zeit, Wetter
tempo libero 1 2b	Freizeit
tenda 9 7b	Vorhang
tendenza 7 8a	Trend
terme 8 E 5	Thermen
terra 6 7a	Land
terrazza 9 E 7	Terrasse
terrazzo 7 8a	Terrasse
testo 3 Cac	Text
tipico 3 9c	typisch
tipo 5 2a	Art
tisana 3 8d	Kräutertee
titolo 4 E 8 8 13a	Schlagzeile, Überschrift
toccare 9 6	an der Reihe sein
tonno 7 11b	Thunfisch
tornare 4 4a	zurückkehren
tornare in ufficio 4 4a	ins Büro zurückgehen
torre 10 12a	Turm
torrente 10 12a	Wildbach
torta 5 9b	Kuchen, Torte
totale 3 3b	Gesamtbetrag, Summe
totalizzare 10 11b	insgesamt erreichen
tour 5 5b	Tour
tra 1 6a	zwischen
tradizionale 10 Cac	traditionell
tradizione 4 Cac	Tradition
traffico 8 2a	Verkehr
traghetto 10 Cac	Fähre
tramezzino 3 2a	ital. Sandwich (dreieckig)
tramonto 10 12a	Sonnenuntergang
tranquillità 4 Cac	Ruhe
tranquillo 4 9a	ruhig
trascorrere* 7 13	verbringen
trasformarsi 7 Cac	sich verwandeln
trasporti 1 2b	Verkehrsmittel
trattamento 10 8b	Bearbeitung
trattarsi di 7 8a	sich handeln um
tratto da 7 5	entnommen aus
trattoria 8 E 2	Gastwirtschaft
treno 1 2a	Zug
trentino 10 5d	aus dem Trient
tridentino 10 2a	aus Trento

trovare **1** 7c	finden
trovarsi **8** 13a	sich befinden
tu **1** 3b	du
turista **2** 5a	Tourist
tutti **2** 10	alle
tutti e due **7** 14a	alle beide
tutto **1** 6a	alles
tutto a posto **5** 5b	alles in Ordnung
tutto incluso **1** 6a	alles inklusive
TV (televisione) **4** 4a	Fernsehen

U

ufficio **4** 4a	Büro
ufficio postale **8** 1	Postamt
uguale **5** Cac	gleich
ulivo **6** 7a	Ölbaum
un mese fa **6** 7a	vor einem Monat
un po' **2** 5c	ein wenig
un poco **2** E 14	ein bisschen
una volta **7** 7b	einmal
unico **6** 7a	einzig
università **9** E 12	Universität
uno solo **7** 14a	nur eines
un'ora dopo **6** 7a	eine Stunde später
uomo **6** 7a	Mann
uovo **3** 9a	Ei
usare **2** 5c	benutzen
uscire* **4** 8a	ausgehen
uso **3** 9c	Brauch, Gepflogenheit
utile **6** 2a	nützlich
utilizzare **8** P	benutzen

V

va bene **3** 3b	in Ordnung
vacanze **1** 2b	Urlaub
valere* **10** 11b	zählen
valido **10** E 5	gültig
valigia **10** 13b	Koffer
valle **10** 2a	Tal
vaniglia **7** E 17	Vanille
vaporetto **10** Cac	Dampfboot
vario **4** 9a	verschieden
vasca **10** 5a	Badewanne
vasetto **7** 11b	kleines (Glas-)Gefäß
vaso **7** 8a	Topf
vecchio **6** E 15	alt
vedere* **4** E 10	sehen
veloce **8** 11	schnell
venerdì **4** 6a	Freitag, freitags
venire* **3** Cac **4** Cac	kommen
venire* a prendere **5** 5b	abholen (kommen)
venire* a trovare **8** 2a	besuchen kommen
vento **10** 9a	Wind
veramente **6** 8c	wirklich
verbo **4** 10a	Verb
verde **7** 9b	grün
verdura **5** 9b	Gemüse
verificare **1** 3c	überprüfen
verità **6** 8	Wahrheit
vero **2** E 4	wahr
verso **4** 4a	gegen
verticale **9** 6	senkrecht
via **5** 5b	Straße
viaggiare **1** E 1	reisen
viaggiatore **10** Cac	Reisender
viaggio **1** 6a	Reise
viaggio organizzato **2** 5	Gruppenreise
viale **5** 6	Allee
vicinanza **9** E 7	Nähe
vicino **1** 4	Nachbar
vicino **5** 13a	nah
vicino a **8** 2a	bei, in der Nähe von
vicino di casa **6** 8d	Hausnachbar
vicino di piano **9** 5a	Etagennachbar
vicolo **8** 13a	Gasse
vigili del fuoco **10** P	Feuerwehr
villetta **9** 2a	Einfamilienhaus
vincere* **7** 10	gewinnen
vino **1** 2a	Wein
visita **7** Cac	Besichtigung, Besuch
visita guidata **8** 15	Führung
visitare **6** 2a	besichtigen
vita **4** 6	Leben
vita quotidiana **4** 6	Alltag
vite **6** 7a	Rebe
vivace **8** 3b	lebhaft
vivere* **9** 12a	leben
voce **1** 14c	Stimme
voglia **1** 6a	Lust
voi **1** 3d	Sie/ihr
volentieri **4** E 15	gerne
voler* dire **9** 7c	bedeuten
volere* **1** 14b	wollen
volontà **7** 8a	Wille
volta **3** 3b	Mal
voltare **8** 13a	abbiegen
vorrei **3** 3b	ich möchte
vostro **1** 3b	Ihr/euer
votare **APC 1**	wählen
vulcano **1** Cac	Vulkan
vuoto **6** Cac	leer

Y

yogurt **2** E 19	Joghurt

Z

zanzara **8** 2a	Mücke
zia **9** 11a	Tante
zio **9** 11a	Onkel
zona **4** Cac	(Stadt-)Viertel
zucchero **3** E 16	Zucker
zuppa **5** E 7	Suppe

Transkriptionen der Hörtexte des Arbeitsbuchs

Lezione 1

8 **1** Buongiorno, mi chiamo Marcello Vicoli. **2** Come ti chiami? **3** Ciao, sono Renato. **4** Mi chiamo Francesca. E tu? **5** Arrivederci, signora Marelli! **6** E Lei? Come si chiama?

18 **1**

◆ Buongiorno! Senta, ha il numero di telefono della signora Gattuso?
■ Sì, un attimo. Dunque... il prefisso è 02.
◆ Ah, sì. E il numero?
■ Dunque, il numero è il 68 56 02 21.
◆ Allora, ripeto: 02 / 68 56 02 21.
■ Esatto.
◆ Grazie!

2

◆ Ciao, Alba!
■ Ciao, Bruno.
◆ Ehi, guarda che io ho un numero di cellulare nuovo!
■ Ah, sì. Dimmi!
◆ 338 49 36 015.
■ Scusa, ripeti un'altra volta, per piacere.
◆ 338 49 36 015.
■ Ok! Grazie.

Fonetica

20 d **1** Carlo; **2** America; **3** undici; **4** chiesa; **5** cinema; **6** Cesena; **7** tedesca; **8** greco; **9** arrivederci

Lezione 2

3 ▶ Allora, oggi parliamo di professioni. Vediamo... Scusi, Lei che lavoro fa?
◆ Io? Sono insegnante di italiano all'università per stranieri di Perugia.
● Buongiorno! Io mi chiamo Marco e sono impiegato alla Fiat.
▶ E Lei, signora, che lavoro fa?
■ Mm, veramente non lavoro, sono casalinga... ho un bambino piccolo.
▶ Ah, capisco. E Lei, invece, lavora?
● Certo, sono segretaria, lavoro in una scuola elementare.

Fonetica

19 d **1** Giuliana; **2** Inghilterra; **3** gelato; **4** Gino; **5** prego; **6** oggi; **7** Germania; **8** albergo; **9** Margherita; **10** Genova; **11** Gianni; **12** Portogallo

Lezione 3

3 ◆ Buongiorno. Mi dica.
■ Buongiorno. Ehm ... tu, Paola, che cosa prendi?
● Per me un'acqua minerale naturale e una piadina.
■ Allora ... io vorrei un'aranciata e un tramezzino.
◆ Ecco a Voi.
...
■ Senta... Quant'è?
◆ Sono 6 euro e 20.
■ Ecco a Lei.
◆ Grazie... Ecco lo scontrino. Arrivederci.
■ Grazie. Arrivederci.
● Arrivederci.

11 **1**

◆ Matteo, fai colazione regolarmente?
▶ No, non faccio mai colazione a casa.
◆ E come mai?
▶ Non ho tempo. Prendo un caffè al bar... oppure bevo qualcosa in ufficio.
◆ Grazie.

2

◆ E tu, Camilla, fai colazione?
▶ Certo. Per me la colazione è molto importante. Mangio pane e marmellata, miele e uno yogurt con i cereali.
◆ E che cosa bevi?
▶ Bevo il tè con il latte.

3

◆ Francesco, fai colazione prima di andare all'università?
▶ Sì, bevo un bicchiere di latte freddo.
◆ E che cosa mangi?
▶ I biscotti e a volte... un cornetto con la marmellata.

4

◆ Signora Grossi, Lei fa colazione?
▶ Ma... non ho l'abitudine di fare colazione... bevo solo un cappuccino.
◆ E non mangia niente?
▶ No, non ho fame la mattina...

Fonetica

18 c **1** Giada; **2** farmacista; **3** gelato; **4** giovane; **5** Francia; **6** leggere; **7** Germania; **8** dolce; **9** aranciata; **10** magistrato

Lezione 4

1 **1**

- ● Carlo, mi puoi dire l'ora?
- ◆ Ehm...sono le quattro e un quarto.
- ● Accidenti... è tardi... devo andare a prendere Giorgia a scuola!

2

- ● Mi scusi, che ore sono?
- ■ Sono le nove e venti.
- ● La ringrazio.

3

- ■ Senti, che ora è?
- ● Sono le sei meno cinque, perché?
- ■ Tra cinque minuti comincia il film in televisione.

4

- ● Amore, ... è già mezzanotte! Devo tornare a casa, domani mattina comincio a lavorare presto!
- ■ Sì, cara, ... ti accompagno!

5

Signore e signori buongiorno. Benvenuti al programma di Radio 2 «Colazione da Tiffany». Al microfono il vostro affezionatissimo Luca Bianchini. Sono le ore sei e cinque minuti. Iniziamo il programma ascoltando un bellissimo brano di Tiziano Ferro... «Perdono».

13

- ◆ Ciao Sara, cosa fai il fine settimana?
- ● Io esco sempre con Anna, una collega, il venerdì sera. Andiamo al cinema.
- ◆ Ah, esci sempre con una collega? Ma ti piace? Non preferisci uscire con altre persone?
- ● No, stiamo bene insieme. Abbiamo gli stessi interessi.
- ◆ E il sabato, cosa fai?
- ● Il sabato pomeriggio faccio sport e la sera vado a mangiare fuori con gli amici. La domenica preferisco restare a casa e la sera guardo spesso un film alla TV.

- ◆ E tu, Nando, cosa fai di solito il fine settimana?
- ▶ Beh, sono molto attivo, non mi piace restare a casa. Il venerdì esco sempre con Emilia, la mia ragazza, andiamo a mangiare una pizza, oppure, andiamo a bere qualcosa in un pub irlandese. Il sabato mattina mi alzo a mezzogiorno e bevo un caffè doppio per svegliarmi. Telefono a mamma e papà e poi il pomeriggio esco con Emilia e gli amici...
- ◆ E la domenica, cosa fai?
- ▶ Eh, ... la domenica mattina resto a casa, leggo il giornale, ascolto musica e verso le due incontro gli amici al bar Sport. A volte andiamo a giocare a bowling.
- ◆ A Emilia non piace giocare a bowling?
- ▶ Beh, no, non le piace per niente. Lei rimane a casa o fa qualcosa con le sue amiche.

- ◆ Raffaella, e tu? Come passi il fine settimana?
- ■ Mi piace stare a casa il venerdì sera.
- ◆ Veramente? Non esci mai il venerdì sera? E allora come passi la serata?
- ■ Ma di solito guardo un film alla TV o ascolto musica jazz.
- ◆ E il sabato esci?
- ■ Il sabato vado a fare colazione in un bar, dopo torno a casa e leggo il giornale, preparo qualcosa da mangiare e la domenica faccio una passeggiata in centro, a volte vado al cinema con un'amica.
- ◆ Allora, di solito, passi un fine settimana piuttosto tranquillo?
- ■ Beh, sì, mi piace stare tranquilla. Lavoro molto dal lunedì al venerdì e mi riposo il fine settimana.

Lezione 6

7b

- ◆ Pronto!
- ■ Ciao Sandro, sono Vale.
- ◆ Ehi, ciao, come va?
- ■ Bene, grazie. Veramente sono un po' stanca.
- ◆ Come mai? Hai lavorato troppo?
- ■ No, no... Ieri sera però sono stata alla festa di Giorgio e sono tornata a casa molto tardi.
- ◆ Giorgio? Ah sì? Il vicino! Dai, racconta...
- ■ Beh, è stata proprio una bella festa. Prima abbiamo mangiato degli antipasti, poi le lasagne e infine una torta.
- ◆ Mmmm... che buono! E dopo cena che cosa avete fatto?
- ■ Beh... abbiamo ascoltato musica e anche ballato un po'.
- ◆ Fantastico... ma Sergio, lui che ha fatto? A lui non piace ballare...
- ■ Beh, lui non è venuto. È fuori per lavoro...
- ◆ ... Ah, e quando è finita la festa?
- ■ Io sono rimasta fino all'una e mezza. Ho passato veramente una bella serata. E tu? Come stai?
- ◆ Bene, grazie. Ieri sono andato alla Giornata Mondiale del Libro.
- ■ E che cosa hai fatto alla Giornata Mondiale del Libro?

- ◆ Beh ... la mattina sono stato alla presentazione di un libro, poi ho visitato una mostra e dopo ho partecipato alla visita guidata della biblioteca del Senato a Roma...
- ■ È stata una giornata pesante...!!
- ◆ Sì, sono arrivato a casa a mezzanotte, ma è stato veramente interessante e poi ho conosciuto delle persone molto simpatiche.
- ■ Senti, ci vediamo una di queste sere?
- ◆ Certo... venerdì sera, va bene?
- ■ Sì, ok. Allora a venerdì.
- ◆ Ciao, a venerdì.

Lezione 7

3
- ◆ Senti Lorenza, che hobby hai?
- ▶ Mah, faccio tante cose... mi piace molto nuotare al mare o ... in piscina.
- ◆ Ma... quante volte alla settimana vai in piscina?
- ▶ Una volta, al massimo due alla settimana, in questo periodo ho molte lezioni e tanti esami da preparare.
- ◆ Perché ti piace proprio il nuoto?
- ▶ Nuotare è rilassante, ma faccio anche yoga e ...
- ◆ Dario, che cosa fai nel tempo libero?
- ▶ Ogni mattina mi sveglio presto e vado a correre nel parco. Dopo torno a casa, faccio la doccia e ho energia per tutta la giornata.
- ◆ Ma come fai ad alzarti dal letto caldo per andare a correre fuori, al freddo, in dicembre, gennaio?
- ▶ Correre la mattina è un appuntamento fisso. Mi piace e lo faccio volentieri.

- ◆ Laura, come passi il tempo libero?
- ▶ Beh, quando non studio, suono il pianoforte e leggo...
- ◆ E non fai sport?
- ▶ Guarda, dal lunedì al venerdì studio molto e resto a casa normalmente... ma la domenica vado in montagna per fare trekking con gli amici.
- ◆ Per stare un po' all'aria aperta?
- ▶ Beh sì, certo, ma anche per fare un po' di sport, movimento...
- ◆ Laura, grazie.

7 b **1**
- ◆ Signora buongiorno. Cosa desidera oggi?
- ■ Buongiorno Mario. Ha delle belle mele rosse?
- ◆ Certo, signora, guardi che qualità!
- ■ Eh sono proprio belle, ne prendo due chili.
- ◆ Qualcos'altro signora?
- ■ Vorrei anche dei pomodori da sugo.
- ◆ Questi sono proprio maturi...
- ■ Sì, sembrano proprio buoni...
- ◆ Quanti ne vuole?
- ■ Mah, direi un chilo e mezzo...
- ◆ Va bene così?
- ■ Sì, grazie. Quant'è?
- ◆ Sono 6 euro e 50, signora.

2
- ◆ Buongiorno Margherita.
- ■ Ciao Mario. Senti, vorrei dei peperoni. Quanto vengono?
- ◆ Questi vengono 3 euro al chilo, ma sono veramente speciali, eh guarda... Poi ne ho anche da due euro, e con questi puoi fare una bellissima peperonata.
- ■ Beh, ne prendo un chilo da tre euro, sono più belli.
- ◆ Vuoi qualcos'altro?
- ■ Sì, vorrei della frutta.
- ◆ Oggi ho delle fragole molto buone, provane una!
- ■ Mhmmm, com'è dolce! Ne prendo mezzo chilo.
- ◆ E poi?
- ■ Le ciliegie come sono?
- ◆ Buone, mature!
- ■ Sì, sono proprio belle. Ne prendo quattro etti.
- ◆ Va bene, ... è tutto?
- ■ Eh... due limoni non trattati.
- ◆ Basta così?
- ■ Sì, basta così, grazie. Quant'è?
- ◆ Allora, un chilo di peperoni, mezzo chilo di fragole, quattro etti di ciliegie e due limoni... In tutto sono 11 euro.

Fonetica

17 b **1** Cagliari **2** Bologna **3** insegnante **4** svegliare **5** spagnola **6** famiglia

Lezione 8

4 Stresa è una piccola città sul Lago Maggiore in Piemonte. Sul lungolago ci sono molti alberghi e molti locali dove si può mangiare e bere qualcosa.

Piazza Marconi è molto interessante, è un punto di incontro per noi giovani. In piazza Marconi si trova anche una bellissima chiesa in stile neoclassico.

A Stresa c'è un giardino ricco di piante e animali: il Parco di Villa Pallavicino. In agosto e settembre, la città si riempie di gente perché c'è il Festival Internazionale delle Settimane Musicali.

Lucca è una città toscana. Ci sono tante chiese e monumenti da visitare. Il Duomo ha una facciata stupenda. Nel centro storico, dove le vie sono piccole e strette, trovi dei negozi che vendono oggetti di antiquariato o prodotti artigianali. Nella Piazza dell'Anfiteatro c'è un'atmosfera particolare, unica, soprattutto la sera. Intorno alla città ci sono le mura dove la gente si incontra per fare una passeggiata, per parlare un po' con gli amici....

Lucca è piena di trattorie tipiche in cui si gusta una cucina semplice e genuina.

15 **1**

◆ Buongiorno, mi scusi, permette una domanda? Mi può dire quali mezzi di trasporto usa?
■ Ma io non ho la macchina e uso solo i mezzi pubblici. Prendo l'autobus, il tram... sa, io sono pensionato, vado dal medico, dagli amici...
◆ Quindi preferisce muoversi con dei mezzi lenti...
■ Sì, perché ho tempo e poi per me è comodo, abito proprio vicino alla fermata...
◆ La ringrazio molto.

2

◆ Buongiorno. Mi scusi, vorrei farLe una domanda. Lei che mezzo di trasporto usa in città?
■ Io prendo la metropolitana tutti i giorni per andare al lavoro. Attraverso tutta la città.
◆ E come si trova?
■ In generale, ... bene, i treni sono veloci e non perdo tempo nel traffico di Roma...
◆ Prende anche altri mezzi?
■ A volte l'autobus, ma bisogna sempre aspettare, non arriva mai puntuale.

3

◆ Buongiorno. Una domanda, permette? Con quali mezzi di trasporto si sposta a Roma?
■ Ma... dipende... per andare a lavorare prendo la vespa, sa, girare in vespa è la soluzione migliore, è un mezzo veloce nel traffico e se piove... allora prendo il tram o l'autobus.
◆ E non usa la metropolitana?
■ No, abito in una zona dove la metropolitana non passa...
◆ La ringrazio.

Lezione 9

3 ◆ Hai visto Gianni?
▶ Sì, ma mi ha detto solo «ciao», non parla molto, vero?
◆ Ma... è un tipo molto chiuso, tranquillo...
▶ Noioso?
◆ No, non è noioso, diciamo che è un ragazzo interessante, legge molto e non gli piacciono le persone troppo vivaci...
▶ Allora non è il mio tipo...
◆ Beh, forse no, tu sei troppo vivace per lui... guarda invece Daniele...
▶ Carino...
◆ ... e poi è aperto, simpatico... gli piace uscire, stare in compagnia...
▶ Ha la ragazza?
◆ Non lo so, ma penso di no...

10 ◆ Sara, mi parli della tua famiglia?
▶ Sì, la mia famiglia è piccola, ma siamo molto uniti, ci vediamo molto spesso.
◆ Hai dei fratelli?
▶ Ho un fratello che si chiama Dario. Ha 18 anni e frequenta il liceo. È molto alto, simpatico e suona in un gruppo rock.
◆ E tu vivi ancora con i tuoi genitori?
▶ No, io studio Psicologia all'Università di Padova e torno a casa solo per il fine settimana.
◆ Dove abitano i tuoi genitori?
▶ Abitano a Cremona e si chiamano Luciana e Renato. Tutti e due sono insegnanti. Mia madre lavora in una scuola elementare e mio padre insegna chimica.
◆ Hai altri parenti?
▶ Sì, mia madre ha un fratello che si chiama Diego. È sposato con Maria Grazia e hanno un figlio piccolo: Matteo. I miei zii lavorano e i nonni si devono occupare di mio cugino.
◆ Allora i tuoi nonni sono ancora giovani?
▶ Sì, sono molto simpatici e sono contenti di avere tre nipoti. La domenica nonna Clara ci invita tutti a pranzo e cucina i nostri piatti preferiti per farci piacere. Siamo in nove a tavola e l'atmosfera è sempre molto allegra. Poi dopo pranzo nonno Nicola vuole sempre giocare a carte e guai, se non vince lui!
◆ Grazie Sara.

Lezione 10

2 a **1**
- ◆ In Internet ho trovato un albergo che offre un pacchetto week-end a partire da 154 euro
- ▶ Ah, davvero? E dove?

2
- ◆ Scusi, quanto costa questo vaso?
- ▶ 110 euro.

3
- ◆ Uffa, la mia bicicletta è sempre rotta, è vecchia.
- ▶ Hai guardato nel negozio all'angolo? Hanno delle biciclette abbastanza economiche... diciamo che una buona bicicletta costa circa 800 euro.

4
- ◆ Mamma mia, leggi sempre, ma quanto è lungo questo libro?
- ▶ Ma dai, sono appena a pagina 454.

5
- ◆ Guarda, ho comprato un regalo di Natale per mia moglie. Ti piace?
- ▶ Mm, un portafoglio. Bello, quanto l'hai pagato?
- ◆ Eh, 275 euro, però è di marca e poi è di pelle...

Fonetica

15 b **A 1** vicino; **2** uova; **3** finestra; **4** telefono
B 1 pomeriggio; **2** ballare; **3** nebbia; **4** tempo
C 1 tipo; **2** dopo; **3** caldo; **4** montagna
D 1 caro; **2** Gorizia; **3** parco; **4** agosto

Vergleichsraster zwischen den vorgesehenen Kompetenzen für das Niveau A1 des Gemeinsamen Europäischen Referenzrahmens für Sprachen und den Inhalten von Chiaro! A1

	Beschreibung der erworbenen Kompetenzen	**Tätigkeit in Chiaro! A1 (Seitenzahl)**
mündliche Produktion	Ich kann mich selbst vorstellen, sagen, was ich tue, woher ich komme, wo ich lebe, was mir gefällt und meine Umgebung beschreiben. Ich kann dasselbe auf andere Personen bezogen ausdrücken.	*S. 11, 13, 14, 23, 24, 41, 47, 61, 77, 101, 103*
mündliche Produktion	Ich kann Gegenstände des alltäglichen Gebrauchs nennen.	*S. 10, 32, 60, 80, 92, 94*
schriftliche Produktion	Ich kann einfache Ausdrücke und einzelne Sätze schreiben, Listen erstellen und kurze Beschreibungen formulieren.	*S. 11, 12, 26, 27, 32, 42, 55, 58, 59, 70, 71, 76, 79, 91, 93, 95, 101, 103, 105, 112, 113, 114*
schriftliche Produktion	Ich kann Sätze über mich und andere Personen verfassen, den Ort, in dem sie leben und was sie tun, beschreiben.	*S. 12, 23, 26, 27, 37, 43, 46, 47, 78, 93, 103, 105, 115*
Hörverstehen	Ich kann den Sinn sehr einfacher und deutlich gesprochener Konversationen verstehen. Ich kann gängige Ausdrücke erfassen, die mich selbst betreffen, meine Umgebung, andere Personen und das Alltagsleben im Allgemeinen.	*S. 16, 24, 27, 32, 35, 44, 56, 69, 77, 93, 100, 111*
Hörverstehen	Ich kann Anweisungen verstehen, die langsam und deutlich an mich gerichtet sind, und kurzen und einfachen Wegerklärungen folgen.	*S. 57, 58, 59*
Hörverstehen	Ich kann Aufzählungen von Dingen und Sachverhalten verstehen, die übliche Alltagssituationen betreffen.	*S. 27, 35, 42, 44, 60, 80, 93, 100, 104, 111*
Leseverstehen	Ich kann Namen, vertraute Wörter, einzelne Sätze und einfache Ausdrücke erkennen. Ich kann Briefe und Postkarten mit kurzen und einfachen Mitteilungen sowie Anzeigen, Kataloge, Fragebogen und kurze Artikel verstehen.	*S. 12, 25, 36, 37, 38, 44, 46, 48, 60, 64, 66, 68, 69, 71, 78, 79, 82, 89, 90, 96, 98, 100, 102, 110, 113, 114, 115, 116*
Leseverstehen	Ich kann mir bei einfachem Informationsmaterial und bei kurzen und einfachen Beschreibungen eine Vorstellung vom Inhalt machen – vor allem wenn visuelle Hilfen vorhanden sind.	*12, 33, 37, 38, 95, 98, 110, 123*
Leseverstehen	Ich kann kurze, einfache, schriftliche Anweisungen verstehen (z. B. von X nach Y gehen).	*S. 57, 72, 95, 100*
mündliche Interaktion	Ich kann alltägliche Ausdrücke, die sich auf die Befriedigung einfacher und konkreter Bedürfnisse beziehen, formulieren und verstehen, sofern sie langsam und deutlich ausgesprochen werden.	*S. 33, 34, 56, 60, 80, 112*
mündliche Interaktion	Ich kann selbst Anweisungen geben und diese verstehen, wenn sie langsam, deutlich und direkt an mich gerichtet sind. Ich kann einfachen Erklärungen folgen.	*S. 59, 80, 95, 112*
mündliche Interaktion	Ich kann jemanden vorstellen und einfache Ausdrücke der Begrüßung und des Abschieds verwenden.	*S. 12, 14, 22*
mündliche Interaktion	Ich kann nach dem Befinden fragen und auf Nachrichten reagieren.	*S. 22*
mündliche Interaktion	Ich kann nach etwas fragen und jemandem etwas Gewünschtes geben. Ich kann einfache Informationen erfragen und geben.	*S. 34* *S. 17, 56*
mündliche Interaktion	Ich komme gut mit Zahlen, Mengenangaben, Preisen, Uhrzeiten und Daten zurecht.	*S. 16, 26, 33, 35, 42, 71, 80, 111*
mündliche Interaktion	Ich bin in der Lage einfache Fragen zu stellen und zu beantworten, kann die Initiative übernehmen und auf einfache Aussagen antworten, die unmittelbare Bedürfnisse und vertraute Themen betreffen.	*S. 12, 14, 15, 17, 23, 24, 25, 27, 33, 37, 44, 45, 46, 47, 61, 70, 77, 81, 91, 94, 102, 105,*
mündliche Interaktion	Ich kann Zeitangaben machen, mit Hilfe von Ausdrücken wie: la sera, la settimana scorsa, ieri mattina, il venerdì sera, a novembre, alle tre, un mese fa, ogni giorno.	*S. 44, 45, 56, 68, 69, 70, 78*

Quellenverzeichnis

Fotos

Coverfoto: © irisblende.de | **U2:** © MHV-Archiv | **Seite 8:** © MHV/Koop | **Seite 9:** © Yorck Maecke/GAFF/laif | **Seite 10:** *1* © iStockphoto/Giorgio Fochesato; *2* © fotolia/Beelix; *3* © iStockphoto/Thomas Perkins; *4* © irisblende.de; *5* © fotolia/Maria.P.; *6* © irisblende.de; *7* © fotolia/nhtg; *8* © fotolia/Dušan Zidar; *9* © irisblende.de; *10* © FIAT; *11* © MEV; *12* © FS | **Seite 11:** *von links* © MHV/Koop; © MHV/Kiermeir (2) | **Seite 12:** *von links* © Festival Internazionale MITO SettembreMusica; © www.bellaumbria.net; © Air Dolomiti | **Seite 13:** © MHV/Kiermeir | **Seite 16:** © irisblende.de | **Seite 18:** *links von oben* © irisblende.de; © FIAT; © iStockphoto/Carmen Martínez Banús; © MHV-Archiv; *rechts von oben* © iStockphoto/Giorgio Fochesato; © iStockphoto/Georg Winkens; © fotolia/pouvrem; © Anna Colella, München; © iStockphoto/miralex; © fotolia/Bruce Shippee; © Linda Cusimano, München | **Seite 21:** *Hintergrund* © fotolia XXIV; *Frauen* © getty images/PhotoAlto/Laurence Mouton | **Seite 22:** *a* © getty images/Riser/Louis Fox; *b* © peoplepics; *c* © Turba/Corbis; *d* © Gerd Pfeiffer, München | **Seite 31:** © picture-alliance/Helga Lade | **Seite 34:** © Mattes/hemis.fr/laif | **Seite 38:** *von links* © shotshop/ws-photo; © fotolia/Kira; © fotolia/Doug Olson; © fotolia/Designer_Andrea; © fotolia/Agphotographer | **Seite 41:** © A1PIX/Oredia/ Lucenet | **Seite 42:** © fotolia/ persefone | **Seite 45:** *1* © iStockphoto/Morgan Lane Photography; *2* © mauritius images/Botanica; *3* © iStockphoto/Jovana Cetkovic; *4* © fotolia/ Yuri Arcurs; *5* © panthermedia/Lars Halbauer; *6* © BRANDX/Jupiterimages; *7* © Sintesi/Visum | **Seite 46:** *von oben* © iStockphoto/Morgan Lane Photography; © fotolia/Dušan Zidar; © fotolia/Yuri Arcurs; © iStockphoto/Georg Winkens | **Seite 48:** © Mantero/Fotogramma/ROPI | **Seite 55:** © Schapowalow/Atlantide | **Seite 56:** © iStockphoto/Elena Elisseeva | **Seite 58:** © iStock-photo/Tomasz Pietryszek | **Seite 65:** © mauritius images/Somos Images LLC | **Seite 66:** © fotolia/Astock **Seite 72:** *oben von links* © iStockphoto/ SweetyMommy; © iStockphoto/Lisa Thornberg; © iStockphoto/Andrea Massimiani; *unten von links* © iStockphoto/ilmwa555; © fotolia/ Orlando Bellini; © fotolia/Luminis | **Seite 75:** © Gregor Lengler/laif; *Prospekt* © www.cervinia.it **Seite 76:** *1* © fotolia/Tarzoun; *2, 6, 7* © iStockphoto/webphotographeer; *3* © fotolia/pressmaster; *4* © fotolia/Val Thoermer; *5* © irisblende.de; *8* © iStockphoto/Pavel Semenov; *9* © fotolia/Snezana Skundric; *10* © iStockphoto/Jorge Delgado; *11* © fotolia/robert mobley; *12* © iStockphoto/muharrem öner | **Seite 77:** *von links* © fotolia/simonkr; © iStockphoto/Bill Noll; © panthermedia/Radka Linkova; © iStockphoto/Jacom Stephens | **Seite 79:** *von links* © iStockphoto/Steven Allan; © digitalstock | **Seite 82:** © picture-alliance/dpa **Seite 89:** © iStockphoto/Giorgio Fochesato | **Seite 90:** *von links* © picture-alliance/dpa; © Karlheinz Oster, Mettmann; © fotolia/ilfotografo; © fotolia/Valeria73 | **Seite 93:** © Pier Giorgio Ziglio, Ferrara | **Seite 94:** *Auto* © fotolia/Furan; *U-Bahn* © action press/Olycom; *Tram* © iStockphoto/Steven Allan; *Fahrrad* © iStockphoto/Alex Nikada; *Omnibus* © picture-alliance/dpa; *Taxi* © digitalstock; *Autobus* © Colourbox | **Seite 96:** © Milan Horacek/ Bilderberg | **Seite 98:** © imago/Matteo Gribaudi | **Seite 99:** © Edgar Rodtmann/laif **Seite 101:** *a* © iStockphoto/Ravi Tahilramani; *b* © iStockphoto/ShaneKato; *c* © panthermedia/Stefan Redel; *d* © MHV/Kiermeir **Seite 102:** © getty images/The Image Bank/Richard Drury | **Seite 104:** © getty images/Image Source | **Seite 106:** © MHV/Koop **Seite 108:** *von links* © Associated Press; © picture-alliance/dpa (2) | **Seite 109:** *Lecce* © iStockphoto/Jessica Morelli; *Palermo* © fotolia/R.-Andreas Klein; *Roma* © fotolia/Vladimir Khirman; *Siena* © fotolia/ PXW; *Trento* © iStockphoto/Steve Geer | **Seite 115:** *a* © fotolia/Jonny Wilkinson; *b* © iStockphoto/Mark Holloway; *c* © fotolia/Daniel Völker | **Seite 118:** Piktogramme mit freundlicher Unterstützung von VENETA sicurezza e segnaletica stradale s.r.l., Due Carrare – Padova; *unten von links* © Stephanie Pfeiffer, Eching; © picture-alliance/dpa; © Giulia de Savorgnani, Regensburg | **Seite 125:** © MHV-Archiv | **Seite 137:** © Mattes/hemis.fr/laif | **Seite 145:** *von oben* © iStockphoto/Bill Noll; © Turba/Corbis | **Seite 151:** *1* © iStockphoto/ Victor Burnside; *2* © iStockphoto/Alexander Raths; *3, 6, 7* © fotolia/Comugnero Silvana; *4* © fotolia/Liv Friis-larsen; *5* © fotolia/Kasienka; *8* © iStockphoto/Michael Valdez; *9* © iStockphoto/ma-k **Seite 169:** © fotolia/ Tarzoun | **Seite 183:** *oben* © Beatrice Bergero, München (2); *unten* © Creatas/Jupiter

Texte

Seite 37: nach www.informacibo.it/focus/aidi3.htm | **Seite 38:** nach www.cucina.blogautore.espresso.repubblica.it | **Seite 48:** nach www.ritmiedanzedalmondo.it | **Seite 64:** www.romaexplorer.it | **Seite 68:** nach «Pensieri in Libertà» da ericablogger – http://blog.pupazzipensieri.it/2008/01/america-in-mostra-brescia.html | **Seite 69:** nach http://www.ciao.it/Ligabue_in_concerto__Opinione_640673 | **Seite 78:** nach News Coldiretti, n. 34, 16.01.2009 – www.coldiretti.it | **Seite 95:** nach www.ipvalle.it **Seite 98:** nach Nicoletta Pennati - Io donna per LeiWeb.it | **Seite 102:** nach la Repubblica, 18 febbraio 2008 | **Seite 110:** *1 und 3* nach www.apt.trento.it; *2* nach www.festivaldeiraccolti.it | **Seite 114/115:** nach www.viaggeria.it | **Seite 116:** nach News Coldiretti, n. 5, 05.01.2009 – www.coldiretti.it | **Seite 123:** mit freundlicher Genehmigung von Hotel Montana – www.hotelmontana.it **Seite 175:** nach www.festadeivicinidicasa.it/2005/intro.html

Inhalt der CDs

CD 1 *(Hörtexte zum Kursbuchteil):* 50:30 Minuten | **CD 2** *(Lerner-CD-ROM mit den Hörtexten zum Arbeitsbuchteil):* 39:30 Minuten
Die Lerner-CD-ROM enthält zudem die Hörtexte zum Arbeitsbuchteil im Format MP3, die Grammatikübersicht (PDF- und Word-Datei), den Lektionswortschatz (PDF-, Word- und Excel-Datei), die Portfolio- und Dossier-Seiten (Word-Dateien).

Sprecher: Giovanni Ciani, Anna Colella, Nicoletta Colonna, Jürgen Frank, Ingo Heyse, Marco Montemarano, Danila Piotti, Letizia Porcelli, Julio Salgado, Valerio Vial | **Produktion:** Tonstudio Langer, 85737 Ismaning, Deutschland

Lösungen

Lezione 1

1 Musik / musica; Sonne / sole; Mode / moda; Meer / mare; Hallo / ciao; Insel / isola; Haus / casa; Lösung: VIAGGIARE

2 ciao – buonasera – buongiorno – arrivederci – buonanotte

3 **a** Buongiorno, Buongiorno; **b** Arrivederci, Arrivederci; **c** Buonanotte; **d** Ciao, Ciao; **e** Buonasera

4 **1** b; **2** a; **3** d; **4** c

5 **1** ◆ Buongiorno, mi chiamo Anna Marchesi. E Lei?
▶ Piacere! Sono Francesco Marini.
2 ◆ Buongiorno, sono Caterina Monti, sono la vostra insegnante di italiano.
▶ Buongiorno.
3 ◆ Ciao, io mi chiamo Cinzia. E tu?
▶ Piacere, io sono Marco.

6 **essere**: sono, sei, è
chiamarsi: mi chiamo, ti chiami, si chiama

7 **1** ti chiami, Mi chiamo / Sono; **2** mi chiamo / sono, mi chiamo / sono; **3** sei / ti chiami; **4** si chiama / è, Mi chiamo / Sono

8 **1** formell; **2** informell; **3** informell; **4** informell; **5** formell; **6** formell

9 **1** –; **2** Il; **3** La; **4** –; **5** –; **6** la

10 Matteo: Ciao, Giusi.
Giusi: Ciao, Matteo... lei è una collega di Milano.
Anna: Piacere, sono Anna.
Matteo: Ciao, Anna.
Anna: E tu, di dove sei?
Matteo: Sono di Orvieto.

11 **a** La paella è *spagnola*. Il parmigiano è *italiano*. La Sachertorte è *austriaca*. Il pastis è *francese*. Il gyros è *greco*. La pizza è *italiana*. La baguette è *francese*. Il Kaiserschmarrn è *austriaco*.

b Adjektive mit der Endung *-o* für die männliche Form und *-a* für die weibliche Form. Adjektive mit der Endung *-e* für beide Geschlechter.

12 **1** americana; **2** francese; **3** italiano; **4** svizzera; **5** spagnolo; **6** inglese; **7** italiana; **8** francese

13 **1** Ciao; **2** Müsli; **3** Piacere; **4** Macchina; **5** Albergo; **6** Insegnante

14 Come si dice «Bahnsteig» in italiano? Come si pronuncia questa parola? Come si scrive «chiesa»? Che cosa significa «albero»?

15 **1** Di dove; **2** Come; **3** Come; **4** Che cosa

16
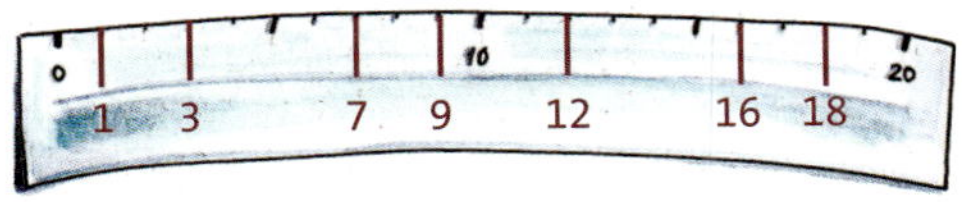

17 **Waagerecht: 7** diciotto; **8** diciannove; **9** undici; **10** dodici; **11** sei; **12** tredici; **13** quattordici
Senkrecht: 1 quattro; **2** zero; **3** quindici; **4** sedici; **5** diciassette; **7** dieci; **14** otto

18 **1** 02/ 68 56 02 21; **2** 338 49 36 015

19 **a** männlich: vino, telefono, mare, direttore, museo, gelato, caffè, treno
weiblich: macchina, stazione, opera, voce, pasta, piazza, signora

b Substantive mit der Endung *-o* sind meistens männlich.
Substantive mit der Endung *-a* sind meistens weiblich.
Substantive mit der Endung *-e* können sowohl männlich als auch weiblich sein.

20 **b** chiamarsi, Francesco, tedesco, macchina, mercato, sedici, piacere, cuore, pronuncia, perché, come, cinema

c Die Aussprache von «c» ist /tsch/ wie «tschüs» vor *e* und *i*.
Die Aussprache von «c» ist /k/ wie «Kette» vor *a*, *o* und *u*, oder wenn ein *h* zwischen *c* und *e*/*i* steht.

d **1** /k/; **2** /k/; **3** /tʃ/; **4** /k/; **5** /tʃ/; **6** /tʃ/; **7** /k/; **8** /k/; **9** /tʃ/

e **1** dod*i*ci; **2** *ci*ao; **3** flamen*co*; **4** va*ca*nze; **5** Ameri*ca*; **6** fran*ce*se

Lezione 2

1 **1** ● Ciao, Giada. Come va?
● Eh, non c'è male, grazie.
2 ● Buonasera, signor Massa. Come sta?
● Bene, grazie. E Lei?
3 ● Ciao, Gianni. Tutto bene?
● Sì, tutto bene. E tu?
Übriggebliebener Satz: Sì, prego.

2 **Männlich**: commesso, giornalista, impiegato, insegnante, medico, operaio, segretario
Weiblich: commessa, giornalista, impiegata, insegnante, medico, operaia, segretaria

3 insegnante, impiegato, casalinga, segretaria

4 **avere**: ho, hai, ha; **fare**: faccio, fai, fa
Lösung: VERO

5 **1** c; **2** d; **3** e; **4** a; **5** f; **6** b

6 **1** giornalist*a*; **2** rappresentant*e*; **3** insegnant*e*, impiegat*o*, medic*o*; **4** commess*a*; **5** operai*o*, segretari*a*; **6** casaling*a*

7 **1** Tina non lavora, studia. **2** Marco non parla lo spagnolo. **3** Buongiorno, è libero qui? **4** Fabien non è francese. **5** E tu, invece, di dove sei? **6** Giorgio non lavora, è pensionato.

8

L	B	L	A	V	O	R	I	A	M	O	R
A	H	O	B	A	V	E	T	E	A	L	P
V	U	S	I	A	M	O	U	U	B	A	A
O	A	V	T	H	A	I	S	S	B	V	R
R	I	S	I	U	S	O	A	I	I	O	L
A	P	A	R	L	I	A	M	O	A	R	A
T	A	B	I	T	O	S	I	M	M	A	N
E	V	I	A	G	G	I	A	N	O	O	O

Lösung: BRAVISSIMO

9 **1** abitano; **2** parliamo, usiamo; **3** abita, studia; **4** Avete; **5** parliamo, viaggiamo; **6** abitate; **7** parlano, abitano

10 **1** abitano / lavorano, lavorano / abitano; **2** hanno; **3** si chiama; **4** viaggiano; **5** siete; **6** parlate; **7** usiamo

11 **1** fa – c; **2** avete – h; **3** sta – f; **4** abiti – e; **5** sono – g; **6** fai – d; **7** parlano – a; **8** lavorate – b

12 **1** Il signor Ghezzi è di Siena. **2** Gianna, abiti in Veneto? **3** Corinne abita a Siena. / in Veneto? / in Germania. / a Berlino. / in Francia. **4** Hans è di Berlino. **5** Io lavoro a Siena. / in Germania. / a Berlino. / in Francia.

13 **il:** il cellulare, il commesso, il mercato, il tedesco **lo:** lo spagnolo, lo svedese
la: la piazza, la professione, la signora
l': l'inglese, l'opera, l'operaio

14 **1** Il, il, lo; **2** il; **3** La, l'; **4** il; **5** lo; **6** La, l', il, l'

15 a: 66; b: 42; c: 78; d: 55; e: 17; f: 34

16 quarantadue → 42; novantatré → 93; sessantasette → 67; ottantanove → 89; settantasei → 76; ventitré → 23; cinquantotto → 58; ottantuno → 81; quindici → 15
Die internationale Vorwahl für Italien ist: 0039

17 **1** un, una, uno; **2** una, un, una; **3** un', una; **4** un'

18 Antonella lavora a Palermo. Antonella lavora in Spagna. Antonella parla lo spagnolo. Antonella parla l'italiano. Antonella è farmacista. Antonella è di Palermo. Antonella ha un collega di Palermo. Antonella ha 34 anni. Io abito a Palermo. Io abito in Spagna. Io studio lo spagnolo per lavoro / perché mi piace. Io lavoro a Palermo. Io lavoro in Spagna. Io parlo lo spagnolo per lavoro. Io parlo l'italiano. Io sono farmacista. Io sono di Palermo. Io ho un collega di Palermo. Io ho 34 anni. Clara e Ugo abitano a Palermo. Clara e Ugo abitano in Spagna. Clara e Ugo studiano lo spagnolo per lavoro. Clara e Ugo lavorano a Palermo. Clara e Ugo lavorano in Spagna. Clara e Ugo parlano lo spagnolo per lavoro. Clara e Ugo parlano l'italiano. Clara e Ugo sono di Palermo. Clara e Ugo sono in Spagna. Clara e Ugo hanno un collega di Palermo. Clara e Ugo hanno 34 anni. Noi abitiamo a Palermo. Noi abitiamo in Spagna. Noi studiamo lo spagnolo / l'italiano per lavoro. Noi lavoriamo a Palermo. Noi lavoriamo in Spagna. Noi parliamo lo spagnolo per lavoro. Noi parliamo l'italiano. Noi siamo di Palermo. Noi siamo in Spagna. Noi abbiamo un collega di Palermo. Noi abbiamo 34 anni.

19 **b** Genova, impiegato, spaghetti, Bergamo
Inghilterra, buongiorno, Germania, Gorizia
yogurt, dialogo, giornalista, viaggiare

c Die Aussprache von «g» ist /g/ wie «Gast» vor den Vokalen *a, o, u*.
Die Aussprache von «g» ist /ʤ/ wie «Gin» vor den Vokalen *e* und *i*.

d **1** /ʤ/; **2** /g/; **3** /ʤ/; **4** /ʤ/; **5** /g/; **6** /ʤ/; **7** /ʤ/; **8** /g/; **9** /g/; **10** /ʤ/; **11** /ʤ/; **12** /g/

Lezione 3

1 caffè, cornetto, toast, vino, aperitivo, latte, spremuta, birra, acqua, tè

2 Massimo: Oggi *offro* io. Che *cosa* prendi?
Valeria: Vorrei un *aperitivo analcolico*, per favore.
Massimo: Per *me* una birra!
Barista: *Ecco* l'aperitivo e la birra.
Massimo: *Vorrei* pagare subito. Quant'*è*?
Barista: Sono cinque euro e venti.
Massimo: Ecco a *Lei*.
Barista: *Grazie*. Arrivederci.

3 **1** La signora prende un'acqua minerale naturale e una piadina. **2** Il signore prende un'aranciata e un tramezzino. **3** Il signore paga sei euro e venti. **4** Scontrino.

4 **io** prendo / offro; **tu** prendi / offri; **lui, lei, Lei** prende / offre; **noi** prendiamo / offriamo; **voi** prendete / offrite; **loro** prendono / offrono
Gleiche Endung für die Personen *io, tu, lui, lei, Lei, noi* und *loro*.
Unterschiedliche Endung für die Person *voi*.

5 **1** offriamo, prendete, prendo; **2** prendi; **3** offri; **4** prendono, prende

6 La piadina, calda o fredda? L'aranciata, dolce o amara? Il tè, dolce o amaro? / caldo o freddo? L'acqua, naturale o frizzante? Il caffè, dolce o amaro? / caldo o freddo? La cioccolata, calda o fredda? / dolce o amara? Il tramezzino, caldo o freddo? Il latte, dolce o amaro? / caldo o freddo? L'aperitivo, alcolico o analcolico?

7 Per me, una piadina cald*a* e un'acqua frizzant*e*! Un cornetto, una cioccolata cald*a* e un'acqua natural*e*! Io prendo un tè fredd*o* e un panino! Un tramezzino cald*o* e un'aranciata amar*a*, per favore!

8 **a**

Singolare	**Plurale**
un panin*o*	due panin*i*
una birr*a*	due birr*e*
una piadin*a*	due piadin*e*
uno spumant*e*	due spumant*i*
un amar*o*	due amar*i*
una spremut*a*	due spremut*e*
un'aranciat*a*	due aranciat*e*
una colazion*e*	due colazion*i*
un caffè	due caffè
un toast	due toast

b Männliche Substantive, die im Singular auf -**o** enden, bilden den Plural auf -***i*** .

Weibliche Substantive, die im Singular auf -***a*** enden, bilden den Plural auf -**e.**

Männliche und weibliche Substantive, die im Singular auf -**e** enden, bilden den Plural auf -***i***.

9 Mögliche Lösung
Tavolo a: due cappuccini, due cornetti, un caffè, due tramezzini e un'acqua minerale
Tavolo b: due aperitivi, due birre e due panini

10 Mögliche Lösung
- ● Buongiorno.
- ▶■ Buongiorno.
- ■ Oggi offro io. Che cosa prendete?
- ◆ Vorrei un latte macchiato e un cornetto, per favore.
- ▶ Io prendo un'aranciata e un panino.
- ■ ... E per me una Coca-Cola® e un panino caldo.
- ● Benissimo...
- ■ Quant'è?
- ● Sono 14 euro e 20.
- ■ Ecco a Lei.
- ● Grazie. Arrivederci.
- ▶■ Arrivederci.

11 Matteo: non mangia niente – un caffè al bar o qualcosa in ufficio;
Camilla: pane e marmellata, miele e uno yogurt con i cereali – tè con il latte;
Francesco: i biscotti, a volte un cornetto con la marmellata – un bicchiere di latte freddo;
Signora Grossi: non mangia niente – un cappuccino

12 i biscotti, i vini, i coni, i caffè
gli aperitivi, gli spumanti, gli yogurt
le aranciate, le marmellate, le pizzette, le piadine

13 **a** La, La, gli, l', la, la, la, La, i, le, lo, i, gli, l', la

b Vor männlichen Substantiven, die mit einem Konsonanten anfangen, steht *i*.
Vor männlichen Substantiven, die mit einem Vokal oder *s* + Konsonant anfangen, steht *gli*.
Vor weiblichen Substantiven steht *le*.

14 **Waagerecht:** **4** preferisco; **5** bevono; **6** beve; **7** preferisce; **8** preferisci; **9** preferiscono; **10** bevo
Senkrecht: **1** preferiamo; **2** bevi; **3** bevete; **4** preferite; **5** beviamo

15 **essere**: siamo, siete, sono
avere: abbiamo, avete, hanno
fare: facciamo, fate, fanno

16 siamo, facciamo, beve, mangia, preferiscono, mangiano, mangia, amo, prendo, conosco, fanno, bevono, mangiano

17 **1** d; **2** a; **3** e; **4** b; **5** c

18 **b** dolce gelato pasticceria cappuccino mangiare buongiorno Giuseppe aranciata focaccia cioccolata formaggio oggi

c **1** /ʤ/; **2** /ʧ/; **3** /ʤ/; **4** /ʤ/; **5** /ʧ/; **6** /ʤ/; **7** /ʤ/; **8** /ʧ/; **9** /ʧ/; **10** /ʤ/

d **1** aranciata; **2** Oggi, faccio; **3** Piacere; **4** cioccolata; **5** gelato; **6** Giuseppe, sedici

Lezione 4

1 1 → 16:15; 2 → 9:20; 3 → 17:55; 4 → 00:00; 5 → 06:05

2

offiziell	inoffiziell
sono le otto e trenta	*sono le otto e mezzo*
sono le diciassette e quarantacinque	sono le sei meno un quarto
sono le ventuno e venti	*sono le nove e venti*
sono le dodici	*è mezzogiorno*
sono le tredici	è l'una
sono le undici e quarantacinque	*è mezzogiorno meno un quarto*
sono le dodici e trenta	*è mezzogiorno e mezzo*
sono le ventitré e quaranta	è mezzanotte meno venti
sono le quindici e quindici	*sono le tre e un quarto*

3 **chiamarsi**: mi chiamo, si chiama, ci chiamiamo, vi chiamate, si chiamano
svegliarsi: mi sveglio, ti svegli, si sveglia, vi svegliate, si svegliano
alzarsi: ti alzi, si alza, ci alziamo, vi alzate, si alzano

4 Mögliche Lösung
La mattina mi sveglio alle sei e mezzo. Vado a lavorare alle nove. Bevo un caffè alle dieci e mezzo. Il pomeriggio faccio una pausa alle quattro. Prendo un aperitivo alle sette. Preparo la cena verso le sette e mezzo. La sera guardo la TV. Verso le undici e un quarto vado a dormire.

5 **1** vai, vado; **2** vanno, va; **3** Andate, andiamo; **4** va; **5** vado, andiamo

6 **1** A; **2** alle; **3** alle; **4** all'; **5** a; **6** alle; **7** all'

7 **1** c; **2** g; **3** f; **4** a; **5** h; **6** d; **7** b; **8** e

8 Liliana, Mario e Federica: ci svegliamo / ci alziamo, Cominciamo, leggiamo, facciamo, va, fa, gioca, legge, parliamo, guardiamo, dormire
Livio: Comincio, Vado, mi alzo / mi sveglio, lavorano, Si alzano / Si svegliano, tornano, mangiamo, andiamo

9 **a**

+	il	l'	la	lo	le	gli	i
da	*dal*	*dall'*	*dalla*	*dallo*	*dalle*	*dagli*	*dai*
a	*al*	*all'*	*alla*	*allo*	*alle*	*agli*	*ai*

b **1** dalle, alle, dal, al, alle; **2** alle; **3** dalle, all', alle; **4** Da, all'; **5** alle; **6** dalle, a, dall', alle

10 **1** Le, mi; **2** ti; **3** Le, mi; **4** gli; **5** le; **6** gli; **7** ti, mi

11 **Nina**: solito, Qualche, spesso, mai
Ronny: Di, Non, spesso, volta

12 **1** Daniele va a ballare di solito il venerdì sera. / Di solito Daniele va a ballare il venerdì sera. / Il venerdì sera, di solito, Daniele va a ballare.
2 Marina non resta mai a casa il sabato. / Il sabato Marina non resta mai a casa.
3 Il mio ragazzo e io usciamo qualche volta con gli amici. / Qualche volta il mio ragazzo e io usciamo con gli amici.
4 Spesso noi stiamo a casa a guardare un film. / Noi stiamo spesso a casa a guardare un film.
5 Esco sempre la domenica sera. / La domenica sera esco sempre.
6 Sebastiano lavora qualche volta la domenica. / La domenica, qualche volta, Sebastiano lavora. / Qualche volta Sebastiano lavora anche la domenica.
7 Francesca non va mai a ballare in discoteca.
8 Di solito Ettore passa il sabato sera in un pub. / Ettore passa il sabato sera in un pub di solito.

13

	il venerdì	il sabato	la domenica
Sara	esce sempre con Anna, va al cinema.	il pomeriggio fa sport, la sera va a mangiare fuori con gli amici.	preferisce restare a casa. La sera guarda spesso un film alla TV.
Nando	esce sempre con Emilia. Vanno a mangiare una pizza, oppure vanno a bere qualcosa in un pub.	si alza a mezzogiorno. Telefona a mamma e papà. Il pomeriggio esce con Emilia e gli amici.	la mattina resta a casa: legge il giornale, ascolta musica. Incontra gli amici al bar e a volte va a giocare a bowling.
Raffaella	la sera sta a casa. Di solito guarda un film alla TV o ascolta musica jazz.	fa colazione in un bar. Legge il giornale. Prepara da mangiare.	fa una passeggiata in centro. A volte va al cinema con un'amica.

14 **1** Che cosa – e; **2** Dove – d; **3** Come – a; **4** Di dove – f; **5** Perché – c; **6** Chi – b

15 **1** La *mattina* Carlo fa colazione in un bar. **2** Alberto *guarda* volentieri un film. **3** Mi piace cominciare la giornata con *una doccia calda*. **4** Monica *legge* il giornale la mattina. **5** Barbara *comincia a* lavorare alle otto e *finisce* alle diciassette. **6** Federica e Riccardo *fanno* volentieri una passeggiata in centro. **7** A Cristina piace *passare* la serata con gli amici al bar. **8** Marco *beve* volentieri un aperitivo.

16 **c** **1** ■ Che ore sono? ● Sono le otto e quindici.
2 ▶ Quando torni? ◆ Alle quattro.
3 ● Come ti chiami? ■ Guido.
4 ■ Che lingue parli? ▶ Il tedesco e l'inglese.

17 **b** **1** casa; **2** macchina; **3** colazione; **4** arrivederci; **5** piccola; **6** professione; **7** sono; **8** rosa; **9** cornetto; **10** olandese; **11** cassa; **12** rossa

Test Unità 1 – 4

1 di; **2** spagnola; **3** inglese; **4** ho; **5** Spesso; **6** panini; **7** faccio; **8** si sveglia; **9** uno; **10** a; **11** mi chiamo; **12** beve; **13** Piacere; **14** stai; **15** È impiegata; **16** in; **17** sono; **18** per niente; **19** al; **20** lo, i

Lezione 5

1 semplice ≠ elegante; caro ≠ economico; freddo ≠ caldo; presto ≠ tardi; giorno ≠ notte; dentro ≠ fuori; dolce ≠ amaro; cominciare ≠ finire; mattina ≠ sera

2 Mögliche Lösung
È possibile prenotare un tavolo per lunedì prossimo? / Avete un tavolo libero per sei persone? / È possibile avere un tavolo fuori? / Siete aperti anche a pranzo? / Vorrei prenotare un tavolo per le nove. È possibile?

3

4 **1** e; **2** f; **3** b; **4** g; **5** a; **6** i; **7** h; **8** c; **9** d

5 **1** esce, gira a sinistra; **2** dov'è la fermata?
3 attraversi, giri a destra;
4 arriva a un incrocio con il semaforo;
5 vai dritto fino a

6 **sapere**: so, sai, sa, sappiamo, sapete, sanno
potere: posso, puoi, può, possiamo, potete, possono

7 **1** sai, Puoi; **2** sapete; **3** Potete; **4** sapete, so, sai; **5** puoi, posso, Puoi; **6** posso

8 **1** patatine fritte; **2** pesce; **3** pollo; **4** bistecca; **5** bruschette; **6** verdure miste; **7** torta; **8** insalata; **9** minestra

9 Mögliche Lösung
Mi piace un piatto di minestra la sera. Non mi piace la bistecca. Mi piace molto il pesce. Mi piace il pollo. Non mi piacciono le patatine fritte. Mi piace l'insalata verde. Mi piacciono molto le verdure miste. Mi piace la torta.

10 **1** ▶ Ecco la penna. ● Grazie. ▶ Prego.
2 ▶ Prego.(Die Person, die auf den Stuhl zeigt.) ● Grazie. **3** ▶ Scusi, Le posso fare una domanda? ● Sì, prego. **4** ▶ Prego. Che cosa desidera? ● Un caffè. **5** ▶ Prendi un caffè?
● Sì, grazie.

11 prendete, vino, avete, bottiglia, prendo, per me, di secondo, verdure

12 Mögliche Lösung
■ Buongiorno, signori.
● Buongiorno
■ Prego
▶ Allora, io vorrei un vino rosso. Che cosa avete?
■ Abbiamo un ottimo Chianti, altrimenti, Rosso del Conero, Primitivo...
▶ Mah, Giorgio, cosa dici, prendiamo una bottiglia di Primitivo?
● Sì, va bene... e una bottiglia di acqua minerale, per favore.
■ Perfetto. E da mangiare...
▶ Io prendo il prosciutto e melone come antipasto e gli gnocchi al pesto.
● Per me le penne all'arrabbiata e la sogliola.
■ E di contorno, signore?
● Ah sì, le verdure miste.
■ Prendete il dolce?
▶ Io no. Grazie.
● Per me una fetta di torta millefoglie.
■ Benissimo.

13 **a** **1** non mi piacciono, Neanche a me;
2 Anche a me, A me invece no;
3 Non mi piace, Neanche a me, A me invece sì; **4** Anche a me;
5 non mi piacciono

14 **1** del, alle, da; **2** a; **3** Per, Per; **4** a; **5** di; **6** alle; **7** dall', a; **8** da; **9** a; **10** di

15 **b** **1** Ti piace la cucina italiana.
2 Ti piace la cucina italiana?
3 Francesco lavora a Pisa.
4 Francesco lavora a Pisa?
5 Piazza San Carlo è lontana.
6 Piazza San Carlo è lontana?

c Der Ton steigt bei einer Frage an.
Der Ton sinkt bei einem Aussagesatz.

d **1** Maria sta bene. **2** Claudio esce spesso il sabato sera. **3** Teresa prende un aperitivo. **4** Paolo studia l'inglese? **5** Ti piacciono gli spaghetti aglio, olio e peperoncino? **6** Karin è tedesca. **7** Giorgia è al bar. **8** Nina va a casa? **9** Come, scusi? **10** Romano mangia al ristorante?

Lezione 6

1 **pranzare:** ho pranzato, hai pranzato, ha pranzato, ha pranzato, abbiamo pranzato, avete pranzato, hanno pranzato, hanno pranzato
ricevere: ho ricevuto, hai ricevuto, ha ricevuto, ha ricevuto, abbiamo ricevuto, avete ricevuto, hanno ricevuto, hanno ricevuto
uscire: sono uscito/-a, sei uscito/-a, è uscito, è uscita, siamo usciti/-e, siete usciti/-e, sono usciti, sono uscite

2 **1** ricevuto; **2** avuto; **3** andata; **4** visitato; **5** telefonato; **6** uscite; **7** sentito; **8** andati

3 Mögliche Lösung
Domenica sera / Domenica pomeriggio / Domenica scorsa / Sabato scorso / Sabato sera / Sabato pomeriggio / Ieri sera / Ieri pomeriggio / La settimana scorsa Federica e Gabriella sono uscite con gli amici.
Domenica sera / Domenica pomeriggio / Domenica scorsa / Sabato scorso / Sabato sera / Sabato pomeriggio / Ieri sera / Ieri pomeriggio / La settimana scorsa ho telefonato a Daniela.
Domenica sera / Domenica pomeriggio / Domenica scorsa / Sabato scorso / Sabato

sera / Sabato pomeriggio / Ieri sera / Ieri pomeriggio / La settimana scorsa Paola ha guardato un film alla TV.
Domenica scorsa / Sabato scorso / Sabato sera / Ieri sera i signori Lorenzi sono andati a mangiare fuori / a Milano.
Domenica pomeriggio / Domenica scorsa / Sabato scorso / La settimana scorsa abbiamo visitato un museo / Firenze.

4 ho, ho, sono, Siamo, abbiamo, sono, Abbiamo, siamo, Abbiamo, è

5 **1** è uscita con Giusy; **2** siamo andati/-e a mangiare in un ristorante cinese;
3 sono tornati a casa in taxi;
4 sono andate al concerto di Laura Pausini;
5 ho cominciato a lavorare alle dieci

6 Mögliche Lösung
Gentile dott. Lanari,
in questi giorni ho lavorato molto e non ho avuto un attimo di tempo libero. Il workshop è stato interessante. Martedì ho fatto la presentazione. È andata bene. Ho conosciuto nuovi colleghi e ho ricevuto idee utili. Ritorno in ufficio giovedì e Le racconto tutto.
Cordiali saluti

7 **a/b** **1** Sandro ha conosciuto delle persone simpatiche (vero); **2** Valentina è tornata a casa presto (falso); **3** Valentina è andata alla festa di Sandro (falso); **4** Sandro ha visitato una mostra (vero); **5** Alla festa Valentina ha ascoltato musica e ha ballato un po' (vero); **6** La sera Sandro è stato alla presentazione di un libro (falso).

8

C	O	N	O	S	C	I	U	T	O
S	V	B	Y	C	S	T	Z	P	Q
T	E	C	R	R	N	L	H	P	P
A	Q	G	F	I	P	Z	R	N	R
T	U	F	A	T	T	O	R	N	E
O	U	L	E	T	T	O	S	Z	S
V	I	S	T	O	F	B	V	P	O

Partizip	Infinitiv
preso	prendere
scritto	scrivere
stato	essere
fatto	fare
conosciuto	conoscere
visto	vedere
letto	leggere

9 **1** preso; **2** stato; **3** conosciuto; **4** scritto; **5** fatto; **6** visto; **7** letto
Il tema della lezione è il ***passato*** prossimo.

10 ho letto, ho fatto, ho incontrato, siamo andate, sono tornata, ho scritto / ho mandato, ho scritto / ho mandato, siamo andate, abbiamo preso, siamo andati

11 Mögliche Lösung
Ieri, verso le sette e mezzo, la signora Solari è andata a Milano in aereo. Prima ha incontrato una collega e hanno parlato per due ore e poi sono andate insieme al ristorante. Il pomeriggio la signora Solari ha incontrato altri colleghi e hanno parlato di marketing. Poi ha telefonato a una persona. La sera ha incontrato un ragazzo in un locale. A mezzanotte è andata all'hotel Parigi.

12 **1** *è* piaciut*a* – e; **2** a – *è* piaciuto; **3** *è* piaciuto – b; **4** f – *sono* piaciut*i*; **5** *è* piaciut*a* – d; **6** *sono* piaciut*e* – c

13 marzianomarzullo**marzo**diceria**dicembre**dicessi**giugno**giudicedigiunarefebbrefebbrile**febbraio**agi**agosto**reargutonottetemponovella**novembre**generogennaro**gennaio**aprire**aprile**apriscatolesettesettimana**settembre**magico**maggio**magistratoottomanoottuso**ottobre**giulia**luglio**gugliavoglio

1 gennaio; **2** febbraio; **3** marzo; **4** aprile; **5** maggio; **6** giugno; **7** luglio; **8** agosto; **9** settembre; **10** ottobre; **11** novembre; **12** dicembre

14 **1** c; **2** e; **3** d; **4** a; **5** f; **6** b

15 **1** A chi hai telefonato? **2** Chi hai conosciuto? **3** Dove sei andato/-a? **4** Che cosa hai bevuto? **5** A che ora sei tornato/-a? **6** Con chi sei uscito/-a?

16 **1** a; **2** a; **3** b; **4** a; **5** a; **6** b; **7** b; **8** b

17 **b** esco usciamo scambiare scherzare riunisce conoscono conosce scusi pesce lasciare scorso maschere nascita maschile

d Man spricht /sk/ aus, wenn die Gruppe «sc» vor *a*, *o*, *u* und *h* steht.
Man spricht /ʃ/ aus, wenn die Gruppe «sc» vor *e* und *i* steht.

Lezione 7

1 a **andare** in giardino / a Milano / in ufficio / in Spagna / a teatro; **fare** una festa / la spesa / yoga / sport / una passeggiata / trekking / una pausa; **giocare** a carte / a calcio; **lavorare** in giardino / a Milano / in ufficio / in Spagna; **leggere** un libro / un'e-mail / un annuncio / il giornale; **suonare** la chitarra; **scrivere** un libro / un'e-mail / un annuncio.

2 **1** Sai, suono; **2** possiamo; **3** so; **4** gioca, suona; **5** posso; **6** giocare

8 le fragole rosse, i peperoni rossi, i pomodori rossi, la mela rossa, il radicchio rosso; i peperoni gialli, i limoni gialli, la mela gialla, la banana gialla; la susina blu, i mirtilli blu; il vino bianco; i peperoni verdi, l'insalata verde, la mela verde

9 rilassant*i*, tranquill*e*, sportiv*o*, bell*e*, semplic*e*, fresch*i*, delizios*e*, buon*i*, elegant*i*, particolar*i*

10 dei, delle, della, degli, dell', del, delle
un litro / una bottiglia, un chilo, un vasetto, un pacco, un chilo, un etto, un filone

3

	hobby/attività del tempo libero	frequenza	perché
Lorenza	nuotare al mare o in piscina / fare yoga	una volta / due volte alla settimana	è rilassante
Dario	correre nel parco	ogni mattina	gli piace / lo fa volentieri
Laura	suonare il pianoforte / leggere / fare trekking	domenica	per stare all'aria aperta / per fare movimento

4 a **1** ogni; **2** all'; **3** volte; **4** giorno; **5** volta; **6** al

4 b Zeitangaben: ogni settimana, una volta all'anno, due volte alla settimana, ogni giorno, una volta al mese, una volta al giorno

5 Vado sempre a scuola in bici. Non mi piace lavorare in giardino. Per rilassarmi suono il piano / la chitarra. Paolo e Maria non giocano mai a tennis. Dopo il lavoro faccio yoga. Sandra ama suonare la chitarra / il piano. Non faccio sport all'aperto, vado sempre in palestra. Per avere delle informazioni attuali navigo su / in Internet. Per stare in compagnia vado a ballare.

6 **Waagerecht:** 1 pomodori; 3 insalata; 7 pesche; 8 mele; 9 fragole
Senkrecht: 1 patate; 2 ciliegie; 4 limoni; 5 peperoni; 6 pere

7 a Kunde: Le ciliegie come sono? Vorrei anche dei pomodori… ; Ha delle belle mele rosse? Sì, grazie. Quant'è? Ne prendo due chili.
Verkäufer: Qualcos'altro signora? Oggi ho delle fragole molto buone. Cosa desidera oggi? Questi vengono tre euro al chilo. Quanti ne vuole? Sono sei euro e cinquanta.

11 chilo, mezzo, di, dei, pomodori, Ne, bottiglia, del, lattine

12 **1** f; **2** a; **3** h; **4** g; **5** c; **6** d; **7** b; **8** e

13 **1** quant*o*; **2** Quant*i*; **3** Quant*a*; **4** quant*e*; **5** Quant*o*

14 **1** La; **2** Le; **3** li; **4** lo; **5** ne

15 Mögliche Lösung
■ Buongiorno. Cosa desidera?
◆ Buongiorno.
Vorrei un chilo di peperoni rossi.
■ Sì, ecco. Qualcos'altro?
◆ Sì, vorrei un etto di mirtilli.
■ Guardi, questi sono proprio freschi!
◆ Quanto vengono?
■ 4 euro all'etto, signora.
◆ I fichi sono saporiti?
■ Sono molto buoni, quanti ne vuole?
◆ Mezzo chilo, grazie.
■ È tutto?
◆ Sì, grazie. Quant'è?
■ Dunque, sono 8 euro e cinquanta.
◆ Ecco. Grazie. Arrivederci.
■ Grazie a Lei. Arrivederci.

16 **1** Quanto viene / vengono…? **2** Sai suonare uno strumento? **3** Tanti auguri! **4** Vorrei… **5** Senta, scusi! **6** Quant'è?

17 **b** **1** /ʎ/; **2** /ɲ/; **3** /ɲ/; **4** /ʎ/; **5** /ɲ/; **6** /ʎ/

c **1** o*gni*; **2** *gli*; **3** giu*gno*, lu*glio*; **4** a*glio*; **5** compa*gnia*

Test Unità 5 – 7

1 li; **2** posso; **3** mi piace, Neanche; **4** le; **5** a, in; **6** per; **7** di; **8** Ne; **9** dalle, all'; **10** da; **11** abbiamo; **12** andate; **13** delle; **14** sa; **15** in, alla; **16** verdi; **17** vengono; **18** a destra; **19** piaciuti; **20** scritto

Lezione 8

1 antico – moderno, noioso – interessante, bello – brutto, economico – caro, tranquillo – vivace, vicino – lontano, elegante – semplice, grande – piccolo, silenzioso – rumoroso

2 **a** A Firenze c'è un albergo economico. A Firenze c'è un ristorante economico. A Firenze ci sono dei ristoranti economici / tipici. A Firenze ci sono degli edifici antichi. A Firenze c'è una trattoria tipica. A Firenze c'è una piazza antica.

b Adjektive auf *-ca* enden im Plural auf *-che*. Adjektive auf *-co* enden im Plural auf *-chi*, wenn sie auf der vorletzten Silbe betont sind und auf *-ci* , wenn sie auf der drittletzten Silbe betont sind.

3 tranquill*o*, silenzios*o*, nuov*e*, bell*i*, industrial*e*, grand*i*, modern*i*, rumoros*a*, storic*o*, antic*he*, tranquill*e*, tipic*a*, vivac*e*, grand*i*, piccol*e*, lung*he*, antic*hi*, tipic*i*

4 A **Stresa** ci sono molti alberghi. C'è una bellissima chiesa in stile neoclassico. C'è un lago. C'è un parco ricco di piante e di animali.
A **Lucca** ci sono molte trattorie tipiche. C'è un duomo con una facciata stupenda. Ci sono delle mura antiche. Ci sono dei negozi di antiquariato.

5 ci sono, c'è, ci sono, ci sono, c'è, ci sono, ci sono, c'è, ci sono

6 **1** è; **2** Ci sono, ci sono; **3** sono, Sono; **4** c'è, è, È; **5** C'è; **6** è, è, c'è, ci sono, c'è

7 **Waagerecht:** **2** municipio; **5** edicola; **7** parcheggio; **8** farmacia; **9** museo; **10** ponte; **11** ospedale; **12** negozio
Senkrecht: **1** distributore; **3** chiesa; **4** banca; **6** teatro; **7** piazza

8 **1** c; **2** f; **3** a; **4** g; **5** h; **6** b; **7** d; **8** e

9 **2** La banca è vicino a casa mia. **3** Nel centro storico c'è la chiesa. **4** Due supermercati sono vicino alla piazza. **5** Il ristorante *Il veliero* è accanto alla posta.

10

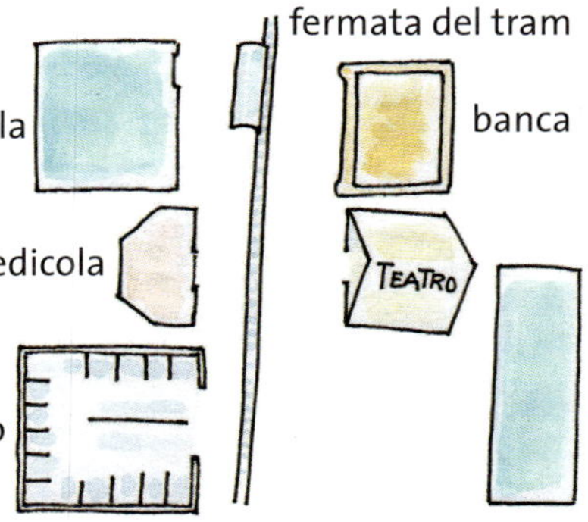

11 **1** all'; **2** Di; **3** al; **4** fra; **5** Dietro; **6** al; **7** la, il; **8** l'

12 **1** Marina è accanto alla fontana. **2** Marina è dietro l'edicola. **3** Marina è vicino al cinema. **4** Marina è fra il supermercato e il bar. **5** Marina è in macchina al distributore. **6** Marina è di fronte all'ufficio postale.

13 trovato, interessante, simpatici, carina, vedere, festa, appartamento, vecchi, Perché non, Dai

14 **1** sanno; **2** Bevete / Volete; **3** vieni; **4** beviamo; **5** Vuoi; **6** fa, sai; **7** Venite, Vogliamo; **8** Facciamo, Vieni

15 1ª persona: mezzi pubblici: autobus, tram – ha tempo, è comodo, abita vicino alla fermata
2ª persona: metropolitana, autobus – i treni sono veloci, non perde tempo nel traffico
3ª persona: vespa, tram, autobus – la vespa è veloce

16 **1** c; **2** e; **3** a; **4** f; **5** b; **6** d

17 prendere, Raggiungere, voltare, oltrepassare, arrivare, Ritornare

18 **1** Che numero hai? **2** Grazie per la lettera / l'e-mail; **3** Perché non vieni a trovarmi? **4** Ecco; **5** Dai! **6** Perché non vieni sabato prossimo?

19 **a** perché, mangio, bicicletta, patate, ordinano, viaggio, telefono, mattina, martedì, Maria, pomodori, essere, città, lasciare, Lazio, prendere, ventitré, abbiamo, offro

b Wörter, die auf der letzten Silbe betont werden: martedì, città, ventitré

Wörter, die auf der vorletzten Silbe betont werden: mangio, bicicletta, viaggio, mattina, Maria, pomodori, lasciare, Lazio, abbiamo, offro
Wörter, die auf einer anderen Silbe betont werden: telefono, essere, prendere

c **1** parlare; **2** bottiglia; **3** musica; **4** opera; **5** giovedì; **6** sabato

Lezione 9

1

2 Mögliche Lösung
quartiere: tranquillo, brutto, moderno
appartamento: silenzioso, nuovo, grande
formaggio: saporito, stagionato, fresco
lavoro: interessante, bello, piacevole
vicino di casa: vivace, anziano, simpatico
amico: giovane, aperto, sportivo

3 **Gianni**: chiuso, tranquillo, non noioso, interessante
Daniele: carino, aperto, simpatico

4 *il mio* nome, *i miei* amici, *la tua* chitarra, *le tue* colleghe, *la sua* famiglia, *il suo* libro, *le sue* amiche, *i suoi* giornali, *la nostra* scuola, *il nostro* giardino, *le nostre* torte, *i nostri* tavoli, *la vostra* città, *il vostro* appartamento, *le vostre* biciclette, *i vostri* panini, *la loro* macchina, *il loro* lavoro, *le loro* professioni, *i loro* insegnanti

5 **1** la sua; **2** Il loro; **3** i loro; **4** le sue; **5** Le loro; **6** il Suo

6 **1** la tua; **2** i loro; **3** il nostro; **4** la vostra; **5** il suo; **6** le mie

7 **a** **1** a; **2** a; **3** Di stare con i bambini, di prendere la posta, di tenere un animale domestico, di innaffiare le piante.

8 Mögliche Lösung
1 La signora porta gli occhiali e ha i capelli biondi e corti.
2 La donna è snella, alta, con i capelli castani e lunghi.
3 L'uomo è un po' grasso. È basso e porta gli occhiali. Ha i capelli biondi.

9 **Waagerecht**: **1** moglie; **5** figlia; **6** nonno; **8** genitori
Senkrecht: **1** marito; **2** fratelli; **3** nipote; **4** cugino; **7** zia

10

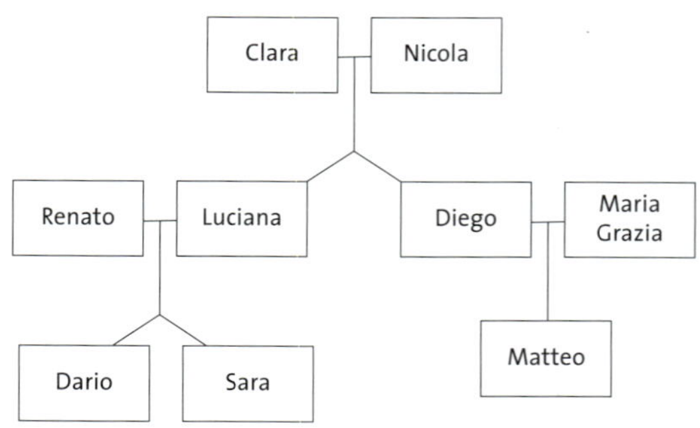

11 **tuo** zio / nonno; **il tuo** cane / giardino / numero di telefono; **il loro** zio / cane / giardino / numero di telefono / nonno; **la sua** bicicletta / casa; **sua** sorella / madre / cugina; **i vostri** regali / genitori

12 la mia, i tuoi, i tuoi, Mia, mio, mia, I miei, mio, i tuoi, i nostri

13 **1** i, –, –; **2** –, la; **3** –, i; **4** Il, i; **5** –, Il; **6** –, –, –, Il

14 **1** questa, quella; **2** quelli; **3** Questi, quelli; **4** quella; **5** Questo, quello; **6** Quelle

15 **a** **1** L'amica di Sara non è venuta al corso di inglese.

2 Nell'ingresso della casa di Fausto c'è una bella pianta.

3 Faccio una pausa dall'una all'una e quarantacinque.

4 Gigi è andato al mare per una settimana.

5 Ho letto un libro di Alessandro Baricco.

6 Marco non è impiegato, è farmacista.

7 Non ho ancora telefonato a Susanna.

b Nein, es gibt keine Pause.
Der Vokal am Ende des Wortes mit dem darauffolgenden Vokal (z.B. andato al, letto un). Das Verb *è* mit dem Partizip (z.B. è andato). Die Präposition mit dem darauffolgenden Vokal (z.B. di Alessandro).
Non è, *non ho* werden verbunden.
Man hört nicht, dass es sich um zwei Wörter handelt.

Lezione 10

1 **a** Substantive auf *-co* und *-go* enden im Plural auf *-chi* und *-ghi*, wenn sie auf der vorletzten Silbe betont sind, z. B. succhi, luoghi.
Substantive auf *-co* und *-go* enden auf *-ci* und *-gi*, wenn sie auf der drittletzten Silbe betont sind, z. B. medici, asparagi.
Adjektive auf *-go* enden im Plural auf *-ghi*, z. B. lunghi.
Adjektive auf *-co* bilden den Plural wie die Substantive.

b **1** tipic*i*; **2** alberg*hi*, economic*i*; **3** fresc*hi*; **4** austriac*i*; **5** asparag*i*; **6** luog*o*; **7** storic*o*; **8** parc*hi*; **9** succ*o*; **10** antic*hi*; **11** lung*hi*

2 **a** 154, 110, 800, 454, 275

b **1** 154 = centocinquantaquattro;
2 110 = centodieci; **3** 800 = ottocento;
4 454 = quattrocentocinquantaquattro
5 275 = duecentosettantacinque;

3

a  b  c 

d  e  f 

g  h  i 

4 **a** Si può prendere la pensione completa?
La ringrazio, arrivederci!
È compresa la prima colazione?
Buongiorno, mi chiamo Cristina Santarelli, avete una camera singola libera dal 4 al 12 aprile?
Avete un'area benessere?
Come posso fare per prenotare?
Quanto viene la camera?

b ◆ Hotel Fini, buongiorno.
● *Buongiorno, mi chiamo Cristina Santarelli, avete una camera singola libera dal 4 al 12 aprile?*
◆ Sì, un momento, controllo… Sì, abbiamo una singola libera.
● *Quanto viene la camera?*
◆ € 85 a notte.
● *È compresa la prima colazione?*
◆ Sì, la classica colazione continentale a buffet.
● *Si può prendere la pensione completa?*
◆ No, mi dispiace, offriamo soltanto la mezza pensione.
● *Avete un'area benessere?*
◆ Certo, abbiamo anche la piscina e una palestra molto attrezzata.
● *Come posso fare per prenotare?*
◆ Può andare sul nostro sito Internet e compilare il modulo, oppure manda un fax.
● *La ringrazio, arrivederci!*
◆ Prego. Arrivederci.

5 Spettabile, prenotazione, servizio, dal, al, doccia, collegamento, carta, valida, conferma

6 Mögliche Lösung
Spettabile Hotel Quiete,
vorrei prenotare una camera doppia con collegamento Internet e con servizio di pensione completa dal 20 al 26 luglio.
Rimango in attesa di una Vostra conferma.
Distinti saluti

7 **a** **1** In inverno si fanno le vacanze sulla neve. **2** L'otto marzo si regalano le mimose. **3** A Pasqua si mangiano le uova di cioccolato. **4** In estate si vendono tanti gelati. **5** In autunno si comprano le castagne. **6** A Natale si mangia il panettone.

b Die erwähnten Jahreszeiten sind: l'inverno, l'estate, l'autunno.
Die fehlende Jahreszeit ist: la primavera.

8 **1** si ascoltano; **2** si visitano; **3** si riciclano; **4** si regalano; **5** si beve; **6** si regalano; **7** si paga; **8** si prepara

9 **1** vogliamo, dobbiamo; **2** vuoi; **3** posso, Devo; **4** può; **5** Devo; **6** devono, possono; **7** dobbiamo, Volete, Potete; **8** Devo; **9** deve / vuole; **10** devo, posso

10 A Genova il tempo è brutto. A Torino c'è la nebbia. A Verona nevica. A Firenze piove. A Venezia fa freddo. A Cagliari c'è vento. A Napoli c'è il sole. A Palermo il tempo è bello. A Lampedusa fa caldo.

12 **1** f; **2** e; **3** g; **4** b; **5** c; **6** a; **7** d

13 **1** ◆ Quando vai al supermercato?
● Ci vado più tardi.
2 ◆ Con chi vai al cinema?
● Ci vado con mia moglie.
3 ◆ Venite alla mia festa?
● Sì, certo. Ci veniamo volentieri.
4 ◆ Conoscete Venezia?
● No, purtroppo non ci siamo mai stati.

14 **1** di; **2** italiano; **3** Che; **4** a, a, in; **5** uno, di; **6** Offro; **7** grande, piccola; **8** I, lo, i; **9** si; **10** dal, al; **11** piacciono; **12** tavolo; **13** sa; **14** contorno; **15** hanno; **16** è; **17** Prima, poi; **18** due; **19** So; **20** li; **21** grande, moderna; **22** alla; **23** tue; **24** possono

15 **b** **A** 1 /v/; 2 /v/; 3 /f/; 4 /f/; **B** 1 /p/; 2 /b/; 3/b/; 4 /p/; **C** 1 /t/; 2 /d/; 3/d/; 4 /t/; **D** 1 /k/; 2 /g/; 3 /k/; 4 /g/

c Die Laute /f /, /p/, /t / und /k/ sind stimmlos.
Die Laute /v/, /b/, /d/ und /g/ sind stimmhaft.

Test Unità 8 – 10

1 vengo; **2** La mia, Suo; **3** quelli; **4** vogliono; **5** al; **6** Ci sono; **7** possono; **8** i miei; **9** dovete; **10** è; **11** a; **12** castani; **13** padre; **14** viene; **15** si; **16** c'è; **17** fa freddo; **18** ci; **19** Perché; **20** fra